中国传媒大学青年学者译丛
媒介与艺术系列　段鹏 主编
　　　　　　　　关玲 副主编

情感人工智能
共情媒体的崛起

[英]安德鲁·麦克斯泰
（Andrew McStay）著

吕欣 译

Emotional AI

The Rise of Empathic Media

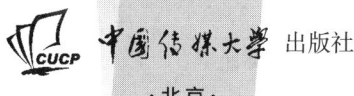
中国传媒大学出版社
·北京·

图书在版编目(CIP)数据

情感人工智能:共情媒体的崛起/(英)安德鲁·麦克斯泰(Andrew McStay)著;吕欣译. -- 北京:中国传媒大学出版社,2023.7
(中国传媒大学青年学者译丛.媒介与艺术系列)
ISBN 978-7-5657-3340-6

Ⅰ.①情… Ⅱ.①安… ②吕… Ⅲ.①人工智能—应用—传播媒介—研究 Ⅳ.①G206.2-39

中国版本图书馆 CIP 数据核字(2022)第 214724 号

Emotional AI
© Andrew McStay 2018
本书中文简体中文字版专有翻译出版权由 SAGE Publications, Ltd.公司授予中国传媒大学出版社。未经许可,不得以任何手段和形式复制或抄袭本书内容。
北京市版权局著作权合同登记号 图字:01-2023-2868

情感人工智能:共情媒体的崛起
QINGGAN RENGONG ZHINENG: GONGQING MEITI DE JUEQI

主　　编	段　鹏
著　　者	[英]安德鲁·麦克斯泰
译　　者	吕　欣
责任编辑	张　静
封面设计	运平设计
责任印制	阳金洲
出版发行	中国传媒大学出版社
社　　址	北京市朝阳区定福庄东街1号　　邮　编　100024
电　　话	86-10-65450528　65450532　　传　真　65779405
网　　址	http://cucp.cuc.edu.cn
经　　销	全国新华书店
印　　刷	唐山玺诚印务有限公司
开　　本	787mm×1092mm　1/16
印　　张	17
字　　数	242 千字
版　　次	2023 年 7 月第 1 版
印　　次	2023 年 7 月第 1 次印刷
书　　号	ISBN 978-7-5657-3340-6/G·3340　　定　价　88.00元

本社法律顾问:北京嘉润律师事务所　郭建平

中国传媒大学青年学者译丛

总　序

　　从广播电视到互联网、移动互联网，传媒让这个世界变得绚丽多姿、神奇诡秘。传媒正在急速地改变这个世界，通过新闻传播，人类分享现实中的信息资讯，通过艺术，人类分享脑海中的想象力。基于传播科技百年激荡的新闻传播和艺术学，推动着历史发展，也影响着历史发展。

　　中国传媒大学是中国传媒人才的摇篮，建校六十多年，为信息传播领域输送了大批高层次人才。从培养高层次、复合型创新人才的社会责任出发，中国的传媒事业亟须高校培养出一批谙熟新闻传播规律和艺术传播规律并具有创新意识和创作才能的新闻人才和艺术人才。

　　在全国众多高校中，中国传媒大学以在信息传播领域"小综合"的学科特色而闻名，2017年入选首批"世界一流学科建设高校"，新闻传播学、戏剧与影视学入选教育部"双一流"建设学科名单。同年12月，在教育部学位与研究生教育发展中心公布的全国第四轮学科评估结果中，新闻传播学、戏剧与影视学这两个一级学科均拿到了A+名次。从"双一流"学科建设的教育使命出发，中国的传媒事业亟须高校在媒体融合发展的顶层设计下，推进理论体系、教学理念、教学内容、方法手段、体制机制等全方位的创新研究，成为国家传媒事业发展强有力的理论支持和智力支持力量。

因此，在整个世界传统媒体与新兴媒体融合发展的时代大背景下，我校组织翻译出版一套"中国传媒大学传播与艺术译丛"，借此整理西学前沿著作，以期对当代中国新闻传播和艺术学在理论建设和成果创新方面有借鉴意义，帮助广大传媒学者和媒体一线从业者寻找解决问题的途径。

此套丛书由中国传媒大学与新闻传播领域的国际权威出版机构SAGE国际出版集团合作，遴选了一批由SAGE出版并经过教学与实践严格检验的优秀书目，力求全面、系统地反映出当下新闻传播和艺术学在理论研究、方法研究以及实务研究等方面所进行的最新探索。译丛是我校与SAGE国际出版集团继合作出版《全球媒体与中国》（*Global Media and China*）英文期刊之后，又一个重要的合作项目，前后筹备三载有余，最终完稿、付梓，倾注了新闻传播学和艺术学领域的知名教授、学者和留学博士的大量心血，力争为每一本书做出"信、达、雅"的翻译。

自民国开始，译丛便是中国知识分子和青年学生获取西方最先进理论知识的重要桥梁之一。中国传媒大学在20世纪80年代就已开始译介、学习和研究国外新闻传播学、艺术学的方法和成果，建立与世界新闻传播学、艺术学界对话的共同经验范围。毋庸置疑，我们的工作是卓有成效的。

正如习近平总书记在哲学社会科学工作座谈会上所强调的，"不忘本来，吸收外来，面向未来"。借船出海、借梯登高，主动接轨，优势互补，共同发展，为尽快赶上国际先进水平，尽早实现"双一流"学科建设争创世界一流的伟大目标，我们应该虚心学习和推介国外前沿的新闻传播理论与优秀的实务指导教材，以培养出更多国际化的新闻传播人才和艺术人才。译丛带来的新鲜理论和鲜活实务，也有助于我校在"双一流"学科建设中，进一步优化学科结构，凝练学科发展方向，突出学科建设重点，增强学校在国际上的竞争力。

但值得注意的是，我们应当以批判的态度保持与西方新闻传播和艺术学对话的姿态，在借鉴西方优秀教材和经典专著时不妨思考，有哪些是缘木求鱼，有哪些是举一反三，想想本土社会中产生的经验与问题在哪里。我们应该明确，我们的目标是制定具有中国特色的新闻传播和艺术学学科标准，积极建设和探索新闻传播学、艺术学本土化发展的道路。

所以，在译丛工作之后，我们还要推进"西方理论—中国问题"向"中国实践—中国理论"的转型，立足本土，跨越东西，高效地将科研成果结合当代中国传媒行业发展诉求，转化为服务社会发展的实在生产力，最终实现"中国特色，世界一流"。

最后，希望本译丛还可以成为一个促进思想交流、激发智慧灵感的载体，增进东西方在新闻传播和艺术学领域的深度学术交流，接收来自全世界新闻传播和艺术学领域多元化的声音，促进新闻传播和艺术学研究在媒体融合时代更大的繁荣，让新闻传播和艺术学成为改变世界的最大正能量。

丛书主编

中文版序

　　本书的写作灵感源自我长久以来对那些可以对人产生影响的"量"与"质"关系研究的兴趣。然而，我们必须深入探索一个重要问题：那些以量化方式运作的技术是否能真正理解人类的特质？无论你的答案是"肯定"还是"否定"，在人工智能技术正以多种方式深刻影响全球社会的时代，对于这个问题的探索显得尤为重要。

　　作为人类生活的核心，情感在人工智能发展进程中扮演着关键角色。情感具有重要的内在价值：它能够影响我们对于自我和他人的评判与理解。以情感测量为导向的系统越来越多地融入人类生活，标志着社会迈出了重要一步。那些涉及可识别情感的人工智能技术（即情感 AI）正挑战着人类的固有思维方式，并促使我们认真思考其对当下社会带来的影响，以及我们期许的未来会是一番怎样的光景。这本书揭开了这一话题讨论的序幕，但绝非是最终答案。

　　在撰写本书的过程中，我采访了众多技术专家、公司代表、政策制定者、数据保护组织、隐私团体，以及那些对情感人工智能有深刻见解的人士。毫无疑问，他们对于情感人工智能可能带来的积极或消极影响存在不同意见，但他们一致认识到这些技术的重要性。他们普遍认为，当下的情感人工智能尚处于早期发展阶段，这些系统在识别人们及其情感状态时如何能达成一致判定等方面仍存在不少问题。

技术有能力记录、标记和处理与情绪相关的信息，这一前提在伦理和法律层面具有重要意义。正如本书中所要探讨的问题，情感人工智能不仅可以使用我们的网络言论以及线上发表内容，还能利用我们的身体生物数据。尽管人们对情绪是否可以转化为身体行为存在争议，但很难否认它具有潜在的高度侵入性。我们把这些情感信息用于观测健康状况是一回事儿，但若用于监视则是另一回事儿了。

在我所在的欧洲地区，正在制定法律来明确规范情感人工智能技术使用。但我认为全球各地更应关注其所带来的伦理和法律层面的影响。虽然侧重点会有所不同，例如在欧洲，往往会侧重于个人和个体人格尊严，而其他文化传统则可能更强调尊重、和谐和集体利益。诚然，当我们考虑情感化 AI 对于个人生活以及我们所处集体的影响时，这些准则可以作为重要的考量因素。

随着本书中文译本的完成，我满怀期待能读到或听到您对情感人工智能的独到见解。我们将共同探索与这些系统和谐共处的可能性，思考它们可能引发的问题，并寻求解决和抵制滥用情感人工智能的方法。此外，我们还将进行基于伦理的深入分析，汲取不同地区的思维方式和价值观，以便为"如何驾驭 AI 技术"等全球性问题以及那些试图应用 AI 情感测量技术的组织提供有益的智力支持。

安德鲁·麦克斯泰
英国威尔士班戈大学情感人工智能实验室
2023 年 3 月 23 日

译者序言
共情媒体崛起与媒介角色变迁

　　大约十四万年前，人类的祖先"智人"并不是一个什么特殊物种，在最开始时只处于地球食物链的中间位置，甚至曾几度徘徊在灭绝边缘，但其却能从卑微的起点崛起，并最终让智人种群遍布全球，成为地球的实际主导者。究其原委，人类物种基因变化可能是其中一个原因，但另一个更加重要的原因则是人类所特有的神秘创造物——媒介与文化。从九万年前克罗马农人开始说话，到三万五千年前人类语言的基本形成，到大约五千年前两河流域、埃及、中国等地相继出现了文字；从原始人在岩洞中绘制壁画记录信息，用肢体、结绳等方式交流信息，到人们使用泥板、石块、莎草纸、羊皮、龟甲、竹简等物质作为手抄媒介载体；从古登堡的现代印刷术，到《纽约太阳报》发起"便士报"开启的印刷媒介与大众传媒时代；从莫尔斯电报、贝尔电话、卢米埃尔兄弟便携式摄影机，到美国KDKA电台和英国BBC开创的电子媒介时代；从美国军事阿帕网、伯纳斯-李发布万维网，到雅虎、谷歌、Meta、亚马逊、腾讯等带来了蔚为壮观的互联网媒介时代；它们让智人的每一次技能与认知突破都可以被完整记录下来，促进了人类理性思维能力发展，使其驾驭自然的能力实现了迭代式快速发展；它们促使"想象共同体"形成，让智人更容易地开展大规模灵活合作，促使人类的组织规模以及文化边界不断扩展。自此，人类不仅完成了生理层面的基因进化，还开启了一种与其他物种迥然不同的进化路径——文明进化，它将人类积淀而成的复杂思维、知识体系、生活方式与思维方式嵌入文化"模因"之中，形成了集体知识与集体记忆，并通过媒介与文化互动的方式代代相传。

然而，在人类媒介演化的进程中，无论是镌刻在泥板与石柱上的法典、刊印于出版物中的诗集、通过无线电波传播的广播和电视，还是计算机磁盘和因特网中传递的比特化数据信息，人类对于经验知识保存以及社会信息传播，其实质上都是一种信息编解码静态刻写与媒介渠道单向传递过程，媒介仅作为被动传播的工具，正如麦克卢汉所强调的"人的延伸"一般。但随着情感AI、智能传感器以及生成式AI等相关技术不断成熟，媒介不再只是一个"被动传声筒"，而逐渐具备了识别、体察和反馈用户情感的能力。当前，我们生活中充斥着越来越多的情感感知技术，这些技术正在深入了解用户的情感生活。它们能够解读人们的感受、情绪、心理状态、注意力和意图，与用户建立技术形式上的"共情"。这种"共情媒体"可以通过在线情绪分析、生物反馈等手段分析文字、图像、言语、声音、面部表情、身体运动和生理机能，以推断用户的情绪、意图和注意力并做出相应反应。共情媒体改变了用户与媒介之间单向度的信息传播关系，实现了二者之间的双向互动关系。与此同时，共情媒体为人们构建了新的审美体验维度，比如在游戏和虚拟现实产品中，基于内容、对象和用户之间的互动所产生的沉浸感、流动感和临场感体验尤为明显。此外，共情媒体还在美学方面提供了身临其境的感知方式，人们可以在心理健康、新闻、营销和治安等多个领域，通过感官刺激、情感互动、注意力记录和意图测量等多元手段来增强媒介用户体验。

《情感人工智能：共情媒体的崛起》是一本深入探讨这一切变化的著作。作者以透彻的视角和深刻的见解，引领我们理解情感AI既是计算机科学的一项重大突破，更是文化和哲学层面的一次深刻跃进。书中探讨了情感AI的技术细节，如情感识别、情感合成等，涉及了伦理、隐私以及社会影响等重要议题。它强调了一个核心问题：当机器开始理解甚至模仿人类的情感时，我们的世界将会发生怎样的变化？

随着技术的不断进步，我们已经看到情感AI在医疗保健、教育、客户服务和娱乐等多个领域显现出惊人的潜力。它不仅使得服务更具人性化、富有同理心，还为那些难以表达情感的人群提供了发声机会，让孤独和不被理解成为过去式。值得注意的是，随着这些技术融入我们的日常生活，我们也必须警惕那些潜藏的风险和挑战，例如数据安全、情感误解以及可能导致的社会隔阂。

本书不仅为技术专家和情感AI从业者提供了深度洞见，同样也为那些对未来怀有无限好奇和关心的读者打开了一扇窗。它鼓励我们质疑和思考，同时也启示我们，技术的最终价值取决于它如何增强人类的生活质量、如何丰富人类情感的表达，以及它如何帮助我们构建一个更加理解和包容的社会。

在此，要特别感谢中国传媒大学的黄心渊、伏文龙、高永杰、王蕾、高子晗、范敏、沈巍、王楠等老师在本书写作过程中所给予的指导与帮助。同时还要感谢贺芝婷、伍沼蓉、张蒙、于博、刘嫱、丛中笑等同学协助完成了资料收集与翻译校对等许多艰苦工作。衷心感谢中国传媒大学出版社编辑黄松毅、张静等老师细致严谨的编辑工作，使本书增色不少。

在本书翻译过程中，生成式AI与情感AI技术进化神速，其每一次技术突破都带来了新的概念、术语与理念。此外，本书作者安德鲁·麦克斯泰先生博学多才，写作中同时融汇了哲学、传播学、计算机科学、设计学、心理学、伦理学等多个学科视角与理论。在翻译过程中，我们需要对这些复杂的理论与概念进行细致解析，需要从跨学科视角，对本书的学术话语、文化意义和实践应用进行本土语境适配，以确保它们能够在目标文化中得到正确理解与应用。这些因素都极大增加了本书的翻译难度，其中难以充分覆盖所有细节，存在许多疏漏之处。唯望能抛砖引玉，促进该领域知识的交流与扩散，引发更多有识之士思考，让我们携手并肩，共同迈向充满无限可能的通用人工智能新纪元。

吕　欣

2023 年 3 月于北京

致　谢

　　首先，要感谢我的资助者们。这本书的出版得益于英国艺术与人文研究理事会的慷慨资助［项目编号AH/M006654/1］。感谢那些在研究过程中接受采访的热心人士。在100多名受访者中，有太多的人无法一一列出，部分受访人也不愿透露个人姓名。尽管如此，你们为接受我采访而牺牲的个人时间、耐心的交流以及后续跟进的查证，于我而言都至关珍贵。无论观点最终是否被引用，你们每个人都帮助我建构起对于本书的认知。在此,还要特别感谢维安（Vian）对本书草稿的审阅。毫无疑问，这本书因你批判性的关注而变得更加有价值！最后，相信任何一个有过写书经历的人都会感同身受，本书的出版是很多人共同努力的成果，尤其是每一位细心的编辑和校对人员。感谢大家！

目 录

总　序　/1
中文版序　/1
译者序言　/1
致　谢　/1

第一章　导言：共情媒体　/1
　　机器共情何以曲尽其妙：逼真度与情感真实　/5
　　本书的目标和方法　/7
　　章节概述　/9

第二章　关于共情　/15
　　一个社会事实　/15
　　关于情感　/19
　　情感提取：共情媒体的谱系　/25
　　普遍的公共行为　/30
　　结　论　/33

第三章　群体性情感　/ 35

　　社会共情与同情心传染　　/ 36

　　市场营销：面向分散的焦点小组　　/ 42

　　把握金融脉搏　/ 44

　　情感、预测和城市　/ 46

　　结　论　/ 49

第四章　情感谱系：身体的游戏　/ 51

　　故事生活、情感与游戏　/ 52

　　情感谱系　/ 55

　　恐怖和市民的观点　/ 60

　　结　论　/ 64

第五章　情绪流露：面部编码的例子　/ 66

　　情绪的基础　/ 67

　　机器训练：埃克曼的情感计算　/ 71

　　面部编码的工业化　/ 72

　　软件开发工具包、机器学习和终端用户　/ 76

　　社会理论回应：情感流露的问题　/ 80

　　种族和文化问题　/ 83

　　结　论　/ 86

第六章　启动语音AI：我听见你了　/ 88

　　不仅关乎我们说了什么，还有我们怎么说　/ 90

　　理论假设　/ 95

活在当下 / 98

启动亚马逊 / 100

建立关系 / 103

结　论 / 106

第七章　情感见证：VR 2.0　/ 108

虚拟现实简介 / 109

建立共情机器的理论 / 111

观看，使用，见证：标志新闻集团的范例 / 112

营销人员的（虚拟）梦想？ / 116

指挥和控制：转向沉浸式警务 / 121

结　论 / 129

第八章　广告、零售和创意：捕获闲逛者　/ 132

库存生物（Stockpiling Bios） / 133

让情绪发挥作用 / 134

零　售 / 139

广告：内部研究 / 143

重新参观巴黎拱廊 / 149

结　论 / 151

第九章　可感知人格化技术：走向新型亲密关系　/ 153

健康：自我护理 / 154

性对象 / 166

结　论 / 171

第十章　共情城市　/ 173

空间的情感性　/ 175

衡量幸福：智慧迪拜　/ 180

边沁幸福经济学的转折　/ 186

幸福政治：超越迪拜和边沁　/ 189

点亮公共的心灯　/ 190

结　论　/ 194

第十一章　情感机器的规则：探讨"去身份识别"与尊严　/ 196

行业视角　/ 197

识　别　/ 200

缺乏适当立法　/ 204

市民的观点　/ 208

结　论　/ 212

第十二章　结论：尊严、伦理、规范、政策与实践　/ 215

讨论主题　/ 215

未来的研究问题　/ 220

立即行动　/ 221

附录1　受访机构及人员表　/ 223

附录2　英国关于现有和新生媒体技术中的情感检测的全国调查结果表　/ 226

参考文献　/ 235

第一章
导言：共情媒体

　　情感至关重要。它们处于人类经验的核心之中，深刻影响着人们的日常生活，并帮助我们决定哪些事情值得关注。本书旨在探索当媒介技术能够在私人和公共领域中解读人们的感受、情绪、心情、注意力和意图的时候，社会将会发生哪些变化？我认为这一现象相当于一种技术形式的共情（empathy）。在此，我们将会介绍在个体和组织机构层面有很多因素正在推动着我们使用科技来了解个人与群体的情感与看法，其中包括促进技术更为易用、提升服务质量、创新娱乐方式、创造愉悦体验、发掘新的表达方式、增进交流、养生保健、促进教育、改善治安、加强监管、管理工作场所、理解人类经验以及影响民众等。这些工作是通过情绪"捕捉"（capturing）来实现的。在计算机科学术语中，"捕捉"仅仅意味着将数据存储在计算机之中，但是"捕捉"其实还有另外一层意思：强行获取。本书在多处对这两种理解之间的差异进行了描述。

　　总体而言，人们对媒介化情感生活正产生日益浓厚的兴趣，但无论对其积极面还是消极面都还未做充分研究。随着社会不断地产生越来越多的有关情感、意图和态度的信息，对其进行相关研究已迫在眉睫。从社交媒体中动态表情（animojis）、表情符号（emojis）和情绪图标（emoticons）的流行来看便可窥豹一斑。这些表情不仅使人际间的非语言信息交流便捷化，同时也帮助服务供应商洞察用户对媒介内容、品牌、广告活动、产品以及相关资料的感受。在日常交流中，我们经常需要对"个人观点""生活情况"和"近期事项"等提问做出及时反馈，于是具有高效传情达意优势的表情符号"方言"被越来越多地应用于线上和线下交流场景中。然而，当代媒介生活的情感化不仅仅局限于笑脸表情符号，朋友圈个人状态更新、发自拍以及观点分享等媒介交流方式皆有助于我们对生活状态、社会观点以及个人和集体情感产生更深层次的理解。

不同社会主体对感受、情绪、心情、观点和意图等情感信息有着不同关注点。政治组织和品牌商家通过在线情绪分析，可以追踪到我们对特定信息、政策、候选人和品牌活动的内心感受。同样，广告公司、营销人员和零售商通过内部研究我们在媒介中的言论、评述、视听、面部表情、大脑活动、心率以及其他身体反应等相关信息，来评估我们对产品、品牌和广告的反应。智能家居和手机中的数字助理语义识别能力进步显著，它们不仅能理解我们说了什么，还能判断我们说话的语气。虚拟现实技术则以意想不到的方式极大地提升了情感化媒介的体验标准。它不仅产生可测量的情感反应数据，还能帮助分析师查询出到底是哪些要素吸引了用户注意力。增强现实技术目前在公共和商业领域也展现出了类似应用前景。附着在我们身体上的智能可穿戴设备能够追踪和测量人体的各种生物数据，它们可以识别我们的情绪状态以及短时和长时感受。正如我们看到的，这种潜能正以新奇、令人惊讶甚至令人担忧的方式得以应用。我们中的一些人为了提升性生活体验，甚至把"感知技术"植入体内。在宏观层面上，城市正在实时记录着居民和访客的情感生活。本书将对诸如此类的现象进行深入探究。

虽然我呼吁对这些技术的推出给予批判性态度和风险警告，但需要事先声明，我并不认为有关情感的监测、识别与交互技术有任何内在错误。更确切地说，读取和检测情感的科学实践其实是在向有效改善人机互动和机器反馈方式的方向进步。比如，我们将要探讨的游戏，就是通过使用生物反馈和用户体验信息来增强其可玩性。对科技互动中所产生的用户情感数据使用并不是问题的核心,关键在于用户参与的性质。简言之,尽管所有人都可能热衷于追求"体验"(用户体验、消费者体验、患者体验和公民体验),但至关重要的是,人们应该有权利对相关情感和身体信息的"捕捉行为"进行有意义的选择与控制。

本书是我在一个有趣的时期完成研究和写作的。我于2009年开始撰写有关情绪与科技的文章(麦克斯泰,2011),并在另一本书中介绍了共情媒体(empathic media)的基本原理(麦克斯泰,2014)。涉及新兴媒体技术的共情媒体具备以下能力:能够感知和识别对人类有意义的事物,能够将用户行为按设定的情绪类别进行分类,能够基于用户情绪状态触发相应行为,能够有效利用人们的意图和表达。2014年年中至2016年年底这段时间内,在英国艺术与人文研究理事会(Arts and Humanities Research Council)的资助下,我开始对开发和应用情感识别技术的专业人士进行了调查采访。在此期间,科技部门已开始用更加严肃的态度来对待情绪与情感计算的相关问题。在我最开始进行采访的时候,在情感生活相关的技术领域中找寻商业机遇的大部分都是初创企业。随着项目推进,我发现越来越多的知名企业,如亚马逊、苹果、脸书、谷歌、IBM和微软等也都在公开研发情感人工智能(AI)与共情媒体产品。许多我最开始采访过的初创企业目前正期待能够尽快打通其变现渠道。

从技术层面而言,人们对媒介情感化生活的兴趣增长是与人工智能和机器学习技术方法的增多密切相关的。虽然这些技术正处于高德纳(Gartner)咨询公司技术成熟度曲线(hype cycle)中的过热期①,但这并不影响其技术已植根于社会之中的事实。当然,它们还会不断变得更加完善。就AI系统与人的互动层面而言,人们可能会认为人工智能只有具备了感知人的情感、情绪和意图的能力才会具有真正价值。其中包括智能家居助理和引人注目的人形机器人,

---

① 高德纳(Gartner)咨询公司依据其专业分析,将新科技从诞生到演变至成熟共划分为5个阶段:1.萌芽期(Technology Trigger);2.过热期(Peak of Inflated Expectations);3.低谷期(Trough of Disillusionment);4.复苏期(Slope of Enlightenment);5.成熟期(Plateau of Productivity)。——译者注

但其重大进展是在于情感识别系统如何逐渐融汇于人机交互之中。与自我、他人、物品、服务以及媒介内容的情感互动在个人、人际、组织、经济和社会监管等多个层面都具有价值——如果读者认同这一观点，那么情感AI和共情媒体就值得我们关注。

人工情感智能是通过对情感生活的观察、读取、倾听、感受、分类和学习来实现的。具体而言，这些能力不仅包括"读取"媒介图文，"捕捉"和"感知"面部表情、注视方向、手势动作和声音，还包括利用智能机器来"感知"心率、体温、呼吸、皮肤电等身体反应。如此一来，身体和情感可以被机器读取。然而，我并不想争辩这些系统是否能"感知到"情感。我感兴趣的是"机器感知、行为归类和适当回应的能力可以呈现出'理解的外观'"。我认为这种观察模式涉及一种共情形式。为了证明媒体和技术正逐步显示出共情的迹象，我将从以下两个命题开始：

1.人们的生活中充斥着越来越多的"感知技术"，这些技术正在以前所未有的方式体察着人类生活。

2.共情媒体为人们提供了新的审美体验，这种体验不仅能够呈现情感的相关信息，而且还为人们提供了新的方式来"感受"审美创作。

如果读者认为技术越来越能够测量情感行为，并且在理解情感方面存在个人、人际、商业和其他组织层面的价值，那么维克托·迈尔-舍恩伯格（Viktor Mayer-Schönberger）与肯尼思·库克耶（Kenneth Cukier）在其著作《数据时代：生活、工作与思维的大变革》（2013）中提出的"情感生活的数据化"就会成为必然。

对上述两个命题进行结构化分析，不难得出如下结论：

命题1包含三个层次的含义：（1）采用情感数据的技术越来越多；（2）我们与数字助理之类的技术共存共生，而不是仅仅"使用"它们；（3）我们会在意想不到的地方（比如在商店里）遇到这些技术。

命题2基于一个简单的事实，即新媒体技术赋予内容创作者更多的可能性。尽管本书中的大部分内容都在讨论情感追踪的范围和影响，但共情媒体原理的应用能够使人们更加直观地感知地域、时期、文化、物品、现实世界和虚拟世界。

机器共情何以曲尽其妙：逼真度与情感真实

至此，读者头脑中可能会浮现出一些问题：首先，"机器真的能够做到共情吗？……这是不是有点夸张？"其次，"这不是对情感的一种非常局限的看法吗？"最后，"共情中所包含的同情和怜悯又当如何解释？"最后一个问题最易于处理。尽管我们通常将共情与同情、怜悯联系在一起，但它们之间并没有必然联系。解读一种情绪状态并预测一个人的观点和性格并不要求我们为他着想。衡量共情的必要标准并不包括同情，相反，共情只是一种解读情感的行为。认知共情（cognitive empathy）就是一个不具有同情心的例子，它可能导致精神和肉体的残酷施虐行为。

这是一种研究共情的"理论论"（theory-theory）①研究方法，即通过观察将情感理论化［高德曼（Goldman），2008］。换言之，就是通过我们的观测、测量和记忆以及为后续互动制定的规则来了解他人的状况。这种新行为主义方法意味着系统能够感知、识别行为模式，通过算法和启发式的方法进行判断（如果A的行为是X方式，那么就会产生Z行为），提供内容和反馈，并从人们的反应中学习。一个至关重要的因素是，共情媒体系统不使用"精神论"过程。相反，它们只是"简单地"观测、识别、分配、调整和修改自己的行为。

因此，当计算机群体与人类群体能够以相同分布的答案做出回应时，即可得出计算机能够识别情绪的结论是合乎情理的［皮卡德（Picard），1997：51］。其中包含一个内在认知：人们不会每次都做出正确判断，因此，我们也不应该对机器给予同样的指望。这种认知看似简单却非常重要。如果我们要批判机

---

① GOLDMAN A I. Simulating minds: the philosophy, psychology, and neuroscience of mindreading [M]. Oxford New York: Oxford University Press, 2006. "理论论"是指向一个特定主体的路径和方法，而非主体本身。——译者注

器并认为它们无法进入类似人类的"真实情感状态"（无论这表示什么），那可能不是因为机器误判，有时是因为它们错误解读了人们的情感。

这种情感观是否有局限？但人们尚不清楚什么是情感。共情媒体采用心理学、人类学和神经科学来对情感进行特定的描述，这种研究方法很大程度上源自保罗·埃克曼（Paul Ekman）及其先驱。正如我们将要看到的，技术人员所理解的"基本情感"[埃克曼和弗里森（Ekman and Friesen），1971]相当简要和取巧。从某种程度而言，这是种权宜之计，这种对情感生活的描述与将面部和身体行为分类的传感技术很好地结合在一起。早期情感传感技术的支持者的确说过："选择生理或行为测量相对容易，因为技术或方法论通常会明确表明偏好"[布拉德利和朗（Bradley and Lang），1994：49]。"基本情感"的观点与一个更混乱的观点形成了鲜明对比，后者认为"情感可能不是固定不变的对象，而是通过文化建构以及由历史情境和当下情势所界定的经验和表达方式"。

在机器是否能够真正理解人类这个问题上，存在两种可能性：(1) 真正的共情（真正了解他人正在经历的情感的能力）；(2) 模拟共情（近似情感，在人们能理解的范围内进行情境化，做出有根据的判断和以适当方式进行回应的能力）。其中的大部分内容，已在关于机器是否可以真的思考、人们如何思考以及与理解他人生活有关的哲学议题中被反复辩论过了。不过，如果我们认可模拟和观察式共情的存在，那么机器共情的大门就会向我们敞开。

该问题与真实性无关，而更多与我在其他地方所声称的"机器逼真度"或机器深度洞察有关（麦克斯泰，2014）。它使我们能够消除关于共情"真假"的争辩，因为模拟的和基于理论化形式的共情可以根据反馈的适当性得到检验。因此，我们不必讨论是否只有人类有特权获得对情感和意图的"真实"理解。相反，我们可以简单地根据有效性来判断。当然，人们本能地在解读和感知事件对他人的意义上具有明显优势。但是，机器有自己的"一手好牌"——它们可以存储、记录和诠释人类感官（比如生理机能）所无法触达的细节。事实上，倘若仔细斟酌则会发现，也许真正的问题并不在于"机器是否真的具有共情能力",而在于"机器共情是否与人类共情存在区别"。我建议将共情定义为人类和机器的一种诠释性行为,它包括了观测、识别、情境化、学习和快速反应。

本书的目标和方法

我的目标是用相关情感感知技术来探索生活,评估其政治和社会影响,并考虑可能带来的伦理、法律和监管后果。为此,我将实证观察与三组文献进行相互印证,这三组文献分别为:媒介批判理论(media and critical theory)、科学与技术研究(science and technology studies,简称STS)以及相关哲学专著。其中,媒介批判理论和科学与技术研究是本书研究的基本出发点,同时,我也要对其中哲学文献的重要性做出解释。简言之,我参考过的相关哲学家著作给我理解共情的社会和体验意义带来极大帮助。通常这些哲学家都在现象学领域富有建树,例如胡塞尔、梅洛-庞蒂和海德格尔;还有一部分哲学家的著作有助于对"共情"的讨论,例如利普斯、舍勒、休谟、边沁和亚当·斯密。福柯所主张的"在验证知识时,应当与知识产生时所相关联的背景和兴趣进行紧密结合"的理念对本书也具有重要意义。

我的主要数据来自100多个开放式的一小时访谈,旨在阐明对情感识别的看法。这些采访来自企业、国家安全部门、法律部门、政策部门、市政部门和隐私导向的非政府组织(这些组织的名单详见附录1)。虽然有的访谈没有明确在文中引用,但每个访谈都潜移默化地影响了我的思维。面对面访谈主要在欧洲、美国和阿联酋进行,但也包括通过Skype与以色列、俄罗斯和韩国的公司进行视频通话。参与访谈的公司规模大小也不尽相同,从Alphabet旗下的Verily公司、脸书和IBM,到学生创业公司等。

采访问题是与以下合作方共同创建的:重视数据保护的英国信息专员办公室(数据监管机构),致力于创新的广告代理商M&C Saatchi,致力于保护广告业声誉的英国广告实践委员会（自我监管机构），以及"国际隐私保护组织"（一个关注用户信息知情权、数据伦理与数据安全的非政府组织）。受访者多为首席执行官或各公司担任战略性职位的人员。这些公司从事的领域包括：情感分析、虚拟现实和增强现实、面部编码、语音分析、社交网络、情感增强物联网（IoT）以及情感增强智慧城市等。还有许多开发可穿戴设备的公司，通过检测用户的呼吸、脑电图（EEG）、心率和皮电反应（GSR）来识别用户情感。终端用户部门包括：广告、警务、国家安全、教育、保险、人力资源、性科技服务、性心理治疗、体验营销、心理健康、品牌机构、媒体机构、道德黑客、风险资本家、艺术家、交互电影制作人、游戏公司、车内体验和车载导航公司以及体育软件公司。

每个受访者都是根据其当前情感识别工作的进展或其对情感识别类应用的潜在兴趣来选择的。除了企业家和公共部门人员外，我还采访了一些提供良好隐私服务的非政府组织（电子前哨基金会、开放权利组织和国际隐私保护组织的几名员工），以进行辩证性思考。我还拜会了媒体和技术律师事务所，讨论这些开发项目的法律层面问题；还采访了欧洲数据隐私领域的政策制定者，以厘清他们对这个话题的态度。采访使用的是一份多层次同意书，选择范围从自愿代表组织发言，到完全匿名，这可以让受访者选择他们认为合适的公开度。

除此之外，本书还采用了其他研究工具和方法，包括：（1）与企业家、监管机构、非政府组织和学者一起举办研讨会，以制定使用情感数据的行为准则（将在第十二章中讨论）。（2）在全英国范围内进行了一项具有人口统计学代表意义的在线调查（n=2067）。这项研究评估了公民们关于在他们熟悉的情境中引入情感识别的态度[1]（我会在相关地方讨论这个问题，概述见附录2）。（3）对专利申请进行分析，使媒介批判学者得以洞察公司和其股东的目标、期望、技术意图和世界观。（4）对产品包装和促销内容进行文本分析，揭示了对于理想用户的假设和组织的意识形态观点。

章节概述

本书第二章，首先对理论、历史、哲学和技术的理论框架进行了回顾，阐明了将在本书中反复出现的原则：共情是存在于人类群体生活中的社会事实。同时，本章还探讨了情感的工业化问题：一方面，"情感"是一个近代才提出的心理学假设，它具有经济价值；另一方面，随着情感AI和情感计算的应用，情感生活出现了"生物医学化"的变化趋势。尽管本书强调的"机器可读"情感可能显得有些新奇，但其实这个话题已经是老生常谈了，其先例最早可追溯至19世纪。本章介绍了上述内容，并围绕这些内容本身以及当代共情媒体的案例研究进行了讨论。

第三章从情感分析的角度来探讨集体情感。与后续章节不同，情感分析无需捕捉人们的生理数据，而是通过评估人们在社交媒体上的话语就能完成情感测量。这些话语一般基于文本内容，可能还包括表情符号、图像、视频、用户简介和图表联系网络。我们正在目睹一个机器嵌入公众生活的时代，这些机器可以检测、绘制社会情感并与之互动。然而，网络公共生活和集体情感是比较复杂的命题，其中包括的人类和非人类参与者都会对网络公共生活和集体情感起到建构、调节和影响作用。为了探究这些问题，我考虑了传播扩散、推动社会议程上下波动的算法、选民情绪的计量和建模以及一些模仿人的软件脚本（机器人程序）。本章通过对社交媒体公司、情绪分析人士、营销人员和政府情报机构人士的采访，结合政治生活、市场营销、金融行业和警务等领域的案例研究，对"社交化聆听"（social listening）进行了评估。

第四章开始关注另一种衡量情绪的手段：生物反馈。自20世纪80年代以来，游戏就一直在试验生物反馈，因此，本部分将受访者确定为游戏开发工程师和游戏玩家体验分析师。在媒体和娱乐领域应用生物反馈数据是十分困难的，相信游戏产业体会最为深刻。对游戏的消费说明我们与媒体技术互动的渠道范围在不断扩大。除了通过感知和检测肢体的方式来测量人的情感并与之进行交互以外，游戏还能生动阐明共情媒体中的审美观念，即通过游戏设计可以使用户"沉浸式地融入"游戏内容所设定的情境之中。这也是最能说明媒介中的生物识别技术是一种能使人们受益并增强体验的方式，而不是像停留在人们刻板印象中那个"令人毛骨悚然"的东西。然而，游戏社区中的用户也表达了对保护数据和个人隐私的要求。本章结尾处，我将基于"英国公民如何看待生物特征数据"的全国调查问卷对这些问题予以讨论。

第五章在情绪分析之后，探讨了共情媒体的一种先进应用方式：面部表情编码。本章内容主要基于对面部编码公司的访谈，这些公司采用计算机视觉和机器学习技术来解读面部表情。虽然有些读者对面部表情编码技术在神经营销学和广告测试中的应用比较熟悉，但在一些不那么明显的应用场景中这种技术变得愈加重要。这些应用领域包括：社交媒体公司的用户评论分析、车内行为、零售，甚至在法庭证供过程中的表现分析。从概念上讲，这些方法、技术和应用程序以"全面暴露"的方式展现情感生活。因此，除了评估技术和应用程序之外，我还十分关注评估方法。我之所以这么做，是因为在共情媒体的拥护者看来，强化后的面部表情编码是对情感生活最清晰的诠释。这种世界观与社会和建构主义对情感生活的描述形成了鲜明对比。

第六章考察了以声音为中心的共情媒体的兴起，这些媒体不仅分析我们的语音内容，还分析我们的话语方式。基于对语音分析公司的访谈，本章解释了被行业广泛采用的语音情感捕捉系统是如何对我们的语音做出恰当回应的。为了更清楚地理解这一意义，我们可以考虑聊天机器人和数字助手（如亚马逊的Alexa），在语音搜索和自然语言处理中理解情感并做出反应的可能性。这是一个新兴问题，随着家庭AI可以更好地了解人们及其生活环境，情感捕捉将为系统提供线索并使其做出恰当反应。这也引申出了关于人际关系、时间性以及体验的问题。尽管这似乎是不必要的哲学化思考，但考虑到现代企业对"即时"的热衷，本章仍会对此做出讨论。当数字助手与我们的生活共情，或亲密参与到我们生活中的每时每刻时，一种哲学本体论的思考维度就会彰显出来。"切菜、按菜谱做菜、在Spotify上听音乐"这些日常行为可能都由数字助手Alexa来完成。这些捕获到的"时刻"具有经济价值。作为与我们"生活在一起"的主体,情感人工智能的使命是弥合质量和数量,进行有意义的互动,评估现实的特征,对体验进行分类,了解生活情境。这就引出了一个问题:我们如何才能最好地理解这些共同演化关系?展望未来,人们会在多大程度上放下质疑并转而从人工智能中获得满足感?

第七章介绍了虚拟现实技术(VR)。VR技术不只是一个简单盒形头盔,而更应该被定义为能够在合成环境中使人获得临场感的一种技术。VR满足了前文提及的关于共情的两个命题,VR设备佩戴者不仅会在经历合成场景中的人、物体、地点、时间和文化时获得极致的视觉感官审美体验,而且远程观察者(人和机器)还可以从VR头盔佩戴者视角进行观察,并获得与其观察视角相对应的体验。本章通过与纪录片制作人、市场研究人员以及国防和警务领域技术人员的访谈和互动,推动了情感见证原则。第一部分分析了VR在新闻和纪录片中的应用,并借鉴第二章内容将其阐释为"诠释性共情"。第二部分关注市场领域对VR的研究兴趣,包括注意力、意图和量化的第一人称视角。第三部分考察了虚拟现实与警务的关系。虽然这不是虚拟现实技术的一个典型应用(游戏和色情内容可能更容易浮现在脑海),但正如本书讨论的许多案例一样,共情媒体的边缘应用最能说明其重要性。最后一部分考察了从美国到阿联酋的组织是如何发展"共情警务"的。在这一领域,警官将VR与可穿戴设备、头戴式记录仪和无人机一起使用,来远程监测辖区内正在发生的事情。

第八章内容与广告业相关。在所有对情感生活感兴趣的商业领域中,通过对人们所思、所见、所感和所为的理解与分析,广告和零售商获得了最丰厚的收益。广告业是建立在消费者是理性的、自主的,而且他们能够拒绝、忽视或接受广告信息的基本假设之上的。然而,在行为经济学、消费者神经科学和共情媒体发展成为研究热点的时代,广告的自由选择论受到了空前质疑。基于对广告代理商、营销人员和技术人员的访谈,本章批判性地审视了消费者研究、全渠道购物(融合了线上和线下)、程序化系统、增强现实和与"感觉"相关的零售环境。除了摄像头跟踪之外,人工智能系统还可以利用情感分析来创建营销内容。在本章所概括的"量化的自述"的说明下,本章表明共情媒体不仅仅涉及感知生活和体验，还涉及消费者心理的自动化呈现。

第九章探讨了"针对个人的感知类技术"是如何推动人与技术间形成新型亲密关系的。在研究健康、福利、工作和性等问题的相关案例时，我的访谈对象包括商业生命科学公司、商业神经技术研究公司、脑电图耳机制造商、情感捕捉可穿戴设备开发商、性玩具制造商和一位专业的性心理治疗师。显而易见的是，开发人员更容易接受企业在行为与情感生活方面所带来的技术伦理问题。其他所提出的问题包括自动化工业心理学，生物传感技术，通过监控通信、网络、人际关系、地理位置和设备来探寻情绪行为迹象的分析方法。这就引出了一些微妙的问题，尤其是关于公司责任、数据标准，以及缺乏可作为衡量情感生活基准的标准方法的问题。接着本章转而讨论性的问题。黑客入侵性科技设备的问题已众所周知，同时，他们还引发了有关隐私、现代亲密关系以及使性生活具有机器可读性和透明性的可取性问题。尽管能够"感知"行为的性爱机器人是否能广泛应用还有待观察，但这足以引发人们对人类与科技关系的深刻反思。它们仅仅是一种合目的性的功能形式，还是拟人化和心理投射在我们与情感感知技术的关联中发挥了中介作用？

第十章关注的是共情媒体被用来理解"智慧城市""未来城市"和"意识城市"的公民团体情况。对这些项目进展情况的研究主要基于与城市技术人员、照明公司、城市体验分析师的访谈资料，以及在迪拜、巴塞罗那、科隆和伦敦举行的科技与智慧城市博览会上的多次访谈。共情媒体被用来理解"智慧城市""未来城市"和"意识城市"公民团体的进展离不开传感器部署，以及借助通信技术监测和生成有关城市环境中人、物与事件的信息，其中涵盖了从街道照明到室内生物反馈的所有内容。虽然这些项目很容易被贴上"反乌托邦"的标签（这其实是一件正确的事情），但令人好奇的是，历史上"心理—地理学"政治对致力于解放人类的马克思主义和功利主义思想一直保持着吸引力。例如，在20世纪50年代，居伊·德波（Guy Debord, 1955）建议我们研究"地理环境（无论是否有意识地安排）对个人情感和行为的精确规律与特定影响"。他的想法是揭示公民的生活状况。然而，随着城市看到"算法化"的可能性，并采用类似平台的特征来感知、追踪、监测且商用化公众的"心理—生理"数据时,这就提出了我们要居住在什么样的城市的问题。本章对专制国家和民主国家的发展持批判和谨慎态度,但并不否定媒介化的心理—地理学假说。正如下文所述,除了"控制社会"之外,其他愿景也是可以实现的。这涉及使用共情媒体来改善物质空间和基础设施,增强城市特征标记,留下体验的生物特征标记,讲述故事以及使用生物传感器来丰富城市生活。

第十一章将话题从技术转向共情媒体的监管和政治层面。鉴于这些技术所代表的是努力让情感生活可以被机器读取,以及控制、设计、重塑和调节人类行为,因此本章所探讨的话题十分重要。在评估共情媒体的政策维度时,我参考了欧洲监管政策,这些相关经验其实在全球都是适用的。我关注的是一开始看似无关紧要的问题:如果请求的数据无法与个人或个人设备联系起来,那么隐私问题将会如何?尽管有关情感的信息肯定与个人数据相关联,但在许多案例中,有关情感的非识别数据也正在被收集并投入使用。值得注意的是,尽管有关情感的信息与个人数据关联密切,但至少在数据保护机构所认定的隐私范围内,这些信息并不是严格意义上的个人数据。那么这样就能被接受吗?为了探讨和解决这个问题,一方面我对欧洲数据保护法进行了评估,另一方面我与一些媒体律师事务所合伙人、对科技法感兴趣的英国王室法律顾问(Queens Counsel, QC)以及对隐私和数据保护感兴趣的民间社会团体进行了有关道德伦理的探讨。我还讨论了从调查数据中收集到的关于英国公民对具有识别性和非识别性情感捕捉的看法。

第十二章对本书进行了总结,包括简要归纳本书重点概念和探讨共情媒体进行重要创新时需满足的条件和内容。对这个问题的探讨主要建立在一个工作坊的成果基础之上,该工作坊的参与者包括情感捕捉公司的CEO们和其他成员、英国信息专员办公室(Information Commissioner's Office)、英国广告自律监管机构、公民自由组织、广告公司、安全公司、心理学家、法律伦理学家和监控专家。

通过导言部分我们可以清楚地看到,虽然本书探讨的范围很广,但其重点非常明确：评估用于"感知"情感生活技术的发展、应用和影响。书中循序渐进地提出了四个贯穿全书的问题，这些问题将随着本书的深入展开而得以解惑。第一个问题是关于情感生活本质的研究方法和相关假设。第二个问题是关于利用这些洞察力产生影响的范围，从而引发了对商业和政治权力的质疑。第三个是亲密关系，本书通过对相关技术应用的讨论提出了一系列关于隐私的问题，但这些问题未必都会有答案。最后，也是我认为最重要的一个问题是，身体和情感生活可被机器读取的总体可取性。

注　释

1.在线调查在方法上有一些缺陷，包括难以呈现复杂话题以及对受访者状况的最低控制。受访者可能会专心致志或心不在焉。此外，为了降低成本，全书涉及的调查中有一部分是使用ICM Unlimited所做的多主题调查数据，因此我无法控制问题的出处。然而事实证明，这样做是具有明显优势的：它不但使我获得了一个包含地理区域、年龄群体、社会阶层和性别等有价值的加权样本，同时还避免了"采访者偏见"。

第二章
关于共情

第一章介绍了共情媒体的原理,指出媒体科技以新方法来解读人类情感、情绪、心情、注意力和意图的能力不断增强。这些技术并不是凭空出现的,而是具有扎实的技术与理论基础。为了更好地衔接之后的章节,本章将聚焦于"共情"本身以及有关"共情"的技术。我认为共情有两个重叠特征。首先,它是人际交往和社群生活中的一个普遍社会现象。它被应用到技术之中,意味着人与技术"共生"的说法是成立的,技术能够感知、追踪和深入了解我们的生活。第二个特点是它的诠释特质。这不仅指能"深入"了解他人,还包括地方、经历、文化乃至物体。在概述了共情的两个核心原则之后,我将共情媒体与情感计算、人工智能、情感的工业化应用、情感数据化以及生命科学联系了起来。

一个社会事实

"共情"在我们如何与他人相处中起着至关重要的作用。它在哲学、社会心理学、发展心理学、心理治疗、认知科学、灵长类动物学和神经科学等领域颇受关注。英语中"empathy"（共情）一词的词根源于古希腊语έμπάθεια（empatheia），意指一种与情感经历有关的强烈情绪或状态。后来，这一含义延续至现代词语"pathos"（感染力）之中，包括了情感、感觉、痛苦和怜悯等含义。从使用语境来看，冷漠指的是缺乏情感，反感指的是敌对情绪，同情指的是同感。共情（empathy）则略有不同，它的意思是'feel within（共同感受），或者更准确地说是"in feel"（感同身受）（前缀"em"是希腊语，与英文单词"in"对应）。这两种说法都不太符合逻辑，因为人们无法"感同身受"，但通常会识别和推测出他们正在经历的情感状态以及潜在意图。这是通过观察语言（包括人们说什么和怎么说）、生理和行为，然后利用这些信息来形成关于"他们来自哪里"的判断。

共情让我们拥有共同的经历体验，让我们明白自己并不孤单。与之相反的是令人沮丧的唯我论。例如哲学家埃德蒙德·胡塞尔（Edmund Husserl）（2002［1952］：173）使用的"co-presence"（共同在场）和"universal Ego-being"（普遍自我存在）。虽然乍看上去有点神秘，但这仅意味着"我有自我意识，我确信你也有，所以我知道你是什么感觉"。胡塞尔（1980）所理解的共情具有感性和身体特征，因为要理解他人的"心理现实"，我们会模仿他人的物理性、他人的身体、他人的自我经验，并试着在此时此地尽我们所能地找到这一点，以此来建立一种共通性经验。这与大卫·休谟（David Hume）的观点相呼应。休谟在《人性论》（*A Treatise of Human Nature*, 1896［1739］）中，用本能来解释共情。共情源自人类的无意识，这一特性使得我们无法控制共情，既不能开启也无法关闭它。虽然这一社会能力令人印象深刻，但我们在评判他人时依然可能会犯错（这也说明了为什么"理解"比"感同身受"更准确）。然而我们揣摩、判断、模仿以及对所感知到的他人现实情境做出反应等行为，俨然已是人类的基本行为。

尽管哲学家马丁·海德格尔（Martin Heidegger）在公开场合对共情嗤之以鼻，但他也承认"共同在场"的概念有一定可取之处。彼此间的共同存在感与认同感对于人类而言十分重要。例如，在《存在与时间》（*Being and Time*）中，海德格尔用"依存"和"我们亦他人"来表述共情。关于这点，他还提供了在社会环境中有关共情的细节，如我们在社区生活中需要使用公众话语，要遵守社会行为规范，认同并讨论公共价值观，跟随潮流，针对不同社会角色采用不同的个人身份，并从公众身份中建构自我。约翰·杜威（John Dewey, 1925）和托马斯·内格尔（Thomas Nagel, 1970）在"存在"或"感受"方面也提出了类似观点，即共情与民主、社会存在紧密相连，而语言、符号和共同的文化背景又促进了共情的形成。

这促使我们把共情作为一种社会事实，当它出现时就像一位中介代理人，通过促进人们相互理解与认识从而形成合作型社会。正如奈飞（Netflix）2015年的电视剧《超感猎杀》（*Sense8*）所阐述的那样，这种共情的亲社会属性具有世界主义[厄里（Urry），2000]、相互尊重、乐善好施的启蒙价值观，以及成为"世界公民"的价值观（这一原则可以追溯到公元前4世纪的苏格拉底和第欧根尼）。事实上，在康德（1990 [1781]）看来，共情是全球人权的核心。这并不是因为盲目的责任感，而是因为理性决定了自我和他人之间的相互尊重是对所有人都有利的。此外，如亚当·斯密（2011 [1759]）的《道德情操论》（*The Theory of Moral Sentiments*）中视共情为因彼此间有相同遭遇而产生的"惺惺相惜"之情，这种投射性的友好互信形式为道德生活提供了基础。[1]

毫无疑问，共情是有偏见的，人们可能更容易认同与自己相似的人[布鲁姆（Bloom），2017]。然而，如果说共情有政治意义，那就是它揭示出了一种需以理性和理智对待他人的道德要求。对于那些对共情感兴趣的哲学家来说，他们的任务是平等待人，而不是仅仅把别人当作模糊的他者。[2] 显然，这种理想状态并非总是都能实现，人们也很早就发现了世界主义存在的困难。马克斯·舍勒（2009 [1913]）认识到，政府对他人的仁慈政策取决于身份认同、他人示范效应和同情心，但日常活动、工业生活、现代化和技术的喧嚣却极大妨碍了社区感情与"自然"生活的能力。一个多世纪过去了，这一观点依然契合于当下社会。

共情,就本体论维度而言,它增强和促进了社交体验以及对他人现实经历的理解,并切实提供了一种可以与他人感同身受的途径。重要的是,本书语境中的"共情"不是指一个工具、一种属性或某个附属物,而是一种通过感知和读取他人的行为和信号,并以此来衡量和理解其情感和可能倾向的持续性活动。[3]正如在后续章节中将要提及的观点,我认为新兴科技的一个关键特征是,将有越来越多的科技与我们紧密"共生"。即这些科技不断地感知、被动地追踪、解释和处理历史与行为背景,甚至在情感层面上与我们交流。这种"与之共存"乃至"与之共生"的特性与仅具有功能属性的工具和技术迥然不同。

共情的含义

共情不仅仅局限于人际和社会关系之中,它还具有投射情感和使人感同身受的特性,这使其具备了审美性和情感性要素[利普斯(Lipps),1979,1903]。这使得人们获得了将心绪从日常生活中分离出来,从客观现实与生活惯性中感受和得到乐趣的能力。利普斯强调了这一点,他认为"共情是这样一个事实:即我与客体之间的对立消失了,或者根本不存在对立"[鲍德温(Baldwin, 1940: 357)引用了利普斯的话]。他所说的是文本、客体和人之间的交流。这种共情的说法在哲学中被广泛讨论,但简而言之,"共情即感受"的观点来自德国的Einfühlung(移情)原则,该原则认为人们可以通过将自己置于艺术品中来感受创作者努力生成和灌注的情感{费舍尔(Vischer),1993[1873]}。扩展开来,通过音乐、绘画、文学、电视节目、游戏以及风头正劲的虚拟现实等媒介,我们可以将自身感受置于不同地域、不同时代、不同文化以及虚拟世界之中,这在某种程度上超越了人际交流和社会关系之中的共情。当我们沉浸于被精心设计的体验中去感受"那里是什么样子的"时,它随即赋予我们一种重构和想象的能力。从创作者和设计师的视角来看,诠释共情具有预见性特征。这是一种前置感受的尝试,以此来模拟(或称之为感同身受)他们所期望的参与者能够产生的体验。我们将在后续章节中看到,共情所具有的这种使人感同身受以及情感化的能力不仅应用于艺术和娱乐领域,还应用于当代的警务、教育以及其他相关部门。

关于情感

尽管情感生活是人际和社会行为的基础,但"情感"直到19世纪才成为一个心理学范畴以及被系统研究的一个课题[迪克逊(Dixon),2012]。此前,情感被解释为激情、喜好、欲望、意外、灵魂的不安和道德情操。古希腊斯多葛学派(约公元前3世纪)视情感为灵魂的疾病。基督教后来觉察到这些"强大的力量",但却用同情和道德情感来调和它们。对阿奎那(Aquinas)来说,激情和情感是灵魂两个不同部分的活动,或者是阿奎那所说的"感官欲望"和"理智欲望"。到了16世纪,情感面临的"控诉"甚至与疾病和"畸形分娩"都扯上了关系。例如,帕雷(Paré,1649)报告说,一个长着青蛙脸的婴儿被认为是源于出生时躁动不安的情感。后来,16世纪的安德烈亚斯·维萨里(Andreas Vesalius)和17世纪的托马斯·威利斯(Thomas Willis)开始绘制人体结构图,以探索人体结构,这促使解剖学成为认知疾病的基础而不是非物质力量。这一生物学转向对于我们理解共情媒体和生物反馈具有重要意义。

然而,激情(坏的)和道德情感(好的)的二元论贯穿于整个18世纪的情感讨论。19世纪的爱丁堡道德哲学教授托马斯·布朗(Thomas Brown)可以说是情感的首创者,因为他把欲望、激情和情绪的概念纳入一个无所不包的前提:情感(迪克逊,2012)。虽然情感这个词已经存在,但还没有被系统地作为一门心灵科学来研究。这个词本身是于17世纪早期由法国传入英国,是由约翰·弗洛里奥(John Florio)翻译自哲学家米歇尔·德·蒙田(Michel de Montaigne,1999[1603])提出的术语。虽然蒙田关于情感的阐述不如布朗的科学,但他在身体干扰和物质性方面对情感的描述很能说明这本书对生物识别的兴趣。然而,在心理学研究领域中,托马斯·布朗是第一个系统地将情感作为一种重要分类来研究的学者。1820年,他将情感定义为感情的生动性,并将其与直接由某种物体引发的感觉相区分(布朗,2010[1820];迪克逊,2012)。同样来自苏格兰的查尔斯·贝尔(Charles Bell),在19世纪20年代左右对情感的概念化做出了宝贵贡献。他将情感与面部和身体部位联系了起来(贝尔,1824)。其核心观点是身体不仅可以表达情感,而且身体也是体验情感的重要构成部分。

如今,情感与生物学上的理解和神经系统的唤醒密切相关,虽然情感在含义上不等同于唤醒,但唤醒水平确实与许多已命名的情感类别相关联。尽管情感是生物学上的概念,但它毫无疑问与社会和文化生活息息相关,因为我们对情境的评估会受习得的价值观影响。例如,艾哈迈德(Ahmed,2010,2014)就对刻板印象进行了令人信服的论述,他认为情绪的激发不是源于物体性质,而是源于我们如何感知它们。这与心理学文献中关于评价理论的讨论有关,该理论认为,情绪是从可能导致人们对同一情境做出不同反应的事件评估中提取出来的[舍雷(Scherer)等,2001]。艾哈迈德认为,我们一直被教导当遇到陌生人时应心怀警惕,但与此同时我们业已产生了误解。我们借此会将日常习得的情绪反应显露出来,构建并影响着我们与他人相处、认知与互动的方式。究其表象与内在联系,我们不难发现情感其实已完全融会于日常生活之中,并对人们产生了深刻影响。

情感的实际内涵其实也比我们惯常的理解更为丰富。史密斯(Smith,2015)曾对此进行过阐述,他指出,虽然我们对快乐、悲伤、困惑和兴奋等情绪较为熟悉,但还存在一些更为微妙的情绪,比如"恼火"、演讲前的"紧张"、"旅行癖"或"不确定感"(感觉一切都是错的)。情感的重要性是显而易见的,它可以调节、呈现和影响我们对于人、事件、地域和情境的情感体验。因此,尽管情感与人体大脑和肢体的功能有着明显联系,但我们不应局限在唯物主义的理念中,即对于情感的深入理解只能通过测量身体的抽搐和颤动来实现。

工业化情感

对于那些热衷于测量人类行为的组织机构而言,"情感"一直是其关注焦点。这是因为情感除了可以传达和展现我们对事物的体验之外,还能以量化的方式帮助和影响我们的决策、记忆与注意力[伊斯特布鲁克(Easterbrook),1959;克里斯蒂安森(Christianson),1992;洛温斯坦和勒纳(Lowenstein and Lerner),2003;菲尔普斯(Phelps)等人,2006;普菲斯特和波姆(Pfister and Böhm),2008;麦克达夫(McDuff),2014]。正如哲学家加斯东·巴舍拉(Gaston Bachelard)所言,一个创意形象"在触及表象之前其实已触达了深层"(1994[1958]:xxiii)。用神经科学的术语来描述,即在理智地记录经验和事件之前,我们就已经受到了影响以及情感刺激[达马西奥(Damasio),2003,2001;施罗德(Schreuder)等人,2016]。其行业意义在于:如果具备影响情绪并使人产生某种感觉的能力,那么这个组织的受关注度、美誉度以及决策影响力就会大大增加。这赋予"情感生活"以经济价值,那些对行为经济学、选择架构、神经营销学、消费者和用户体验(CX和UX)以及对后福特主义服务和零售方式(情感劳动)感兴趣的人不会错过这些东西。情感市场化的下一步是将情感生活转化为可量化形式,使其具备"数据化"能力[迈尔-舍恩伯格和库克耶(Mayer-Schönberger and Cukier),2013]。在这里,生活中的创新点被转换成为数据,并投入运行以产生新的价值形式。事实上,度量能力定义了什么是可知的和有价值的,并为"工业意义"构建了评判基准[比尔(Beer),2016]。

至于将情感生活转化为数据的处理过程,其根源在于"情感计算"[皮卡德(Picard),1995,1997,2007]。在20世纪90年代,人们通过测量心脏波动、皮肤电导、肌肉紧张度、瞳孔扩张和面部肌肉来评估身体变化与情绪之间的关系。罗莎琳德·皮卡德(Rosalind Picard)解释说,在这种情况下,"affective"(感知)指的是"感知情绪变化的能力,以及对这些变化做出敏感反应的能力,要考虑到它之前所学到的知识……"(皮卡德,1997:241)。情感计算有两个重叠目标：首先是前面提到的情感追踪，其次是试图刺激情感以促使我们关注机器。这是通过表情、手势、行为和声音来实现的。虽然情感计算与机器人开发高度相关，但该原则还涵盖了与设备、数字助理和界面的情感增强交互。

机器学习和更广泛的人工智能领域通常是我们现代工业使用情感数据的基础。基于最近的广泛宣传，人工智能已众人皆知。20世纪40年代，沃伦·麦卡洛克（Warren McCulloch）和沃尔特·皮茨（Walter Pitts）提出了神经网络理论基础；20世纪50年代，马文·明斯基（Marvin Minsky）和迪安·埃德蒙兹（Dean Edmonds）在1950年建造了第一台神经网络计算机［拉塞尔与诺维格（Russell and Norvig），2010］，并在实践中得到了发展。尽管现代人工智能的应用包括很多功能，如搜索引擎、数字助理、游戏、电子邮件和垃圾邮件分类、智能汽车、采购预测、保险欺诈检测、监视和推荐系统，如Spotify（也追踪用户的情绪），但人工智能的精神根源在于建造能够思考、学习和创造的机器（明斯基，2006）。这有时被称为强人工智能。不可忽视的是，人工智能的聚焦点一直是智力而不是感觉。这反映出西方思想长期以来对情感在人类生活中所扮演角色的不重视［威廉姆斯（Williams），2001］，这在对人工智能的研究中得到了复现。人工智能通常是根据推理、无实体认知和效用来构思的，而不是将情感视为帮助机器互动和适应环境、地点、人和情境的东西。然而，情感计算（至少是本书中讨论的那种）是"弱人工智能"（而不是"强人工智能"）的一个例子。也就是说，它会识别并对情绪做出反应，但它不会思考和感知自己［可以说，它不像亚历克斯·加兰（Alex Garland，2014）的《机械姬》（*Ex Machina*）等电影中的机器人］。

人工智能在含义上不等同于机器学习，或者说，机器学习是人工智能研究的一个子领域［考西（Cawsey），1998］。也就是说，机器学习与人工智能的其他领域重叠，比如机器人和环境测绘、自然语言处理、计算机视觉和对象识别（包括脸）。人工智能和情感计算的现代工业化应用的关键是机器学习技术允许计算机具备检测、推断模式并能适应新环境。虽然本书不包括对人工智能或机器学习的广泛阐述[参见拉塞尔与诺维格，2010；辛顿（Hinton），2016]，但一般而言，机器是通过案例进行学习的。这意味着计算机的任务是对人和物进行分类，而软件应用程序在没有明确编程的情况下，在预测和做出判断方面变得更加准确。在我们的案例中，输入特征可能是面部表情、语音样本、生物反馈数据或现实世界中的VR行为，而输出特征可能是分类的情绪状态。

我们将在第五章中看到，在人脸的自动情绪检测中，人首先向机器展示了用来训练它们的人脸情绪案例。这些案例包括理想的实验室条件和真实的自然状况，例如，照明可能很差的情况。有了这些分类，计算机就可以使用摄像机来查看、接收输入特征，记录像素化的面部元素，根据训练数据进行处理，并生成指定的情绪状态输出。当然，人们有独一无二的面孔，他们会做出不一样的表情，他们并不总是直接面对摄像机，他们有时会出现在不同的情境中。当计算机收到许多面孔信息（可能是数百万张），编程好的软件会启动学习程序，让机器根据输入的数据进行自我训练。这是通过软件自动调整算法来实现的，以提高在不熟悉环境（新面孔、表情执行、位置和情境）中检测表情的能力。这意味着，在不同程度的人类监督下，系统能够自行调整算法要素，并改进文本、图像、视频、语音、生物反馈的数据和对任何机器可读的其他来源数据进行分类。正如本书所讨论的，自动化情绪检测的工业意义是值得关注的。

生物经济学

与机器学习和人工智能工业化发展并行的是生命科学。近几十年来，资本、生物科学和现代计算机技术之间的互动越来越多。例如，Verily（Alphabet的医疗事业子公司，为本书接受了采访）正致力于开发智能葡萄糖传感隐形眼镜，而Calico（Alphabet的生物研发公司）则致力于探索寿命的奥义，以解决死亡"问题"。关于有限的生命和死亡，贝宝（PayPal）联合创始人彼得·蒂尔（Peter Thiel）说："基本上，我是反对这一观点的。"[德莱福斯（Dreyfuss），2017]。所有在机器学习、人工智能、大数据和认知计算等交叉领域工作的大公司，都对超人类主义、医疗保健和提升幸福感有着浓厚兴趣。这意味着当我们考虑共情媒体、情感计算和人工智能的应用时，也应该关注工业生命科学和身体研究。这种大规模投资使得生命科学成为"我们这个时代的基础认识论"［拉詹（Rajan），2006：12］。这一知识可以应用于健康领域之外，为我们设置共情媒体的环境提供重要帮助。例如，生命科学已经成为各种问题的默认研究视野。当然，这也与情感究竟是什么有关，这些认识论构建了我们如何理解现代数字文化中的情感和身体影响。

在许多方面，这本书是关于工业和技术人员如何构建一个对什么是情感化生活的特定想象。任何对有关身体的挑战性术语、假设、参考框架和专家知识体系的研究关注，都直接或间接地得益于米歇尔·福柯（Michel Foucault）的贡献。正如我们在上面所看到的，对情感生活等问题的认识，是从它产生的政治、经济、技术和社会背景中获得线索的。福柯的价值在于他不允许我们接受表面知识。相反，他让我们分析知识产生的背景，并评估当人们运用知识结构来理解自己时所产生的结果。福柯（1988）提出了四种可以说是能产生关于生命和自我知识的"技术"。应用于情感领域，这几种技术分别为：

1.生产技术：关于生产和使用情感数据的理论、技术和工业应用。

2.符号系统技术：用来表达和构建情感生活的语言、符号、意义、标志和界面。

3.权力技术：通过个人和集体情感生活的对象化来影响行为的能力。这为监视和控制人们的行为提供了空间，并使他们服从于某些目的或管制。

4.自我技术：共情媒体如何影响一个人对情感生活的自我定义，以及这种知识如何影响他们的身体、思想、行为和生存的方式。

随着共情媒体、情感计算和情感增强人工智能变得越来越普遍，其结果是日常生活多个层面正在被"生物医学化"了［克拉克（Clarke）等，2003］。目前我们所掌握的不仅是情感数据的商品化，还有更具经验层面的意义：我们如何理解情感和我们自己。"生物医学化"一词是多方面的，尽管它强调技术、自我转化以及适用于医学领域之外的事物，但是它不同于生物学和医学研究。本书的关键应用是情感生活正在被多种知识形式、媒体和技术"生物医学化"。

请注意,这些医疗技术正被用于卫生领域以外的工业目的。正如第一章所强调的,对追踪大脑电波行为、瞳孔扩张与心率的技术,体温、呼吸和皮肤电特性的使用,都超出了它们最初的应用范围,即在本书中被提及的生物医学营销和许多其他行业的应用。重要的是,工业正对生命变得敏感,并对生物学者所说的分子感兴趣[德勒兹和瓜塔里(Deleuze and Guattari),2000,1972;克拉克等,2003;拉扎拉托(Lazzarato),2014;莫罗佐夫(Morozov),2014]。简而言之,这涉及从对消费者、受众和人口的宏观关注转向微观层面的理解、映射和影响。正如拉比诺和罗斯(Rabinow and Rose,2006)所认识到的,生物能源的一个关键要素是,它需要尝试将身体(以及情感数据)整合到有效系统中。其目标是"控制、管理、设计、改造和调节人类作为生物的重要能力"(罗斯,2006:3)。这是戏剧性的语言,但该主张的正确性确实可以从商业和政府使用社会科学、行为经济学和神经科学中明显得出[达马西奥(Damasio),2003;林德斯特伦(Lindstrom),2005,2009,2011;泰勒和桑斯坦(Thaler and Sunstein),2008;杜普雷西斯(Du Plessis),2011;佩吉(Page),2011]。我们有理由断言,共情媒体就是消费者与工业心理学的自动化。

情感提取:共情媒体的谱系

尽管与情感生活互动的技术看起来很新奇,但将情感数据化并使其公开化和可感知的智能原则早已存在。例如,戴维斯(2015)指出,最近人们对幸福经济学的兴趣有明显的功效主义影子——功效主义是一种哲学原则,它的伦理基础是让人们的幸福最大化。正如第十一章所讨论的,这也与城市和国家层面提高幸福指数的举措有关,从在线情感分析到机构内部使用脑电图和皮肤电反应技术,都需要广泛应用共情媒体。

然而,要找到功效主义对量化幸福的兴趣根源,我们应该越过密尔和边沁,去看理查德·坎伯兰(Richard Cumberland)的著作《自然法则论》(*A Treatise of* the Laws of Nature)。坎伯兰（2005［1672］）第一次提出了幸福原则，强调它的定量性质，并主张道德判断应该通过计算来实现（或者做更多让大多数人感到幸福的事情）。边沁（2000［1781］）曾提出过一个著名观点：正确的行为方式可以使得快乐明显大于痛苦。受边沁影响的经济学家威廉·杰文斯（William Jevons）也抢先提出了以下观点：

> 正是这些情感不断地促使我们买卖、借贷、劳动与休息、生产和消费，它来自数量效应，我们必须估计它们的相对数量。我们既不能知道也不能测量重力本身的性质，正如我们不能测量一种感觉一样；但是，正如我们通过钟摆运动的影响来测量重力一样，我们也可以通过人类大脑的决策活动来评测情感波动水平。（1965［1871］：11；原作重点）

从弱人工智能、情感计算、数据处理、生命科学的应用和共情媒体的角度来看，这是一个具有哲学意义的观点：技术去感知、分类、处理、学习、修改算法，并与情感生活互动的时候，并不需要理解情感。正如在第一章中讨论的"机械逼真性"，测量的有效性是通过互动对被测者的有意义程度来判断的。另一位经济学家弗朗西斯·埃奇沃斯（Francis Edgeworth）在杰文斯看法的基础上，设想了一种可以测量快乐和幸福的装置：快乐测量仪。这一设想于1881年提出，试图用一个心理物理测量机器，通过比较快乐与不快乐来计算快乐水平。这个早期的共情媒体技术方案当然很重要，但同样重要的是支撑它的逻辑：对现实生活进行计算和翻译、存储和商品化。埃奇沃斯承认计数式的量化快乐并不容易做到，但他认为设计方案是可行的，因为我们"似乎确实能够观察到这些快乐比那些快乐要更多或是更少"（1881：9）。埃奇沃斯承认，他所提出的这个充满诗意的机器，其本质源于能量水平测量。但他将这一原则应用于快乐的量化。他说：

> 每时每刻，快乐测量仪都在发生变化；那微妙的指数时而随着激

情的悸动忽明忽暗,时而由于智力活动而稳定下来,时而在零点附近徘徊了整整几个小时,时而又突然上升到无穷远处。连续的刻度指示通过摄影或其他无摩擦设备记录在均匀移动的垂直平面上。然后,两个区域之间的幸福程度可由与两个区域相对应的零点与垂直线之间的面积以及指数所示的曲线表示。(1881:101)

这在原理上与当下的情绪检测非常相似,如今的情绪检测使用生物计量仪来评估生理和微表情的细微变化,以识别情绪和情感的"波动"。它将我们对情感计算和共情媒体的现代理解相联系,埃奇沃斯的机器再一次确认,他的假设机器并不理解情感本身的实质,但与此相应的是它能够标识出情感。埃奇沃斯对自己提出的关于单一装置和测量快乐的实用性批评做出了回应,"更多的测量数据和在更广范围内求取的平均值或许可以减小偏差"(同上:102)。强调身体的多重尺度来正确辨别情感是我们将会再去探讨的另一个主题。然而值得注意的是,早在19世纪,人们就已认识到单一测量方式的局限性。埃奇沃斯提出,"用不那么完美的仪器进行更多观察,可能会获得更高的准确性"(同上),这与许多从事情绪检测领域的初创企业产生了共鸣。这些初创企业将多个现成的传感器捆绑到自己的设备中,对生物反馈信号进行三角测量并从中推断出情绪状态。例如,Sensio公司生产的可穿戴"MyFeel"测量仪使用四个生物传感器来评估心率变异性、皮肤电反应、皮肤温度、运动和行为。埃奇沃斯的工作成果代表的是情感、共情媒体和度量衡的工业化生产早期例子,但同时他也是用情感测量手段预测现代问题的先行者,他用情感测量来预防现代问题,尤其是当情感需要被有效测量时就要对生物信号进行三角测量。

脑电图技术的起源可追溯至19世纪末。其研究最先从动物开始,理查德·卡顿(Richard Caton)在动物大脑上使用了一个"检测电流计"(用来检测和测量脑电活动)。1875年,他向英国医学协会(British Medical Association)展示了研究发现:大脑不同区域会产生不同形式的脑电活动。1877年,他还去美国告诉听众如何应用电极在兔子(后来是猴子)的头部来测试它们对不同刺激的反应。在德国，汉斯·贝格尔（Hans Berger）发明了脑电图（该仪器因此得名），并于1924年记录了第一个人类脑电图信号。1929年，他发表了对人类大脑检测工作的情况。贝格尔的工作试图构建情感、情绪和精神工作的物质等价物，这对于现代神经营销学和更广泛的神经科学来说具有重要意义。在怀疑论的包围下，他利用这项技术提供的实验数据来支撑他的论点，即大脑的血液流动、皮层代谢以及快乐和痛苦的情感感受都属于相同的心理物理学关系。这就是哲学家们所说的一元论，或者说是试图解决身心二元论的单一物质世界观。有趣的是，1914年贝格尔在勒泰勒西部前线担任陆军神经精神病学家时，曾阅读过哲学家巴鲁克·斯宾诺莎（Baruch Spinoza）的著作［米莱特（Millett），2001］。斯宾诺莎仍然对神经科学界有着持续影响。在达马西奥（2003）的《寻找斯宾诺莎》一书中有最为直接的体现，而达马西奥的著作也被神经营销学界广泛阅读和引用。

斯宾诺莎（1996［1677］）的重要性在于，他是一个试图弥合精神和物质现象的决定论者。作为一个一元论者，他认为潜在的现实是一个单一实体，它赋予所有存在的事物以形式（无论是上帝还是更世俗的事物）。对于斯宾诺莎而言，物质或精神的"世界"是同一物质的延伸，他们都同样受到因果关系制约。贝格尔是他同时代科学家中唯一一个反对身心二元论的人，他认为精神和大脑之间存在一种能量中介的相互作用（与斯宾诺莎的观点一致）。事实上，由于他的一元论观点，他也认为心灵感应是可能的，因为他相信人类的思想被赋予了物质属性，理论上是可以在人与人之间进行传播的。脸书的马克·扎克伯格已公开表示，他的意图是让人们能够读取彼此的想法，并通过脑电波进行交流［泰特寇波（Titcomb），2017］，读者可能会认为我们正在偏离我们对新媒体和技术最初的兴趣。

随着贝格尔工作的进展，他开始在探测人脑电活动方面取得了一些成功。于是，他开始琢磨："我也许可以完成珍视了20多年的计划，甚至创造出一种大脑镜像：脑电图（Elektrenkephalogramm）！"（米莱特，2001：535）。从情境和设置现代共情媒体的场景来看，"大脑镜像"的概念是很有说服力的。首先,对于一元论者来说,这只不过是一种反映和捕捉大脑思维活动的主张。其次,能够检测、构建、标示和研究生物特征信息来推断意图和情绪的想法在今天仍然很关键。最后,可以间接论证出当代对于共情的许多理解是基于镜像、神经元行为和大脑模拟[加佐拉(Gazzola)等,2006;奥伯曼(Oberman)和拉马钱德兰(Ramachandran),2009]。正如我们将在后面章节中所讨论的,关于情感生活应归结为物质因素还是社会结构在情感生活的介入中发挥着更重要作用的相关争论迄今仍在进行当中[雅斯佩尔(Jasper),1998;威廉姆斯(Williams),2001]。但支撑现代情感检测理论的是一场关于身心二元论的古老冲突。这是一个思想和精神状态(或情绪)如何与生物学相关联的问题。事实上,正如我们在整本书中所探讨的,共情媒体始终如一地反映为一元论以及身心合一的理念。

共情媒体领域的另一个重要先驱是威廉·冯特(Wilhelm Wundt, 1902)。他认为情感可以不依赖于唯物主义,而是通过非内省的经验主义方法来研究。正如戴维斯(Davies, 2015)所指出的,为了做到这一点,冯特进行了实验工作,并建立了自己的"速读训练器"(tachistoscope),第一个是由阿尔弗雷德·福尔克曼(Alfred Volkmann)在1859年开发的。这是共情媒体的另一种早期形式,因为它建立在理解一个人的学习能力、记忆、视觉感知和生理的基础之上。"速读训练器"的工作原理是在特定的时间(通常很短)内显示图像,以测量获取一个人的注意力需要多长时间。当然,冯特也评估了其他因素,例如将心率和血压作为了解情绪状态的指标。正如埃奇沃斯的快乐测量法所强调的那样,对多种生物信号进行三角测量的尝试是非常现代化的。同样,从了解共情媒体的智力和技术根源角度来看,我们在冯特实验室里看到了诸如米尔沃德·布朗等公司所采用的用来了解与广告相关的注意力、关注焦点、参与度和情感反应的方法。事实上,广告研究领域的杰出人士如沃尔特·迪尔·斯科特(Walter Dill Scott)、詹姆斯·麦肯·卡特尔(James McKeen Cattell)和哈洛·盖尔(Harlow Gale)都曾在冯特手下学习并利用了他的技术。这一点很重要,因为它告诉我们——早在19世纪的时候,人们为了达到营销目的就已通过技术手段来研究注意力、情感、意图以及无意识态度的形成与影响（盖尔，1896）。

普遍的公共行为

在设置共情媒体时，我们考虑了同情心、共情、情感的产业利益、人工情感智能、生物医学和历史先例。现在我们简要地谈谈方法论假设。早期心理学家和共情媒体的先驱们很容易接受情感和表达有一种通用语言这一观点。情感和表情背后的逻辑是以面相术为基础的，这个名词表示人或动物的可感知外部特征是其内在性格或性情的体现。这可以追溯至亚里士多德，他说："每个人都知道，悲伤伴随着忧郁，而喜悦则伴随着愉快的表情……有一些典型的面部表情——观察到这些表情伴随着愤怒、恐惧、情色兴奋和所有其他的激情"（引自拉塞尔，1994：102）。

然而，对于情感和表达的第一个系统研究来自于查尔斯·达尔文（Charles Darwin，2009［1872］）。他首次对人和动物的情感与表达进行了全面、普遍和泛文化研究。他在《人与动物的情感表达》一书中写道："世界上所有人类表现出来的主要表达方式都是一样的。"（同上：355）。达尔文将此观点与他当时最新的自然选择理论联系在一起——所有的人类都来自同一个母体，人类"来自某种低等动物"（同上：360），其情感表达方式与灵长类动物以及其他动物并无二致。这提供了一个系统发育的、自主控制的或无意识的情感观。正如我们将在第五章中所述，达尔文的面相学形成了情感的一个基本理论取向，并在现代共情媒体的发展中继续存在。这表明了情感是公开的流露，而其他心理现象（如思想）则有可能是私密的。值得强调的是，情感的普遍性和对其基于情感表露的理解为共情媒体以及与支撑它的情感计算提供了情感检测的研究基石。

在本章中，关于共情媒体的最后一个历史参照点是纪尧姆-本杰明-阿芒·杜彻尼·德·布洛涅（Guillaume-Benjamin-Amand Duchenne de Boulogne）。

他是一位19世纪的神经病学家，同时他也看到了以流露为基础的情感。在《人类面相学机制》[*Mécanisme de la Physionomie Humaine*，（1990, 1862）]这一著作中，杜彻尼不仅探索了如何利用技术手段来跟踪和理解面部肌肉，还解释了面部行为的符号学和面部情绪的表达机制。他的工作继续塑造了今天的情感面部编码实践[尤其是保罗·埃克曼（Paul Ekman）和华莱士·弗里森（Wallace Friesen）在第五章中讨论的]，并重新定义了面部解剖学的研究。这是通过用电极（直到最近才发明）刺激面部肌肉来实现的，以记录情绪流露时所使用的特定肌肉群。

杜彻尼是一名神经学方面的"木偶师"，他以一种可控的方式刺激一个人的面部肌肉来创造情绪的行为和外观。为了实现了这一目标，他将电流通过电极传递到脸部区域，并将特定肌肉与特定情绪关联起来。早些时候，其他神经学家的尝试会存在危险，他们刺穿皮肤以此来刺激和探索面部肌肉。在杜彻尼的书中，他指出了情绪语言的普遍性和不可变性。这是一个关键因素，因为当达尔文强有力地为情绪的普遍性辩护时，杜彻尼（达尔文引用了他的话）是通过面部编码来提出这一论点的，而这项技术如今正处于共情媒体应用的前沿领域。

对成像技术的依赖也值得注意，因为杜彻尼用摄影技术创造了100多幅经过刺激而形成的表情图像。这些照片看起来很不舒服，因为在许多照片中，被摄者似乎正在遭受折磨，并经受着巨大痛苦。但事实并非如此，参与者并没有感到疼痛，尽管他们确实会因为电荷而感到一些不适。摄影成像的价值在于，它使杜彻尼能够捕捉到用电刺激面部肌肉而产生的短暂效果，而绘画则不能。他在表情摄影板旁边详细描述了用来产生情感表情的精确肌肉。例如，做出快乐的表情很大程度上依赖于颧大肌（让人微笑的肌肉）。

对杜彻尼而言，情感表达是不受文化影响的。他说，教育和文明只是发展或改变了表达和监控情绪的能力（同上：29）。此外，在他的叙述中，情感表达和理解是反射性和本能的，"时尚和奇想都无法改变"（同上：30）。他认为情感生活的开始是在婴儿能够体验到情感的时候，这意味着婴儿就能够感知情感。之后，孩子会反射性地使用面部肌肉来表现情绪。杜彻尼认为这种表现（和读取）情绪的能力是由造物主赋予的，对于达尔文而言，情绪则源自进化。不管怎样，对情绪在生物学意义上的理解，杜彻尼和达尔文的观点都是以观察为基础的。

自我报告

我们将有机会在第五章探讨现代面部编码的意义和含义，但在共情媒体中我们应该注意到，早期的观察方法并不关心是什么导致了特定面部表情，也不关心表达者的行为历史或性格特征。有人可能会说情境很重要。拉塞尔（1994）指出，刚收到礼物时的微笑可能表示高兴；在刚刚打翻了汤的情况下微笑可能意味着尴尬；而在与对手打招呼时，微笑可能表示一种礼貌行为。早期情绪追踪的一个特征就是不关注被观察个体的输入。随着本书内容的推进，读者会越来越清楚地发现，许多共情媒体开发者和支持者通常会否认"自我报告"。[4]

在市场营销和广告领域，从20世纪60年代起，非语言的情感测量方法开始被广泛使用（即那些避免自我报告的方法）。这一方面是由于精神分析和动机技巧被认为是不科学的，因而在研究行业中失宠了；另一方面是因为一个人甚至可能没有意识到营销内容的影响，因此他们无法向研究人员提供有意义的反馈［萨特尔与利利恩菲尔德（Satel and Lilienfeld），2013］。情感感知技术的应用也应该反对这样一种观点，即在关注的群体中询问人们对产品或广告的看法不会得到有用的结果。在方法论上的担忧是，健谈或强势的成员可能主导一个群体，于是可能存在采访者偏见，而一个人对提问者说了什么与他们在生活中实际做了什么往往是不一致的。此外，即使尽可能真诚地回答，一个人可能喜欢某件事但很难说清楚原因。从理论上讲，共情媒体、情感方法和生物医学市场研究为我们提供了一个机会，让我们能够了解到从业者视角中有关偏好的更真实的见解。

结 论

本章介绍了贯穿本书其余部分的关键概念和问题。我首先将共情解释为人们如何通过相互理解而生活在一起的"社会事实"。这一前提的意义在于，技术的感知和反应能力越来越强，尤其是那些应用于家庭或人身上的技术。这一现象使我们认识到人们正日益"生活"在"传感"技术中，而不是简单地"使用"它们。这并不是一个全新概念，因为网络在线技术已经追踪人们的行为超过20年，并以此来衡量人们的偏好，而共情媒体则极大地强化了前面提到的这个功能。因此，尽管技术曾被定义为具有"功能性"特性，但共情媒体和机器传感技术引发了新的社会问题，即我们与能跟人类生活进行互动的技术共生意味着什么。共情的第二个维度在其美学方面，它使我们可以身临其境地"感受"地方、时期、文化、虚拟世界和物品。我们将看到，这适用于一系列媒体形式，其中最明显的是虚拟现实。本章还介绍了最近商业和政府对情感的兴趣，这其中包括数据科学、情感计算、人工智能、行为科学和生命科学。总体而言，组织机构对共情充满了兴趣，它们制造了生物医学仪器，通过技术增强的医学视角来解释生命是如何被理解的。早期共情媒体的简略图示和技术实现案例展示，不仅为我们在之后章节里看到的技术提供了历史深度，还引入了理论和方法上的假设——这其中的许多假设，尤其是对情感表达的普遍性信念和通过情感流露来理解情感生活的方法，至今仍然存在。

注 释

1.鉴于史密斯更为人所知的是第一个研究劳动力专业化和资本主义非人性化方面的理论家，这可能会让人感到意外。对"同情心"问题感兴趣的哲学家还包括弗朗西斯·哈钦森、阿什利·沙夫茨伯里、赫伯特·斯宾塞、查尔斯·达尔文、大卫·休谟、埃里希·贝歇尔、汉斯·德里施、爱德华·冯·哈特曼和阿图尔·叔本华。

2.参见马克斯·舍勒（2009［1913］）的《同情的本质》。类似地，哲学家如阿图尔·叔本华认为，同感和同情揭示了一种宇宙的统一性，这种统一性构成了自我多样性的基础。对于叔本华（1970［1851］）来说，这是所有伦理的基础，在所有主要宗教中都是显而易见的。

3.埃德蒙·胡塞尔是这种共情观点的最初倡导者之一，也是最好的倡导者之一，尤其是他对人际关系的分析。胡塞尔关于共情的现象学哲学在社会科学、社会心理学、人际心理学和定性方法论中仍具有重要影响。胡塞尔（2002［1952］）特别感兴趣的是我们对他人的认知、经验的共通性、人与人之间的相互作用、同步经验、将他人身上的自我痕迹视为共同体的基础、交互主体性以及我们彼此分享经验的连续性。

4.这个规则的例外是情感分析（第三章的主题），它介于传统的自我报告（需要个体的全部注意力）和新的行为主义形式的情感捕捉（个体甚至没有意识到）之间（戴维斯，2016：35）。

第三章
群体性情感

罗马角斗场的鼎盛时期始于公元80年，当时的罗马皇帝对角斗士是生存、死亡还是赢得自由拥有最终决定权。不太为人所知的是，角斗场中还有一群顾问在密切关注着现场人头攒动的观众。他们是古代的"情感分析师"，主要负责类似于当代社会的"社交倾听"（social listening）等工作。虽然当时的君王像今天的政治家一样可以随心所欲地行事，但他们也会敏锐地关注公民情绪的起伏。尽管各个历史时期的政治生活都与公民情感、个体身份等密不可分，但当下与之前的不同之处在于，这种关系在今天是可以被测量的。当代的"情感分析"为有效衡量集体情绪、同伴情感和社会舆论提供了一套指标。

情感分析主要研究人们的社交网络，以及人们在社交网络上发布的非结构化在线图文内容。它与第一章和第二章中介绍的共情媒体理论的第一部分密切相关，该理论认为我们越来越多地与情感识别技术共存。本章分析了"集体情感"的原则及其测量的意义。通过与脸书、Crimson Hexagon（一家情绪分析公司）、Repustate（一家金融情绪分析公司）、欧洲民意与市场研究协会（ESOMAR，一个营销贸易协会）、英国市场研究学会、David Omand［英国政府通信总部（GCHQ）前主任］和非政府组织国际隐私保护组织（Privacy

International）的访谈，我探讨了政治生活、市场营销、金融部门和警务等四个领域内的情感分析应用。

本章第一部分主要关涉政治生活领域，探讨了与网络情绪操纵相关的"传染"概念。第二部分主要关涉市场营销领域，其研究发现"社交倾听"和团体共鸣（feeling-into groups）正在改变营销研究实践的基本原则。对情感、表情符号和"被动"式网络在线对话评估的分析，能有效揭示用户的会话观点以及产品感受。第三部分主要关涉金融部门，阐明了共情媒体的价值和影响力，这是一个相对小众的例子，可能并不为大众读者所熟知。本章最后的第四部分，主要探讨了情感分析在理解城市空间情感化和城市治安中的作用。

社会共情与同情心传染

情感分析主要用于理解线上群体动态以及社会情感。换言之，它是关于集体性（collectivity）、同情心（fellow-feeling）以及通过技术来理解个人和群体的观点、性格、情感与态度。有关"群体情感"和"集体情绪"的确切性质是一个有争议的问题，社会学家长期以来一直在争论情感体验是否只存在于个人、群体或介于两者之间的某个地方，以及是什么因素刺激了它［贾斯珀（Jasper），1998］。总而言之，本章不涉及对个人与群体动态之间关系的讨论。此外，至于共有的群体态度是否仅仅是分布式的局部事实，从而否定了自主性群体情感的存在，本章节亦不做解答（参见List and Petit, 2011）。相反，我们将改写大量关于集体情感的文献，将其描述为"情感反应的同步收敛"（Scheve and Ismer, 2013: 406）。大卫·休谟的《人性论》（1896［1739］）提供了一个有用的出发点，以此来定位线上和线下的同情感，他认为集体情感是通过本能和类似感染的方式形成的。他论述如下：

> 在感情和行为层面上讲，所有人的心理都是相似的，人不会被任意感情所驱动，在某种程度上其他人也都不容易受到这种感情的影

响。但以同种方式缠绕的琴弦,一根弦的运动却会传导到其他弦上;因此,情感很容易从一个人传递到另一个人,并在每个人身上引发相应的行为。

从这个角度看,共情和"传染"的社会机制包括一个内向投射(introjection)过程。假设没有看不见的"东西"在人与人之间传播(就像病原体一样),这就意味着人们是在模仿、学习情感反应,并在自己身上复制来自社会环境的行为、属性和价值观。有关集体与情感的有趣研究在其他经典著作中也有体现,比如:涂尔干(Durkheim, 1997［1893］)的《社会分工》(*Division of Labour in Society*),该著作解释了"集体意识"(collective consciousness)和"集体狂欢"(collective effervescence),认为集体聚会能让人激动。这是一个有用的观察结果,表明了小组成员之间的正反馈循环。另一位著名社会学理论家塔尔德(Tarde, 1993［1890］)也在《模仿定律》(*Laws of Imitation*)中探索了"群体行为"(herd behaviour)和群体心理学(crowd psychology)。也许其中最有价值的研究当属勒庞(LeBon, 1896)的《乌合之众》(*The Crowd*),他将情绪传染描述为破坏个人理性思维、夸张情绪、冲动、暴力、破坏、缺乏批判精神以及疾病。[1]这些主题在卡内蒂(Canetti, 1981［1960］)的《人群与权力》(*Crowd and Power*)中也做了深入探讨,他不仅激昂地讨论了操纵、爆发、暴民和破坏,而且也论述了个人的超越性和群体赋予的自由感。

在当代语境中,对个人和集体情感有着强烈兴趣的脸书公司证实了传染和影响的范畴。脸书公司2015年的一项专利表明,他们计划使用网络摄像头和智能手机摄像头来读取用户面部表情以及用户对于观看内容的反应。[2]然而,脸书于2012年对网络情绪的研究更广为人知。2014年,他们与康奈尔大学研究者联合发表了一项关于同龄人之间情感影响的研究(克雷默等, 2014)。调查显示,他们私下调整和优化了689,003人的新闻订阅(News Feeds),用以研究"情绪传染"。2012年1月11日至18日,当用户登录他们的脸书个人页面时,一些人在他们的新闻推送中看到了更多积极的内容,而另一些人则看到了更多伤感的内容。在接触了一周的积极或消极内容之后，实验中被操纵的用户更有可能发布特别积极或消极的个人状态信息。此外，当减少特别正面和负面的内容（让新闻内容变得平淡无奇）投放时，用户则会减少他们发布信息的总量。

一位匿名的脸书高级代表在采访中讲道，这项情绪研究"试图深入了解产品、用户反应、用户喜好，并洞察用户间的互动行为"。此外，它还能帮助我们"理解用户发帖习惯，让互动更有价值，更好地理解我们自己的产品，以及了解它如何影响人们的感受"（采访，2016）。他们通过借助其他制造商（如汽车制造商）的用户研究惯例来为自己的用户研究做辩护，这些制造商也想知道用户对产品的感受，以及他们如何使用这些产品。他们辩护的论据是，从本质上讲，既然制造业和其他行业都可以使用用户体验测试，那为何要禁止社交网络更好地理解用户体验呢？脸书公司在为这一做法进行"完全合法"辩护的同时，还声明公司目前基于数据的敏感性程度，已建立起严密保障措施以及严格的层级审查机制。

脸书的情绪研究与勒庞在19世纪提出的"思想、情感、情绪和信念在人群中具有传染性"的论断不谋而合，这种传染性会对公众的观点和行为产生影响（1896：128）。脸书的主要发现是"社交网络大规模传染的实验证据表明，他人在脸书上表达的情绪会影响到我们的个人情绪"（克雷默等，2014：8788）。这个结论是有问题的，因为不管脸书用户到底是更快乐还是更悲伤，都需要我们直接与用户沟通后才能获知，或者用比人们在脸书上发布的内容更可靠的方法来评估他们。然而，这项研究却能证明这样一个事实，即当接触到具有相同情感意义的符号时，我们会倾向于模仿和复制相同的符号。研究结果还表明，脸书能够通过操纵一个人所处的信息环境来调节用户的网络在线行为以及发布内容的情感价值取向，但人们在发布内容时是否真的心怀这种情绪，仍是一个悬而未决的问题。然而，通过算法操纵一个人的媒体环境在政治层面具有重要意义。

情感体验政治化

也许涂尔干的"集体狂欢"最能体现在社交媒体中的情感认同、感受、情感参与和互惠性。在这个充满喧闹与戏剧性的场景中，人们往往会迅速产生反应、分享和游说等行为。斯拉比（Slaby，2014）认为社交媒体是情感体验的扩展"支架"，认为我们可以与扩展情感体验范围的环境结构相互配合。这是一个双向过程，即网络群体的动态会影响个人感受（比如：转发带有政治色彩的信息），群体也会从个体感受反馈中寻求肯定。这意味着每个人都是向其他个体提供反馈的群体的一部分。尽管网络"空间"有时被描述为一个具有深思熟虑、开放和平等的政治辩论等特性的"公共领域"［哈贝马斯（Habermas），1991（1962）；卡斯泰尔（Castells），2009；帕帕克瑞斯（Papacharissi），2009］，但这一观点问题重重。一系列因素也使这一观点复杂化。这不仅包括前面提到的"集体狂欢"，还包括可过滤我们接触的信息的排序算法。社交媒体饱受诟病，因为社交媒体技术通常只包含单向评论，而不是双向互动；它们给拥有最多粉丝的人赋予特权；它们是资本家而不是普通大众（福克斯，2013）。可以说，网络政治行动会扼杀真正的政治行动（迪恩，2005）。关键是，网络政治的多样性、易得性、非线性和混乱性，使得一个审慎的网络公共领域无法存在［马吉茨（Margetts）等，2016］。

尽管公共领域有诸多问题，但我们能够看到机器感知（machine-feeling）正进入公共生活，以此来检测和描绘群体中的社交情绪和影响因素。现代政治竞选活动从市场营销中得到启示，开始利用在线分析和情绪分析来衡量和模拟选民情绪，其中最臭名昭著的例子是剑桥分析公司（Cambridge Analytica）在2016年美国总统大选中所做的调查。他们针对那些重要的特定性选民，通过跟踪社交媒体情绪，找出能引起共鸣的词语和信息，传播有倾向性的故事，以及优化社交媒体网站（尤其是脸书）上的广告等方式，对选民的政治态度变化提供实时洞察服务。此次美国总统大选的意义在于，这是剑桥分析公司（相对于自由派的硅谷公司而言，规模相对较小）通过掌握基于个人资料而发送个性化信息的原则后,首次实现了一场结果准确的"算法"选举。

近年来的情况表明,对网络情绪的深度分析已永久改变了民主进程,公民与政客之间的关系正在发生显著变化。民众情绪不仅是一种不可忽视的力量,对于那些寻求从"共情式内向投射"中获得政治(和经济)利益的人来说,这也是一个可以量化的机会。这些分析能够带来显而易见的效果,因为公民、运动和细分市场的数字输出都需要"话题建模"(topic modelling)来揭示人们在谈论什么,"网络地图"(network mapping)用于跟踪网络信息流并确定影响要素,而"情绪分析"则赋予人们洞察他人情感的能力。这些发展使得马吉茨(2016)等人将政治与天气预报模式进行比较,甚至断言预测和触发此类情感是可行的。这的确可行,因为"社交媒体上发生的小型政治参与行为是分析的最小单元,它们相当于自然系统中的粒子和原子,并会在政治动荡中表现出来"(2016: 214)。几十年来,新闻和媒体学者注意到,在政治、新闻和媒体内容中的情感激荡与煽情主义日益高涨[理查德(Richards),2007;乌里韦和甘特(Uribe and Gunter),2007;潘蒂(Pantti),2010;奥利弗(Oliver)等,2012]。其新奇之处在于,机器能够感知集体情感并对网络情绪进行政治化操纵。

模仿游戏:与机器人感同身受

社交媒体提供了与线下社交完全不一样的感受,显然是因为并非所有人都使用社交媒体。[3]如上文所述,我们在网上接触的内容和话语已被证明是有问题的。这里面包含有一系列问题,其中包括我们很难拒绝推荐算法所推送的人与内容[吉莱斯皮(Gillespie),2013;克劳福德(Crawford),2016]。它们将持有不同观点的人和群体分开,从而产生了两极分化的效果。这与数字回音室(digital echo chambers)效应的观点不谋而合,即当回音室中的一个观点被放大时,与其相竞的观点就会被抑制[贾米森和卡佩拉(Jamieson and Cappella),2008]。通过确认偏误[4]、层叠相关内容、选择性地接触观点以及忽略与回音室不一致的叙述,分歧就会进一步加剧[夸特罗乔基(Quattrociocchi)等,2016]。然而,这一点在网上是否比在线下环境更适用还有待商榷(马吉茨等,2016)。无论如何,当一个既定的网络群体中的情绪和观点都很坚定时,群体中的个人如果觉得同伴可能持否定意见,就不会随意发布自己喜欢的内容(PewReseachCenter,2014)。这与诺埃尔-诺伊曼(Noelle-Neumann,1974)的"沉默螺旋"理论(spiral of silence theory)相呼应,它复现了互联网出现之前的一些研究,即当人们认为自己的政见没有得到广泛认同时,往往不会在公共场合或者家人、朋友或同事之间公开谈论政策问题。这突显了之前关于脸书传染性研究的观点,即网络行为就是一个人的思想或情感的一个粗略表征。

另一个扭曲线上对话和媒介情绪的因素是"网络喷子"(trolls)。尽管这些破坏性个体在网络上存在已久(飞利浦,2015),但由程序员和内容制作者组建而成的"喷子工厂"(troll farms)则以工业化的规模来编织宣传。这会引导和影响网上对话以及同伴感情[陈(Chen),2015]。算法会过滤我们所接触到的人和事,而产业化的网络喷子行为会污染公共讨论。恶意攻击几乎和网络社区一样古老[芬伯格(Pfaffenberger),1995],它的两个意图尤为明显:一是制造纷争并扰乱正常讨论;二是激发其他用户的情感反应。

然而,"机器人"程序逐渐成为人类媒介交流失真的关键原因。这些算法在社交媒体网络中发挥作用,让那些没有防范意识的用户误以为机器人就是真正的用户。当我们察觉到对话是围绕着主题标签进行时,就会意识到机器人有影响社会情感的能力,并能够推动辩论、议题、模因和政治运动在社会议程中的波动。还请注意,拥有一台计算机的个人可以控制机器人和僵尸网络(botnets),它们互相关注为好友并彼此发送消息。2016年美国总统大选期间,费拉拉和贝西(Ferrara and Bessi,2016)收集并分析了近280万不同用户发布的2070万条推文。他们在样本中发现,推特机器人账户产生了380万条推文(占全部选举话题推文的19%)。在发布选举推文信息的280万个人用户中,机器人用户占了40万(15%)。值得注意的是,另一项针对机器人程序和美国大选的研究发现,支持唐纳德·特朗普(Donald Trump)的机器人程序以5比1的绝对优势压倒了支持希拉里·克林顿(Hillary Clinton)的类似程序项目(Kollanyi等,2016)。我们不禁想起图灵(1950)的模仿游戏,在图灵测试中要求观察者来判定一个测试对象是电脑还是人。对于本章中关于调节同情心和情感分析的描述至关重要，机器人程序可能会扭曲算法，非自然地推送内容，并极大地影响人们的观点。重要的是，在人类最需要对问题进行深思熟虑与深入辩论的大选时刻，机器人却成了用来影响公众情感、攻击团体、强化偏见、传播错误信息和操纵公众舆论的武器。

市场营销：面向分散的焦点小组

我们可能还记得，情感分析的基本定义是使用计算机来理解主要来自社交媒体的非结构化网络文本与图像。这通常用来区分某个人或某群人对当前问题的态度是积极、消极还是中立的。在2016年的一次采访中，社交媒体分析公司Crimson Hexagon的莉莉安娜·奥萨里奥（Liliana Osario）解释说，他们为品牌和广告代理商提供搜索和交叉参考所有可用的社交媒体数据，以此来获取能为客户带来价值的社交情感趋势判断与洞察。其数据包括推特推文、状态更新、评论、博客文章和新闻文章。在我撰写本书时，他们还在开发具有面部识别，并从识别图像中检测情感和情绪等功能的产品（这有助于评估Instagram、Tumblr和其他视觉主导的社交媒体）。[5]

奥萨里奥认为，情感分析与问卷调研、焦点小组访谈等研究方法相比并没有太大差异，因为它仍然需要人工输入正确问题，但情感分析的自动化却提供了仅靠人工无法实现的可扩展性。他们的服务是可定制的，因此研究的问题既可以由客户自己设计，也可以专为客户设计。在我们的谈话中，奥萨里奥打开笔记本电脑，她以优步（Uber）的品牌重塑举例。优步感兴趣的不仅是人们对整个品牌的反应，还包括对新logo标志设计等具体元素的反应。尽管情感分析因无法进行特定语境搜索而广受批评，但奥萨里奥却持不同意见，她表示，Crimson Hexagon公司减轻了本地化语言的影响。它通过调整情感参数来做到这一点，使之具有地区、语言和文化敏感性。某个表达被单独看待时，可能传达出消极含义,但放在人口统计学和亚文化词汇的语境中,它们可能是积极的(反之亦然)。例如,在红牛体育赛事中使用"that's sick"(非字面含义,而是"超酷""超级棒"之意),并不会对饮料的感受带来不良影响。

欧洲民意与市场研究协会(ESOMAR)的政府事务经理金·斯莫特(Kim Smouter)强调了情感分析对市场研究的价值。他认为在所有共情媒体中,基于文本的情感分析和神经科学的内部应用是最受欢迎的(第八章中有相关讨论)。[6]正如他今天所看到的,营销人员的重点仍然是社交媒体、情感分析和表情符号的使用。他直言,社交媒体分析或"社交倾听"所代表的是研究行业的"营销哲学转变"(采访,2016)。这一转变的基础是方法论的转变,正在从面对面的调研活动(如调查和访谈)转为"被动数据收集"的方法,其方法除了社交倾听外还包括设备分析等。情感分析的品牌产品种类丰富,这揭示了人们对倾听和感受在线对话颇有兴趣。例如,在2016年的ESOMAR会议上,凯度(Kantar)公司的马克·惠廷(Mark Whiting)和联合利华公司(拥有约400个品牌)的纳米塔·梅迪拉塔(Namita Mediratta)解释说,他们在Tumblr、Mumsnet、Weightwatchers、推特、Instagram和脸书上使用社交倾听技术来了解关于人造黄油话题的图片和对话。他们的研究揭示了人们对该产品的反应(比如:它在过热时溢出并烧焦)、谁在使用该产品,以及围绕该产品的情绪和忧虑。他们还做了更有针对性的细分领域研究,涵盖了与产品相关的感官体验,以及对健康、饱和脂肪和体重增加的担忧等。该产品在日常生活中的广泛应用值得关注,因为它意味着人们对在线情感生活的兴趣正在常规化,以及共情媒体正在应用于不同群体之中。

然而,市场研究行业对情感数据价值的看法并不统一。市场研究协会(Market Research Society)首席执行官简·弗罗斯特(Jane Frost)在2016年接受采访时表示,用自动化的方法几乎无法产生定性见解。对她而言,主要问题在于如果网上对话的数据没有立即得到处理,那么它以后的有效性就值得怀疑。对于弗罗斯特来说,这是一个"策展业务",其市场研究"应该收集更少的,收集更好的"——这与营销人员通常的"收集所有"心态形成了鲜明对比。对于弗罗斯特而言，收集更少样本需要好的研究方法、解释系统、研究参数以及提出"更好、更合理的问题"。在她看来，需要更人性化的研究方法的一个原因是，要打破客户和公司在如何看待产品或服务之间的僵局。此处的潜台词是，只有定性的方法才能让研究者洞察消费者视线背后的东西。

把握金融脉搏

在讨论过公民和消费者的情感操控与测量之后，我们现在转向那些未受太多关注的专业应用。Repustate使用情绪分析为对冲基金经理提供其所管理行业的情绪洞察服务。在2016年的一次访谈中，Repustate的所有者马丁·奥斯特洛夫斯基（Martin Ostrovsky）解释说，他们基于客户的需求，已开始将情感分析应用于金融领域。采访原文如下：

> 很多公司大约三年前开始意识到，各种媒体上都充斥着很多有关公司的流言蜚语，并且很难依靠人工来进行控制，所以就需要一种算法去给在特定行业或部门的人员号脉——无论最终用途如何。很多金融机构找到了我们，他们想把公众情绪融入公开交易模式中。

他解释说，Repustate衡量的是影响市场、股票交易所或公司信心的线上情感因素。

他们通过汇总关于某一特定行业新闻报道的情绪值来帮助股票经纪人做出交易决策。除了每天对金融新闻情绪进行感知和追踪外，Repustate还将其与社交媒体以及Seeking Alpha等众筹股票研究网站上表达出的市场情绪结合起来。最后，他们将其与政治新闻中的情感相结合，绘制出情感与情绪特征图表。这个过程类似于提供每日天气预报。我还询问了奥斯特洛夫斯基关于特定情境搜索的问题，以及上文中Crimson Hexagon提出的相关批评，即情绪分析对微观文化和特定兴趣不够敏感。奥斯特洛夫斯基承认了这些批评，但他认为，如果研究设置得当是可以减弱这一缺陷影响的。他断言：

> 是的，您需要放弃只有一种通用语言的想法，将每个垂直行业作为一个特定领域：因此，应用于金融领域的情绪分析是不同于电信、酒店或餐饮行业的，因为人们在不同的领域使用不同的语言。例如，"反向收益"（reverse gains）或"从这个位置撤回"等金融专业术语，我们知道它们在金融世界中的含义。因此，我们针对不同的资源进行定制。比如人们在推特上谈论金融的方式，与《华尔街日报》或英国广播公司的新闻话语方式有很大不同。短格式文本不同于长格式文本，我们会仔细甄别这些细微差异。我们会请语言学家来解释非英语国家的习语含义，例如"raining cats and dogs"这句习语对以英语为母语的人们来说是何种含义，所有语言中都有类似的习语。

除了金融文化有自己的行话外，奥斯特洛夫斯基的观点还强化了前面一章的讨论，即网络上的公共领域没有什么意义。相反，情感分析师明白不仅网络生活是高度异质性的，而且在感受这个利基（和富裕）领域也存在着重大商业机会。奥斯特洛夫斯基还反复使用"市场脉搏"一词——由于本书对生物反馈和情感生活很感兴趣，这一术语还是非常值得关注的。在后来的谈话中，我使用了"pulse"（脉搏）这个词，我问它是否感觉像生物特征数据。奥斯特洛夫斯基回答说："是的——尤其是当你看到数据的时候——心率监测器会飙升。当你把可视化情感模型应用于人们的数据流时，就会看到类似效果。"这一点之所以引人注目，是因为金融业一个普遍说法是必须消除情感，然而，正如特定行业和地缘政治事件所显示的那样，公众信心和预期情绪可能会推动股市的上下波动。

情感、预测和城市

本章将要讨论的第四种情感分析应用主要关涉警务部门。在本书的研究之初,我没有预料到情绪调节会与警察产生联系。但是,随着时间推移,警务部门对记录警官的情绪状态(见第七章)以及他们所服务的城市环境(见第十章)越来越感兴趣。本节将讨论预测性警务,特别是对那些通过情感分析筛选出的网络公民群体进行监控。例如,伦敦警察厅的开源情报部门(Opensource Intelligence Unit)会追踪社交媒体的反馈,并监控社区的紧张局势。他们在G20峰会和2012年伦敦奥运会等重大活动中都使用了这一机制。他们通过使用Radian 6(Salesforce旗下的情绪分析工具)和RepKnight(地理定位工具)等软件来探查趋势、情绪和社交媒体用户之间的联系,以此来监视网络以及抗议团体网络中有影响力的人。

2016年,英国信号情报机构GCHQ(1996—1997)前董事戴维·奥曼德(David Omand)同意接受采访,条件是他的观点不会被视为GCHQ的代表观点。他说,我所说的"共情媒体"(我们讨论过可穿戴设备和面部编码)的大多数形式都存在误差率过高的问题,从而无法用于监控。相反,他认为情感分析更有价值,尽管他也指出了方法论问题。这与上面关于语言实践、文化群体、语境用法、意义和语言使用者意图构建的讨论相互呼应。他指出,许多公司都在致力于提高文本与语境之间的敏感度。在生物反馈数据方面,他认为与通常收集的网络通信数据类似,目前还很难看到收集大量情绪数据的价值所在。然而,他认为在情报和安全方面,理论上如果存在相关技术就一定会有人去利用它。他还补充说,无论是在马可尼时代(无线电),图灵时代(早期人工智能),还是当下的数字网络通信时代,皆是如此。通常,对于奥曼德而言,当引入新媒体或数据类型时,就会产生价值。他还表示,未来的情感检测技术将由私营企业推动。

奥曼德认为,政府比"间谍"对情感分析更感兴趣。他举了一个例子,社会服务机构可能想要找出那些误解了社会政策和政府公告的群体。他表示，这种情报将帮助政府更好地定位信息，倾听和感受"社会对话"。这也许是对网络话语语境下公共领域世界观的一种认可。社会媒体情报（SOCMINT）通过优先得知的情报、趋势识别和情绪跟踪来实现"感知"，从而产生态势感知，为警务决策提供信息。奥曼德将这些数据归类为公开广播，这意味着使用这些数据不需要任何许可。[7]虽然在法律上是正确的，但因为"社交倾听"相当于对公众社交媒体对话进行全面监控，所以这一做法存在很大的道德问题。对预测性警务的共情解读和情绪分析的运用主要有两方面意义：（1）帮助警察意识到同感的存在；（2）他们利用共情媒体，通过感知大众、抗议团体、政治活动家和微型公共领域来解读集体情感。

奥曼德着重讲述了SOCMINT应用于2012年伦敦奥运会中的一个具体实例，当时伦敦警察厅负责运营有关安全事务的资源中心。英国皇家联合军种研究所（RUSI, 2015）在一份题为《运营的民主许可》（*A Democratic License to Operate*）的报告中详细阐述了这些细节。报告中提到，英国伦敦警察厅在2009年创建了资源中心，这是一个可提供分析公开资源和警察数据库的单一平台。2011年8月的伦敦骚乱成为促使其快速发展的推动力。这是伦敦警察厅第一次举办"社交媒体活动"，引发了全英国警方了解和监控社交媒体的内部紧迫性。该报告指出，如果警方能够监听到网络上那些易产生恶意和暴力的在线对话，对骚乱的反应就会比之前更快。这也说明，尽管存在追踪个人信息的潜在可能，但SOCMINT的功能更侧重于探查社会情感的模式与趋势。奥运会筹备的相关工作也同样引人注目。RUSI在2012年的报告中声称，在伦敦奥运会举办之前，对5.6万个社交媒体平台上的3100万条信息进行了分析，总共创建了2565份情报报告。[8]

如上所述，这不仅仅是为了防止与恐怖主义有关的活动。为了奥运会，伦敦警察厅和资源中心评估了抗议团体内部的对话。奥曼德解释说，因为抗议组织是多样的，这有助于调整何时部署防暴部队，以及何时使用更温和的方法。英国皇家警察督察局（HMIC, 2012）发布的一份报告也强调了从伦敦奥运会警务工作中获得的经验，其中包括防范恐怖主义、国内骚乱以及突发事件等。HMIC表示，作为最低要求，它至少必须能够访问实时信息和情报系统，以了解现有和正在出现的威胁，以及威胁升级的可能性。

这些技术不是可选的附加组件。相反，HMIC报告指出，它们需要嵌入警务自身结构中。这一点我将在第七章中谈到，将涉及其他共情媒体技术，如虚拟现实、情感监测可穿戴设备。在这里深入探讨情感维度是很重要的，特别是在我们有一个实际案例研究的基础上。与情绪的关键联系在于，警察认为事先了解谈话情绪对于提前控制活动以及判断需要部署的警务级别是很重要的。这是奥曼德所知道的全球第一个在安全环境中使用情绪分析的案例，它在两个相关方面说明了问题：它不仅表明了人们对网络在线交流情绪的直接兴趣，而且还表明了这一点如何转化为现实空间中的情绪化行为。它还反映了第一章和第二章中对于逼真性的观察，以及机器是否真的能察觉情感的问题。答案当然是否定的，但它们必须"足够好"，这样警察才能以适当的方式作出回应。

监测同情感

国际隐私保护组织执行董事格斯·侯赛因（Gus Hosein）在接受采访时表示（仅代表他个人观点），他"讨厌"这些可能会应用的情绪分析以及自动情绪跟踪技术，并声称这些技术让他很害怕。他不喜欢的原因是政府和商业行为者可能会进行暗箱操作，这恰巧评论了本章的所有案例。但侯赛因认为当应用于以下两种情况时这种技术是正当的：监测人口和提升市场营销影响力。

尽管他对将个人数据与情感监测联系在一起表示担忧，但他表示，即使严格说来这不是隐私问题，但"它仍从我身上拿走一些东西……它仍在与我互动……它在未经我允许的情况下与我进行互动"。我们将在第十一章中探讨亲密性与隐私的关系时回到这一点。对侯赛因而言，支持这种保护是因为需要尊重网络在线交流的背景、动机和理由。他还谈到了情绪分析的自动化层面，并将其与英国2016年《调查权力法》（*Investigation Powers Act*）的辩护进行比较。这说明，尽管对监视数据进行常规的人工检查存在道德问题，但通过机器大量收集和处理公民数据却没有问题。对侯赛因而言,这并没有抓住重点,因为"这仍然是一种监视行为"。尽管批评家倾向于关注相对稳定的自由民主国家,但他也强调了通过自动追踪情绪来探测其他地区内乱的可能性(比如以开罗解放广场为例,这是2011年埃及革命的发生地)。

结 论

本章主要聚焦于共情媒体是如何被用来感知网络情感的。对群体、情感和同感的研究由来已久,但情感分析为社会情感的量化提供了可能。这些当然不局限于政治生活、市场营销、金融事务和警务,但这些例子说明了线上情感监控服务的多种用途。展望未来,应该牢记戴维·奥曼德的观点,即所有可用的技术都将被利用,尤其是考虑到集体情感不仅可以被测量,而且还可以被操控。这是通过对一个人的媒体环境进行算法操控,对我们所接触的人和物进行分类,以及通过干涉社会议程从而影响群体情绪的机器人来实现的。从应用案例和采访中可以清楚地看到,我们不仅"生活在"用于"感受"集体情感的技术中,而且群体情感也容易受到人类和非人类行为主体的影响。

注 释

1.勒庞将人群比作能"加速溶解衰弱躯体或尸体"的微生物(1896: xx)。

2.可在下述网站查看

http://pdfaiw.uspto.gov/.aiw? docid=20150242679&sectionnum=1&IDKey=47bc4614a23d&homeurl=http://appft.uspto.gov/netacgi/nph-Parser? Sect1=PTO1

3.例如,2015年皮尤研究中心的一项研究发现,美国网络成年人中有72%使用脸书,但其中年轻人较多,在18岁至29岁的网络成年人中,82%使用脸书,而在65岁及以上的人群中,这一比例降至48%[达根(Duggan),2015]。

4.人们一般会有这样一种行为倾向,即更加青睐或记住那些能够强化自己先前信念的信息。

5.由于图片在技术上是可以提供给任何人观看和下载的,所以没有规定要禁止对公开的照片进行批量分析。

6.这些信息通常包括面部表情编码、心率监测和使用脑电图检测器来了解人们对广告、品牌和产品的体验数据。

7.在以下链接提供的一份演示中,他认为SOCMINT还被用于了解通过假名(需要高级警察授权)访问的封闭脸书群组(需要高级警察授权),PIN加密的黑莓信使是电话监听,需获得美国国务卿授权。参见www.youtube.com/watch? v=Q-BN752L-BA。

8. 数据摘自§3.65。目前还不清楚"5.6万个社交媒体平台"指的是什么。

第四章
情感谱系：身体的游戏

❖ ❖ ❖

游戏在生物反馈技术方面有着丰富的应用经验，是一个能较好阐释共情媒体理论的早期案例。它不仅可以阐明与技术"共存"对细腻的情感生活意味着什么，还能表明共情媒体可以创造新的审美体验，让人们以新颖的方式"感受"媒介内容。本章目的是将生物计量学引入人机交互领域，并阐述情感生活是如何"媒介化"的。它研究了情感计算如何拓宽媒体传播领域以及由此带来的结果，我将其概述为媒体渠道拓展。依据此观念，我将注意力转移到不同的传感器和生物反馈类型，比如：心率、皮肤温度、皮肤电反应、脑电波、眼球跟踪以及面部表情等，它们都可以作为共情媒体系统的输入信号源。虽然"情感谱系"的概念也适用于其后与生物测定学（biometrics）相关的章节，但此处我主要关注游戏。这是因为在媒体领域中，游戏是第一个认识到用户身体生物识别以及情感互动潜力的行业。重要的是，由于游戏玩法的本质，我们也很快发现了将生物反馈作为游戏设计基本要素的弱点。另一个原因是游戏可以生动诠释共情媒体所带来的积极影响。虽然关于是否让人们的情感生活具有机器可读性还有很多值得商榷的地方，但不应忽视的是，这项技术在服务和娱乐领域具有广阔的发展空间。

为了探讨这些问题，我从游戏公司、用户体验（UX）公司、硬件技术人员以及该领域的投资者那里获得了一些观点启发。这些公司包括Valve（可能是在生物识别技术领域最有经验的一家游戏公司），Flying Mollusk（一家使用面部编码软件的游戏开发商），Tobii（一家先进的眼球追踪技术供应商），Player Research（研究游戏可用性和玩家体验）以及沃尔克·赫希（Volker Hirsch，一名在游戏领域拥有资产的天使投资人）。

故事生活、情感与游戏

游戏之所以重要，是因为与电视和电影相比，游戏与角色、内容和技术之间有着根本不同的关系。媒体学者雪莉·特克尔（Sherry Turkle）早在20世纪80年代中期就说过："电视，你只能被动地去看它。而电子游戏是你主动要做的事，是你头脑里要做的事，是你进入的一个世界，在某种程度上，它们是你想'成为'的东西。"阿尔塞斯（Aarseth，1997）呼应了这一观点，标志着从"故事讲述"（story-telling）到"故事生活"（story-living）的转变。简斯（Jansz，2005）后来创造出"前倾媒体"（lean forward media）而不是"后仰媒体"（lean backward media）的格言，以此标识积极媒体和消极媒体之间的差异。（一个值得注意的现实情况是，当人们在与他人发生共情时往往倾向于前倾姿态。）然而，游戏与文学或电影不同，它们对情感产生兴趣相对较慢，这其中存在着某种悖论——尤其是因为许多早期游戏所操控的屏幕对象都非常简单，很难触发用户情感。然而，通过增强叙事、对话、游戏机制类型、角色行为、姿势、游戏内道具、音乐、灯光以及对创造刺激玩家情绪线索的明确关注，这种现象已有所改观［佩龙和施罗特（Perron and Schroter），2015］。

游戏开发商也在努力鼓励人们关注"游戏世界中"的元素。也许最广为人知的是《模拟人生》（*The Sims*），这是一款由Maxis开发并于2000年由Electronic Arts发行的非对抗性游戏。尽管我们也可以追溯至由Activision公司在1985年推出的《小电脑人》(Little Computer People)。同样值得注意的是,《模拟人生》使用了人工智能系统来帮助玩家创建开放性叙事、建立角色间关系以及在游戏世界中实现玩家们的高参与度。现如今,AI增强角色可能会自己研究故事和人类行为,学习有关规范和价值观的规则,并在游戏中提供令人愉快的体验,而这些体验与目的地或目标无关,更多的是关于过程。不依赖路径的游戏允许玩家在游戏中拥有更大自由度,玩家在游戏中可以去做他们想做的事,参与不同的故事情节,并对体验进行定制化设计[里德尔(Riedl)等,2011]。这不仅反映了第一章和第二章所介绍的共情媒体理论的第二部分,即感受新型的审美体验,而且还包含了角色塑造。玩家和角色之间基于同理心的关系范围主要是通过让玩家身临其境地"感受"其在屏幕中的游戏角色化身来确定的[齐尔曼(Zillmann),1991;奥特利(Oatley),1999]。事实上,游戏中潜在的情感参与程度(以及第七章中讨论的虚拟现实)需要一种超越共情和身份认同的沉浸感,因为它不仅涉及解释过程,还涉及意识能力分解,从而以统一的方式对人、硬件、软件和(网络)化身进行操控。

我们由此被带往一种双向关系,即游戏会对来自玩家的情感输入做出回应,玩家也可以对来自游戏的情感反应做出反馈。这意味着游戏自身通过生物反馈和面部编码等技术能够检测到玩家的情感。游戏生物反馈的历史可以追溯至20世纪80年代和90年代。例如雅达利(Atari)在20世纪80年代测试了一种名为Mindlink的脑电图传感器,但它并没有被广泛投入市场,因为其游戏特性较为简单,成本却很高昂,对增强游戏玩法的作用实在有限。另一个关于游戏生物反馈的早期例子是在1997年开发的Konami约会模拟器《心跳回忆:表白你的心》(Oshiete Your Heart)。玩家的血压和皮肤电导率水平能够影响到游戏中的约会结果。另一款早期游戏《俄罗斯方块64》(Tetris 64)是在1998年的任天堂64(Nintendo64)平台中发行的,它使用了一个耳朵传感器来检测玩家心率,并以此数据对游戏进行相应的改变[诺盖拉(Nogueira),2013]。其他有关生物反馈的过往应用包括回应身体姿态的游戏[克莱斯密斯(Kleinsmith)等,2003]以及回应面部表情的游戏[伯恩哈特(Bernhaupt),2007]。诺盖拉

（2013）等人指出了这些早期案例的局限性，因为这些游戏引擎没有收集玩家面对电脑反馈后所产生的反应。这意味着人们对玩家与机器之间的双向关系，以及玩家是如何感知基于生物反馈所引入的游戏因素等相关内容都知之甚少。由于早期游戏缺乏从互动中自适应学习或者适应玩家的能力，因此这些不能被认为是双向游戏。相比之下，一个真正的双向游戏应该能够实时识别不同范围的生物反馈，拥有对人们情绪状态做出反应的能力，然后通过收集到的数据去学习如何调节人们的情绪。

例如，拓比（Tobii）为育碧（Ubisoft）[①]公司的《刺客信条：叛变》（*Assassin's Creed Rogue*, 2014）开发了眼球追踪技术。这意味着游戏引擎可以对凝视、注意力、玩家视角、移动和改变场景等游戏状态做出相应反馈，并提供与环境相符且更加自然流畅的界面。重要的是，从角色共情的视角来看，眼动仪佩戴者的视角与屏幕上的角色相同。拓比还打算让游戏中的角色对人们的眼神接触有所回应，就像人们在现实生活中对他人细微（但往往是重要的）动作做出反应一样。游戏中的其他视觉工具与玩家情感之间的关联更为明显。来自Realeyes[②]和Affectiva的受访者（在第五章中会深入讨论面部编码）看到了游戏中明显的商业机会。在我们的采访中，当被问及情感识别技术"未来的下一步"时，面部编码公司Realeyes的联合创始人埃尔纳·哈吉耶夫（Elnar Hajiyev）强调，游戏（与健康、教育类似）会是一个关键增长领域。

Flying Mollusk公司的《无须在意》（*Nevermind*, 2015）游戏采用了Affectiva公司的Affdex技术，该项技术可实现由普通计算机网络摄像头生成的实时情绪表达。此外，它还允许玩家通过可穿戴传感器添加心率数据。这款游戏本身是一款第一人称惊悚冒险类游戏，当玩家表现出面部和生物特征的恐惧迹象时，它将变得更具挑战性。除了多个数据输入增加了游戏读取玩家实时感受的可信度之外，还带来了另一个效果：一方面，面部表情捕捉的数据很容易被读取，但玩家控制面部表情时可能是主观有意的；另一方面，心率很难被玩家有

[①] Ubisoft：育碧，Ubisoft Entertainment，一家娱乐软件公司和电子游戏发行商。——译者注
[②] Realeyes：总部位于伦敦的Realeyes是一家将网络摄像头和情绪分析相融合的系统技术开发公司。——译者注

意识地控制,但这种信息又很难为情感机制做贡献。将两者融合使用的价值在于,它们相互作用后可有效抵消各自的缺陷,从而能够更好地进行情感分类与效果测量。

在《无须在意》的故事情节中,玩家是一个"神经探询者"(Neuroprober),一个能够接触到心理创伤受害者的心理医生。Flying Mollusk公司强调,该游戏本质上是一款冒险类游戏(继承了《神秘岛》①等游戏的精神),玩家通过操控医生角色来探索陌生世界,解决谜题,解开每个患者内心深处的谜团。它与传统冒险游戏的不同之处在于,当它检测到情绪和生理反应时,游戏会随之变得更具挑战性。这意味着玩家不仅需要锻炼手眼协调能力,还需要提高他们管控压力和焦虑情绪的能力(一种专注于当下即"正念"的形式)。在玩这款游戏时(我作为一个非游戏玩家),最值得注意的是玩家与它的互动非常自然和简单。在2016年的一次采访中,Flying Mollusk游戏公司的迈克尔·安内塔(Michael Annetta)(他表达了自己的观点,而非代表公司观点)阐释了生物反馈在游戏中所带来的价值。他认为游戏中的生物反馈可以利用现有摄像头和可穿戴传感器得以轻松实现,这使其成为一个颇具现实性的议题。关于他们为何选择使用生物反馈,他给出了两个主要动因:其一,情感生物反馈的可用性有助于开发者了解该游戏的哪些部分是无聊的或有趣的;其二,游戏可以回应情感生物反馈并产生相应的实时变化。值得注意的是,Flying Mollusk 公司正在开发喜剧游戏。这对于游戏而言是一个不同寻常的领域,但它又是合乎逻辑的,因为共情媒体目前更擅长分析极端情绪,如果恐怖类游戏能够奏效,那么有赖于欢笑的喜剧游戏也应该如此。

情感谱系

游戏中的生物传感范围包括心率、皮肤温度、皮肤电反应、脑电波、眼球

---

① 《神秘岛》:*Myst*,最初是在Mac电脑上发布的,游戏要求玩家控制游戏主人公"陌生人"在一个充满奇怪谜题的世界里行走,通过解开谜题来完成游戏。——译者注

追踪、面部表情和其他身体行为。生物反馈和情感计算可测量情感调节。单词"sentic"（情感学）与"sentiment"（情绪）和"sensation"（感知）有着相同的拉丁词根。分解来看，这一奇怪的术语基本上是指去理解可传达情感的信号。皮卡德（1997）对情感学和情感生活的理论分析借鉴了克莱因斯（Clynes，1977）的理论，克莱因斯的观点与基本情感世界观交相呼应（埃克曼和弗里森，1971；埃克曼，1989）。正如第二章所介绍的，这些基于自然流露的情感生活完全随着中枢神经系统及其基本情感的表达而定。此外，因为它是基于运动系统和其他身体系统，情感控制调节"通常是无意识的，但可以提供线索，其他人可能通过观察这些线索来猜测你的情绪状态"（皮卡德，1997：25）。皮卡德说，情感能力指的是人们能同时发出一系列表情信号的能力，虽然这些表情之间可能会相互抵触。这看起来很复杂，但又很容易理解，一个常见的例子是当一个人在努力试图故作自信、冷静的同时，又会感到非常紧张，因此其面部表情可能与语调不一致，或者皮肤电导率可能与受控的步态行为相违背。

因为情感谱系是由一系列信息层组成的，尝试控制一个或多个生物反馈渠道就可以应用于游戏当中。例如，如果某款游戏涉及射击（很多游戏都含有射击元素），这可能涉及放松和通过减少呼吸次数来控制心率的尝试。如下文所述，这不是一个固定的规则，但一般而言，玩家展现出对身体的自我控制与游戏中的某些证据相关，这些证据表明玩家更喜欢那些可以直接施加影响的传感器。例如：相较只能靠集中注意力来控制心率的传感器而言，玩家更喜欢直接测量呼吸的传感器［纳基（Nacke）等，2011］。从情感和游戏设计的角度来看，玩家对自我控制的期望中得到的经验是：被动传感器应该只能影响游戏中非核心的环境因素，比如游戏世界外观。举例而言，Valve公司在2011年开发的《求生之路》（*Left For Dead*）（这款游戏要求玩家合作以对抗僵尸群）运用皮肤电反应数据来调整情绪、紧张度等，在调整时使用诸如视觉效果、动态音乐、角色交流、游戏功能（例如：可用武器）之类的情感线索。在这种情况下，生物反馈数据并不是作为输入信息，而是用来显示唤醒率，促使玩家们在进行网络游戏时实现更大的兴奋值与交流度。不同之处在于，当生物反馈被用作一个"整合"组件时,它并不能驱动游戏玩法。相反,当生物反馈被用作一种"输入"机制且受控于玩家时,它可能会影响游戏的叙事和进程,并通过对攻击反应、身体协调、压力反应、反应速率和注意力速度来增加竞争潜能。随着有效利用多种生物反馈渠道能力的增强,游戏不再只是一种"前倾式"的娱乐,而是会让身体朝着全神贯注的方向发展。

基准问题和即时性

2011年,索尼全球工作室的吉田修平(Shuhei Yoshida)提出,游戏不仅将用生物识别技术来检测玩家的情绪,而且在十年内将会建立起玩家的行为档案,其中包括生物特征分析。这样可以深入了解玩家们喜欢什么以及他们在特定情况下可能会如何表现,并将生物特征模式与其他适合的在线玩家进行匹配[埃奇(Edge),2011]。还有其他一些公司对此领域也颇感兴趣,例如在2010年,电子游戏研究工作室Vertical Slice将玩家与记录他们心率、脑电波和皮肤电反应的机器连接起来。一位名叫萨姆·马森(Sam Matson)的设计师于2004年发明了一款耳机,它可以借助光学脉冲传感器通过玩家的耳朵组织检测心率,帮助玩家控制"游戏者的愤怒"。

然而,尽管游戏检测技术具有显著的发展前景,但目前仍有很多问题亟待解决,如模型误差的范围会随着游戏依赖情绪数据程度的加深而变大。游戏具有使玩家注意力高度集中、高沉浸、高情感与情绪体验等特性,但在一个紧张且快速推进的游戏世界中,对情绪的不恰当解读可能会非常影响游戏体验。例如,虽然技术可以清楚地知道心率何时会上升,但是心率上升意味着什么则是另一回事。如上所述,在某种程度上,可以通过测量多重情绪和生物识别指标(如:面部和脉搏)来调和这一问题,但同时也存在一个基线问题,即情绪和生理行为基于哪条基准线产生变化时才应该予以测量。这是个值得重视的问题,它适用于本书后面更多严肃的议题。使用生物反馈,开发者面临的问题是,人们的静息心率各不相同,表达自己的方式也迥然不同。有些人笑得多,有些人笑得少,但这并不意味着他们不快乐。例如在游戏中,一个玩家即使被检测到血压很高，但可能并没有处于持续兴奋或恐惧状态，这意味着使用生物统计学来推断情感生活是相对有效并存在个体差异的。人们不能简单地将每分钟心跳次数归因于特定情感状态，而必须从一个人自身的生理状况来看待情感。然而，虽然情感和生理机能之间的联系是依赖于个体的，但这并非是个无解难题。一种方法是根据以前用户的数据（可能有数百万甚至更多）来确定情感/生理的阈值点，然后基于传入的信号、行为和基于现实世界中一个人对于某种刺激产生的适当反应，再使用机器学习来理解这种阈值。

了解共情媒体的历史传承问题很重要，因为看起来像是现代技术问题的东西实际上是一个老问题。正如第二章所述，弗朗西斯·埃奇沃斯（1881）在他的《快乐测量仪》（*Hedonimeter*）一书中发现了对信号进行三角测量和语境化的必要性。正如我们在这里所看到的，这一原则仍然对目前的共情媒体很重要。在2016年的一次采访中，Valve公司的迈克·安宾德（Mike Ambinder）承认，生物反馈的可靠性确实是一个问题，尽管Valve正通过与其他信号一并做三角测量来尝试解决此问题。在基于生物反馈游戏的市场增长范围方面，安宾德认为《求生之路》在诱导玩家情绪反应和测量唤醒度方面取得了成功。他还补充说，传感器技术的成本正在下降到让更多玩家可以用得起的程度，这其中包括最尖端的眼球追踪技术，它一直以来都很昂贵。Valve对游戏中的生物反馈持积极态度的另一个原因是，他们对玩家反应的研究表明，玩家喜欢在游戏中加入警醒层级。例如，在《异形丛生》（*Alien Swarm*, 2010）中，玩家在面对一个嘀嗒作响的时钟时必须保持冷静。通过皮肤的反应可创造出一个反馈循环：如果玩家变得不那么平静，时钟就会加速，而这反过来又会让玩家产生更多焦虑（从而加速时钟）。这与上文所述的自我控制理论相悖，因为这样做的结果是：皮肤和情感不仅可以作为周边环境因素的附加设备，还可以作为一种输入信息，这种输入可以操控游戏机制的特性和方向。

开发人员还关注生物反馈游戏营销——这一点也与其他章节中关于情绪检测准确性的阐述相关联。在采访中，Player Research公司的一名用户体验设计师强调，人们对生物反馈的兴趣已经超过了提供可靠游戏体验的能力，生物反馈游戏感觉更自然且不令人反感。从开发者角度来看，他们看到了生物反馈在用户与游戏互动中的价值。同时，他们也表示，营销部门不太关心情绪反应是否准确。Player Research公司的受访者指出，最近人们对所有与"神经系统"相关的事物痴迷，其中"神经胡扯（neurobollocks）"更多的是与销售有关，而不是与科学相关。他还认为，将眼球追踪和皮肤电反应测量等技术作为游戏的附加组件而不是输入设备会更有意义。对他来说，虽然它们能够促进游戏的参与度，特别是在多人游戏中，但它们还没有达到能够提供准确情绪状态评估的程度。

还有其他一些实际问题，Portal Entertainment首席执行官朱利安·麦克雷（Julian McCrea）在2016年接受采访时说得很清楚，虽然他并不在游戏行业，但其观点与这一章颇为吻合。他们的"Immersion Go"产品利用Affectiva的面部编码系统来跟踪观众对沉浸式电影的反应。该产品专注于平板电脑和手机，他们的故事情节会随着检测到的观众感觉和情绪的变化而变化。在更广泛的关于传感、可穿戴设备和生物特征测量的讨论中，麦克雷提到Portal公司测试和实验了皮肤的电反应。令人无奈的是，他指出"观众真的很懒"。在谈到Portal公司未发表的内部研究时，他认为最终参与到互动情感故事的不是"更广泛的TechCrunch科技博客的受众"（早期使用者和技术狂热用户），而是40岁以上的妈妈们。同样，对于Portal公司来说，这反映了那些已经用于自拍等已存在于手机和平板电脑中的应用的技术价值。从理解共情媒体是否会受欢迎以及如何调整来使其更受欢迎的角度来看，这一点非常重要。麦克雷认为，对于Portal公司来说，"生物计量的测量设备必须内置于媒介之中"。他的观点是媒体不应该包含额外的应用于VR和3D娱乐设备的硬件，因为人们不会在娱乐硬件上花更多的钱。这就是我们想阐释的"即时性"原则，媒体开发人员需要在减少数据收集设备使用的同时，增加测量和处理生物反馈的渠道。

恐怖和市民的观点

尽管我与所有受访者都进行了数据保护和隐私对话，但游戏社区的态度尤为坦率。当被问及情感和隐私方面的考虑时，Flying Mollusk公司的安内塔说："在被媒体采访之前，我们就会给出这个问题的答案：我们根本不保留个人数据，这款游戏只在内容上吓人，而不是别的方面"（指不会有渗透进玩家私人生活的行为）。具体而言，他说所获得的个人数据只包含在玩家Steam账户中的"已保存"文件夹——如果玩家愿意，该文件可以使用一个假名字。[1]文件本身包含的是基于游戏的获胜数据，而不是情感数据。之所以做出这个决定，是因为Flying Mollusk公司不希望生物反馈组件在游戏中成为非常必要的一部分。安内塔还说，当数据通过生物反馈输入时，生物反馈组件读取数据后会在几秒钟内改变游戏进程，然后就会把数据销毁，这些数据不会以任何方式保存。他补充道："当你关闭游戏时，摄像头就会关闭，与心率的连接也会关闭。所以这些数据都是实时采集，之后就会被立即销毁。"此外，Affectiva程序中也没有任何可用于收集用户数据并发回公司服务器的代码组件。[2]

在采访后的邮件交流中，一位来自Player Research公司的采访对象强调了一系列隐私场景。通常在游戏中使用的生物识别技术会收集玩家的信息（包括玩家自己可能不知道的信息），并将这些信息公开（例如，玩家的行为会导致游戏发生变化，或者玩家在游戏中添加了任何围观的人都能看到的内容）。他是这么评价的：

> 例如，想象一个电子游戏，如果你压力更大，它会变得更容易玩——但你需要维护自己的形象，比如硬汉或优秀玩家。然而，一旦有人看见你正在玩的游戏变得更容易了，那么你的形象就会受损。或者是你正在玩一个可以检测心率的游戏，你努力表明不会害怕，但心率却暗自说明了一切。类似地，如果你使用眼动仪，并显示你在看什么。之后

可以想象一下，当屏幕上出现一位具有特别魅力之人，也许每个围观者都能准确地看到你的视觉焦点正放置于"有魅力之人"身体的哪些部位——即使这是你无意识或无意义的一瞥。或许有些人可能不喜欢或者不会以此来推断什么事情，因为这些数据可能是不必要的或毫无依据的。但或许你只是在直播自己玩视频游戏，并实时显示你的视觉焦点位置，却无意间成为那些正在围观你的人的笑柄，因为他们发现你并没有在看缩略地图或其他你应该看的东西。（电子邮件，2015）

进一步而言，这可能会导致游戏玩家在游戏中引入在关键时刻能够分散对手注意力的要素，然后对手则会遭受双重耻辱——既在游戏中被痛揍，又被那些他们本不打算要关注的视觉元素所吸引而失去了游戏对战的注意力。

游戏告诉我们共情媒体的道德准则是，数据的目的并不是天生消极的。Flying Mollusk公司的安内塔表示，根据他们内部研究，情绪检测输入正是玩家愿意玩这款游戏的原因之一。这很重要，因为人们为了拥有更丰富的体验，愿意以新颖的方式与内容互动。即使在游戏没有情感感知组件的情况下，他们也愿意这样做。尽管人们应该对既得利益持怀疑态度，但2015年，我与ICM Unlimited在英国进行了一项具有人口统计学代表性的在线调查，以评估人们在各种情境下对情绪检测的感受（n=2067）。我问了一些关于一系列媒介的问题，其中一个是：

> 问题3：电子游戏公司开始使用摄像头和可穿戴技术来跟踪玩家玩游戏时的眼睛、心率和呼吸。它们这样做是为了提高玩家的参与度和娱乐水平。
>
> 以下哪一项最能代表你对此观点的感受？

受访者可选择以下答案中的一个：
1.我不同意（该公司）收集我的数据。

2.只要这些信息是匿名的,不能与我、我的电子邮件地址、电话号码或任何其他可能的个人身份识别方式相关联,我就可以接受用这种方式收集我的情绪数据。

3.我可以接受用这种方式收集关于我情绪状态的数据,也可以接受将这些数据与我的个人信息相关联。

4.不知道。

表4.1显示,更多的人表示他们对游戏中的情绪检测"不接受"(占47.3%),而不是"接受"(占39.78%)。此外,图4.1显示了结果的年龄差异性。[3]调查中的一个关键发现是,在数据收集方面,年轻人(18—24岁)更有可能接受数字游戏中某种形式的情绪检测。例如,18岁至24岁人群中对情绪检测"不接受"的平均比例为30.47%,而65岁以上人群的这一比例为67.4%。

表 4.1　2015 年英国公民对游戏中情绪检测的感受

描述	人数（n=2067）	百分比
1.不接受 (Not OK)	978	47.30
2.接受，不可关联个人信息 (OK/no PI)	631	30.51
3.接受，可关联个人信息 (OK/PI)	192	9.27
4.不知道 (DK)	267	12.92

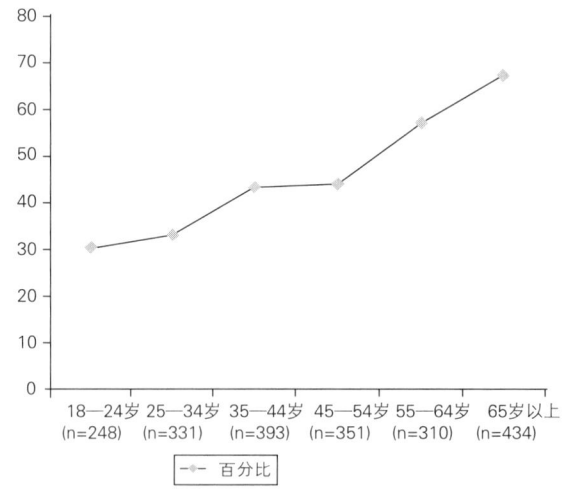

图 4.1　2015 年英国人对游戏中情绪检测所持感受的年龄划分（持"不接受"态度）

年龄最小的调查用户则表示能够接受任何形式的情绪检测。这也许并不奇怪，因为比起年轻人，老年人更不喜欢玩游戏（GameTrack Q1, 2016）。但值得注意的是，随着群体年龄的增长，"不接受"的比例呈上升曲线。这种关系很有趣，因为不同年龄层的人玩游戏存在差异，年轻人玩得多，而年长者玩得少。

然而，我们并不能由此得出年轻人不关心他们隐私的结论。调查结果显示，很少有年轻人对公司拥有与个人身份信息相关联的情感数据表示"接受"（只占16.84%）。在研究者不能现场回答各种调研问题的情况下，我们应该从调查研究中谨慎推断，我的意思是这意味着虽然年轻玩家对于互动的新方法有兴趣且呈开放态度，但他们也对隐私保护和个人数据控制非常在意，特别是当信息涉及他们的情绪状态时（这点我将在第十一章说明）。

这是游戏社区领袖们认可的原则。我询问了Valve公司的迈克·安博德（Mike Ambinder）关于隐私的定位，他明确阐明了Valve公司的立场。他在采访中提到的关键话语包括"让Valve的用户自己做对的事""玩家选择加入""只使用情绪检测来改善体验"和"提供积极的体验"，以及"享受乐趣是利用生物特征数据的关键"（访谈，2016）。尽管有人可能会以"侵犯隐私"的指控来回应，但他的重点和语气都与其他受访者的回答有所不同。值得注意的是，与我交谈的游戏社区领导者和技术人员也是狂热的游戏玩家。他们在努力通过工作过上好生活的同时，也给人一种试图增进社区利益的可信印象。

在采访游戏行业天使投资人沃尔克·赫希时，他认为从社会角度来看，我们应该谨慎行事，否则就会出现反作用，比如数据泄露或使用数据不当等，这些会阻碍产业发展（访谈，2016）。他接着说，"我认为道德规范很重要。从长远来看，任何基于剥削用户的商业模式都是不可持续的，我不想在这方面投资。"对赫希来说，商业损害相对来说是小的（"我们需要在各种阴谋论者之间游弋，因为还没有任何事情发生"），他补充说，但更严重的滥用行为和伤害会发生，各组织应在基础设施层面为此尽早做好准备。

结 论

作为共情媒体的一个例子，游戏具有重要意义，因为它运用了生物反馈感知技术并使用这些技术为人们创造新的审美体验。这就创造了一个反馈循环，即情感参与可以用来引导游戏机制，并借此来提升用户体验。游戏也有助于回答为什么人们希望技术能对他们的情绪有所感知。就游戏而言，它将身体自控能力作为游戏玩法的另一个维度。游戏具有历史性的重要意义，因为它在使用有关情感和注意力的数据并以此来提升用户的媒介体验方面最有经验。早在广告、电影、社交媒体和其他网络媒体之前，游戏在20世纪80年代就已开始在实验室中测试生物反馈，90年代开始面向公众开放使用，并在21世纪初成为一个重要议题。

"基准线批评"是一个重要观点，它说明玩家是从各种静息生物特征和表现状态开始的。这在一定程度上可以通过三角测量有关表情、生物信号和行为历史数据来解决，并分析这些数据与具有类似特征玩家之间的关系。这可以让游戏玩家基于自己的偏好来获得最好的游戏体验。例如，这意味着他们会在主游戏前的热身环节中被问到自己的感受，以便与玩家校准游戏引擎。然而，我们也必须牢记对于基准线的批评，这在接下来的章节中会继续延伸。在游戏中，玩家可以自我报告游戏在检测情绪和情感反应方面的有效性，但在后文详细描述的另外一些情况中，一个人是无法质疑对其情绪和精神状态所做的假设。

注 释

1.Steam是一个游戏发行平台，允许在线游戏玩家购买、安装、更新和玩游戏。玩家有个人档案，可以借此进行多人游戏。

2.我的推论是，安内塔指的是个人数据，因为正如将在下一章详细介绍的那样，Affectiva的产品基于这样一个原则，即他们的软件中有关情感表达分类的改进是通过收集匿名情感数据而得以实现的。

3.如附录2所示,在完整的调查中,我还对性别、社会阶层和地区进行了测试,但这些并没有与表4.1中关于英国公众对游戏中情绪检测的总体调查结果有着明显差异。如图4.1所示,最显著的影响因素是年龄,这与平均值产生了显著偏差。

第五章
情绪流露：面部编码的例子

在第二章中，我介绍了19世纪神经学家纪尧姆–本杰明–阿芒–杜彻尼·德·布洛涅使用电极刺激面部肌肉以产生情绪。在这一过程中，杜彻尼通过详细描述表情肌肉，对面部表情进行了系统化整理。如今，计算机将像素与面部特征结合起来记录情绪行为。这些面部数据主要来自摄像头视频源、录制的视频文件以及照片。为了说明面部编码，本章详细介绍了该技术背后的心理假设、工业应用，并对该方法进行了评价。我主要是基于生物医学视角，关注情感生活中的情绪"流露"问题。

面部编码最值得注意的是其应用的多样性与广泛性。例如，超过三分之一的世界500强公司会在投放广告前使用面部编码来测试广告的有效性（麦克达夫，卡利欧比，2016）。本章采访了Affectiva、Realeyes、CrowdEmotion和MediaRebel等公司，以此探究面部编码在广告和媒体中的应用，以及在工作场所和法庭等场域的隐性应用。面部编码也用于动画表情、电视节目和电影的研发、政客演讲表现评价（并以投票模式对这些进行统计）、政治投票、电视节目试播、视频通话（以此来确定通话人在电话另一端是否只听不说，这在商务谈判中很有用）、产品及其可用性测试、车载行为、零售（可用于分析购物者在商店中的移动以及接触商品时的行为)。此外,还可以将面部编码作为一种行为靶向技术(behavioural targeting technique),根据情感类型对在线视频内容进行标注,可实现对用户内容偏好的预测并推荐相应的流媒体视频内容(如:Netflix、Hulu或Amazon Prime)。教育是另一个令人感兴趣的领域,其中包括测量在线视频教学的参与度和有效性,以及监控课堂参与度。[1]

以面部编码作为基础业务的知名公司包括Affectiva、CrowdEmotion、Realeyes等,苹果[2]和微软[3]等大公司也正在开发面部编码产品。事实上,在2015年8月的一项专利书中,脸书详细提出了使用网络摄像头和智能手机摄像头来读取面部表情、情绪和反应的方案。脸书表示,通过了解用户情绪行为,他们可以在脸书的新闻推送中向用户展示更多能让其产生积极反应的内容,并减少用户不易产生反应的内容,比如朋友的度假照片或广告。在他们的专利中隐藏着一段引人瞩目的陈述:除了微笑,还有喜悦、惊讶、惊喜、幽默和兴奋等积极情绪。这项专利还列举了诸多负面情绪,其中包括被解读为失望、困惑、冷漠、无聊、愤怒、痛苦和抑郁等情绪(美国专利和商标局,2015:3§0032,重点补充)。

情绪的基础

在心理学方面,有两大流派来理解情感——即分类法(categorical approach)和维度法(dimensional approach)。分类法认为,有许多基本情感是我们大脑中固有存在并被普遍认可的。面部编码是这种情感处理方法的一个主要例证。事实证明这种方法引起了各种组织的兴趣,因为它让理解"何为情感"以及"如何诊断情感"变得不那么复杂。首先是要有一套基本情绪,比如快乐和悲伤。然后将基本情绪进行组合形成一些复杂情绪。相反,维度法则拒绝采用基本情感类别的概念。它以效价(valence)①为基础论证了体验的

---

① 效价是指某一物质引起生物反应的功效单位,可用理化方法检测,也可用生物检测方法测定;或生物制品活性(数量)高低的标志,通常采用生物学方法测定。——译者注

广泛维度、体验是否愉快,以及一个人的兴奋程度(从困倦、无聊到疯狂的兴奋)。综上所述,效价和兴奋度提供了一个可以绘制情感体验的二维轴面。例如,焦虑和痛苦,会映射到相同的四分之一处效价/兴奋度轴[泽连斯基和拉森(Zelenski and Larsen, 2000]。维度法否认情感的前期程序,而是把情感看作我们归属于情感状态的标签(这是语言和社会建构的)。尽管工业界倾向于分类法,但读者应该意识到,关于情感本质理解的争论并没有得到有效解决。

从一个不需要自我报告的明确且可量化的描述中,你可以管窥到其中的吸引力。大多数关于基本情感世界观的实证研究都来自于保罗·埃克曼和华莱士·弗里森(1971, 1978),他们又借鉴了汤姆金斯(Tomkins, 1962, 1963)以及间接借鉴了达尔文(2009[1872])和杜兴(1990[1862])的理论。至关重要的是,基本情感观认为在生物学上存在着控制情感反应的程序,而面部肌肉则是情感体验的反馈系统。事实上,有些人甚至认为基本情感是经过基因编码,从而进入神经系统的[潘克塞普(Panksepp), 2007]。霍特肖(Hjortsjo, 1969)在该领域被公认为是对整个面部肌肉的精确动作提供系统治疗的第一人。这种方法的精髓是密切关注当面部产生一种所谓"情绪化的"表情时,它会有什么样的动作。

在埃克曼和弗里森富有影响力的研究中,包括了经济发达国家和欠发达社会地区,如新几内亚高地。在研究期间,这些地区还没有明显接触到来自其他国家的先进媒体系统、电视和人脸照片。研究者对处于不同文化背景且没有受到外部影响的居民进行研究后得出这样一种结论:情绪和面部行为具有普遍性(埃克曼和弗里森,1971)。然而,在心理学文献中,罗素(Russell, 1994)对这一跨文化工作中的假设、方法、原始结果、结果分类、测试程序、接触西方话语的程度和实验控制提出了质疑。例如,研究人员不会说当地语言,这意味着需要使用翻译人员,缺乏监测谈话内容的能力,还有,翻译人员对测试对象的影响,毕竟翻译人员不会关心收集的实验数据是否准确客观。

罗素确实引用了索伦森(Sorensen, 1976)的话,索伦森当时也参与了这项研究。后者认为,当地人行为警惕性很高,这些照片和程序引起了他们的特别关注和讨论,他们对微妙的暗示很敏感,知道应该如何回应和做出反应。这一分析导致罗素(1994)认为,证据不足以证明情感的普遍性,相反,赞成或反对普遍性是一种似是而非的主观判断。在这里引用他结论的一部分:

> 普遍性理论是我们西方心理学家认为合理的观点,尤其是考虑到另一种选择是随机性的。我们说英语的人发现,愤怒、恐惧、蔑视等概念是普遍范畴并展现了我们的本性,这似乎是合理的。克服这种隐含假设影响的一种方法是强调可选的概念化。我认为,达到这一目的最有趣的方法是认真对待在其他文化中发现的概念(种族理论、文化模型)。与其问一个特定的文化是否符合一个预定的假设,还不如去问问这个文化成员是如何将情绪和面部行为概念化的(1994: 137)。

这一批评十分重要,因为实际上这呼吁了一种人文主义的研究方法,即应关注本地实践、细节、证据以及对研究环境中当地事物的欣赏。这种以种族为中心的情感研究方法,不是寻求更高层次的普遍抽象,而是试图找寻出什么是独特的。这种理解的路径不是故意忽视语境、语言实践、标志和符号,而是为了尝试从内到外地去理解情感。换言之,它试图重建和移情。但这其中也并非没有问题,因为它反实证主义而转向"厚重描述"(thick description)(Geertz, 1973),以弗斯特恩(Verstehen)和艾因夫隆(Einfuhlung){赫尔德(Herder), 2002[1774]}的启发性原则为基础的解释学方法,要求分析者将自己置身于他们的生活、传统、优势和所有导致主观性的事物之外,以便将自己置身于另一种历史的经验流中。

此外,埃克曼和弗里森的工作促进了面部动作编码系统的发展,推动了人类面部运动测量以及人类情绪和面部表情分类的细化(埃克曼和弗里森, 1978)。面部动作编码系统(Facial Action Coding System, FACS)是基于埃克曼对7种初级情绪(喜悦、惊讶、悲伤、愤怒、恐惧、厌恶和蔑视)、3种总体情绪(积极、消极和中性)、高级情绪(如沮丧和困惑)和19个动作单元

（Action Units）的识别系统。正如麦克达夫（2014）所详细描述的那样，"动作单元"（指单个肌肉或肌肉群的运动）可以使用从A（最小）到E（最大）的强度量表进一步定义。埃克曼和弗里森的研究成果被情感计算领域的许多人用来作为人类情感分类的一种方法，它的流行成为迪士尼电影《头脑特工队》（*Inside out*, 2015）和电视节目《别对我撒谎》（*Lie to me*, 2009）的基础。埃克曼世界观有一种非常吸引人的简单性，它与计算机的聚类（clustering）和分类（categorising）的思路非常相似。

埃克曼在对达尔文的《人与动物的情感表达》（参见第二章）的介绍中区分了情绪和心理事件（思想、态度和计划），因为情绪是公开的（流露），而其他心理事件（思想）有可能是私人的。当我们说谎时，音量会提高；试图隐藏悲伤时，会流泪；恐惧时，会扬起眉毛，张大嘴巴；害怕时，会竖起毛发（一种动物的遗留本能，使我们看起来比实际更强大），比起我们的生理状况，情绪与我们的想法关系更大。这种情绪流露（emotion-as-leaks）的观点很重要，因为它支撑着共情媒体的原则和实践。因此，由于强烈的情绪通常需要公开可见的信号，我们在情绪的表达上几乎没有选择。对于共情媒体和情感计算而言，这提供了人类情感生活的真实性、分类、可信度和标准，在此基础上可以构建情感感应技术。

在这种方法中，情感生活的简单性给技术人员、经理、市场营销人员和负责向客户推销受众洞察的销售团队带来了许多实际优势。它之所以吸引人，是因为它反对文化相对主义（cultural relativism）的复杂性，反对从地方历史、社会规范和种族中心主义的角度来看待情绪。此外，通过使用测量而不是人类推理或自我报告，这意味着机器可以使用它来实现对面部情绪的自动检测。FACS系统详细描述了面部动作单元、头部位置和相关动作、眼睛位置和相关动作、数据描述符、行为和绘制人脸的代码，该系统在2002年得到了显著扩展（埃克曼等，2002）。当下的FACS系统更为复杂和强大，它已经能观察到7000多个动作单元组合（埃克曼和弗里森，1982；麦克达夫，2014）。

机器训练：埃克曼的情感计算

最初，面部编码需要接受过FACS分类训练的人来操作，他们将面部行为解构为解剖元素（动作单元），然后通过训练对已经发生的可识别表情进行编码。如今，有一种情感方法可通过使用计算机视觉技术对动作组合进行编码，从而得出对情绪类别和状态的解释。最早的自动化面部表情识别案例源自苏瓦等人（Suwa et al., 1978），他们通过跟踪电影帧中20个识别点的运动来分析面部表情。然而，我们不应该被其误导，过于简单地认为每个关注情感计算和情感合成的人都会同意基本情绪（Basic Emotions）的概念。许多人认为，单一的标签并不总能捕捉到复杂情绪以及情绪行为，比如：尴尬［拜伦-科恩和蒂德（Baron-Cohen and Tead），2003；居内什和潘蒂奇（Gunes and Pantic），2010］。然而，埃克曼的影响力如此之大，以至于在苹果2016年收购面部编码市场领导者Emotient之前，他一直是Emotient的董事会成员。Emotient将其产品命名为自动面部动作编码系统。

尽管其他机器应用的面部编码对面部点的处理方式稍有不同，但每个系统都源自埃克曼的研究成果，它主要通过跟踪嘴、鼻子和眼睛周围的肌肉与运动来实现。这项技术发展得很好，因为它可以对各种情绪的面部动作做出实时反应。例如，它能分辨出快速反应的微笑（如爆发出的笑声）或较长时间的愉悦（如黑色喜剧），这是通过唇角的运动、产生速度以及嘴角离开通常位置的时间长短来识别。鼻子起皱代表厌恶等情绪，嘴角凹陷与悲伤有关。然而，面部编码的自动化带来了埃克曼和弗里森时期所没有出现过的问题。例如，今天的面部编码（我在2017年对其有过记述）仍然在与头部运动、戴眼镜的人（遮住了眉毛和眼睛）、光照差、复杂的背景、非实验室的自然环境、有胡须的脸（遮盖嘴部追踪）以及其他部分面部遮盖的方式作斗争。甚至让人们直视摄像头都很困难。同样值得注意的是，视觉搜索更容易捕捉到消极表情而不是积极表情。［豪（Hao）等，2005］。

除了将面部运动分为不同的情绪类型外，还可以通过效价数值来判断该情绪是积极、中性还是消极的。基于此建立的判断模型包括两个衡量标准，一个是兴奋度，包括一个人是否无聊（甚至昏睡），或者是否疯狂地兴奋。另一个衡量标准是控制力，或者他们对情绪的控制程度（居内什和潘蒂奇，2010）。因此，虽然分类法的支持者没有完全回答罗素（1994）的种族中心主义批评，但他们采用可测量的维度因素，对一个人的可命名情绪进行三角测量，并强化其结论。

面部编码的工业化

令人惊讶的是，面部编码的应用五花八门，不过它目前主要应用于市场和广告研究，因为人们越来越相信行为分析的工作最好交由机器来完成。谷歌、脸书、微软和苹果等大型科技公司都在开发识别情感表达的计算机视觉技术。支持者表示，虽然这还处于早期阶段，而且它们的产品确实会产生误差，但每一个公司都在收集海量数据，随着时间推移，其准确性将会持续提高。CrowdEmotion的王静涵（Jing Han Ong）较好地阐释了产生这种兴趣的缘由，她把BBC视为他们的客户之一。[4]她在2016年的一次采访中指出，面部编码允许CrowdEmotion"将人们的言行分离开来"，借此可以展现"什么是人们真正喜欢的而不是他们应该喜欢什么"，这样就克服了焦点小组调查中存在的社会期望偏见问题，社会期望偏见的发生是由于被调查者进行自我审查，导致倾向于避免选择他们认为不受欢迎的答案。

正如第二章对于自我报告的探讨，自动化市场研究需要确立一种理念，即通过观察、神经科学和生物计量学来理解情感的客观性。因此，共情媒体的逻辑具有传统行为主义和复兴行为主义的特质。然而，基于"身体的观察和倾听"（加入其关联的"社会倾听"，参见第三章），使得"有意识的自我"虽然没有被否定，但是却不被信任。这一非自由主义的观点得到了神经预测公司创始人兼首席执行官本尼·布里塞梅斯特（Benny Briesemeister）的认同。他认为，"人们天生喜欢自主"[5]，但是"这是奇怪的，因为我们很乐意把自己交给医生"（他们是专家），而不是消费者研究人员，他们可以告诉我们真正想要什么——我将在第八章和第九章回到自由意志家长式的观点。

从20世纪50年代开始，人们越来越相信心理学可以用来研究真实的行为［斯特恩（Stern），2004］。尽管研究方法和假设发生了变化，但这一理论仍然适用于现代广告研究。这一观点认为，在对品牌信息的反应中，情感和理性思维一样重要，源于自发偏好的口头提问和自我报告是不可依赖的，而生理测量则可以通过无时无刻的微观情绪数据读取来提供新的理解深度［米库和普卢默（Micu and Plummer），2010］。这种否认自我报告的方法允许更近距离观察一个人的情绪行为是如何随着时间变化而改变的（比如："微表情"或更长时间的情绪）。微表情的持续时间在1/25到1/3秒之间（李等，2015），它被认为潜藏着我们的真实感受。现代计算机视觉研究人员声称，无论是（观察）一场扑克游戏、一位潜在赢家，还是一份不受欢迎的圣诞礼物，机器比人类更善于发现和识别微表情。

Affectiva是一家行业领先的面部识别公司，专门为广告和媒体公司提供情绪和表情解读服务。该公司的产品Affdex由罗莎琳德·皮卡德和拉纳·埃尔·卡利乌比（Rana el Kaliouby）联合开发，其产品通过使用笔记本电脑的内置摄像头以及平板电脑和手机上的摄像头，在人们观看感兴趣的内容时捕捉他们的面部视频。罗莎琳德·皮卡德可以被称为"情感计算之母"。该产品根据读取设备的容量，能以每秒超过20帧的速度扫描多个人脸。Affdex使用FACS评估45种不同面部肌肉运动和关键特征点，如眼睛和嘴巴。该系统分析区域中的每个像素，以此来描述人脸的颜色、纹理、边缘和倾斜度。它将这些像素点进行映射，并将其分类为命名情绪，其类别包括惊讶、微笑、专注、不喜欢、效价（无论所表现的情绪是积极的还是消极的）、注意力和表现力。除了情绪和表情，Affdex还能识别年龄、性别和种族。然而重要的是，这些必须有赖于编码人员或注释人员来人工识别微笑、惊讶等表情，从而训练计算机更好地开展情绪检测。一旦编制好程序，Affectiva系统就能使用起大数据和机器学习技术，这样他们系统的有效性就会随着学习新面孔、头部位置和面部元素的机会而提高。2017年，他们已经收集并分析了来自75个国家的500万个面部视频，这些视频反过来有助于训练算法，建立性能的可靠性，并为现有数据提供标签。正如我们将在下文中看到的，工业面部编码主要用于评估媒体和广告表现，比如广告中的哪些元素能引发情绪，它们会引发哪些情绪，以及广告中的人物是否能与受众产生适当的共鸣。此外，其应用范围以及面部情绪跟踪的应用领域也在不断扩大。

在实际环境中

在接受采访的所有面部表情编码公司中，每家公司都表示他们的目标是让情绪检测在设备和环境中无处不在。2016年，CrowdEmotion公司的王静涵在接受采访时表示，他们的目标是通过"多模态情绪检测模式"（即不只是面部表情）将情感读取推向全世界"。同样在2016年接受采访时，加比·齐德维尔德（Gabi Zijderveld）和来自Affectiva公司的保拉·大卫（Paula David）认为，情绪捕捉将在"也许五年内"无处不在，然后"我们将越来越多地看到人们在日常生活中广泛使用情感互动技术"。在2016年年初进行这些采访时，这似乎有些牵强（尽管我当时正在写一本关于这个话题的书籍），但目前看来，这个时间线可以说是有些保守了。

"在实际环境中"（In the wild）指的是走出研究实验室，进入私人和公共领域，如手机、设备和零售环境。2016年，曾供职于Affectiva（现就职于微软）的丹尼尔·麦克达夫提供了一种有用观点，他和微软都窥见到共情媒体的发展方向。[6]在谈到通过网络摄像头、智能手机、可穿戴设备等日常设备在自然环境下进行情绪捕捉时，他认为虽然情绪检测主要用于商业研究环境，但大规模的情绪测量将在现实环境中得以发展。他的理由是，情绪是人类体验的一个基本维度，影响着决策、记忆和幸福感。

虽然基于摄像头的视觉通常记录面部特征和表情，但摄像头可以通过远程实时测量心率和心率差异性来测量情绪（古普塔和麦克达夫，2016）。这是通过光容积描记法（PPG）实现的，它通过照亮皮肤和测量光吸收的变化来测量血液流量，这与手表上用来检测心率的技术相同。此外，呼吸频率和心率变异性可以用这种方法来测量，它提供了额外的情绪行为三角测量。值得注意的是，这一方法即使在早期阶段也不需要昂贵设备，正如古普塔和麦克达夫指出的那样，他们的传感器和摄像机"总预算只有几百美元，如果使用更便宜的成像硬件，可以进一步减少到100美元以下"（2016：6）。他们还谈到，通过使用一个热能传感器（而不是光传感器），他们的方法是完全被动式的，并且在黑暗中也可以使用。尽管他们论文中的讨论仅限于健康、压力、婴儿睡眠时的健康测量以及"非侵入性"地监控多个患者，但经过改进后，他们的研究成果明显适用于在自然环境中的其他监控，比如零售、户外广告和工作场所。

2016年，在汉堡举行的消费者研究会议（Beyond Consumer Research conference）上，麦克达夫提出了一个问题："广告和情感联系对所有这些技术而言意味着什么？"他的回答是，对情感敏感的户外广告展示会带来销售提升。不过他也承认，现阶段很难收集到数据，还有其他外部因素，但二者之间存在紧密联系。另一方面，他认为糟糕的广告意味着低参与度。这为远程测量消费者对广告的情绪反应以进行研究开辟了可能性，同时也为广告根据消费者反应而改变方向提供了可能，这意味着广告不仅可以测量反应，还可以根据记录的情绪对内容进行优化。这有两种可能性：第一种是行为定向，即根据情感行为向人们呈现一系列品牌；第二种是单个品牌的广告会根据消费者面部反应演变出独特的执行方式（第八章将会进一步探讨，麦克斯泰，2016）。

你是否认为使用被动收集的积极和消极情绪数据用于产品销售或定向广告合乎道德？我这样问麦克达夫。我的问题是基于这样一个前提：被动情绪检测在道德层面上是有问题的，尤其是当监测那些处于焦虑、压力、抑郁或在某种程度上挣扎的人群时，这一问题会更加严重。毕竟，在零售环境中，人们常常看到这样一幅图景，一个睡眠不足、压力大、潜在抑郁的家长提着购物袋，他的孩子在旁边要求买这买那。事实上，研究发现2017年的英国只有13%的人生活在高度积极的心理健康状态中（Mental Health Foundation, 2017）。麦克达夫很难回答关于捕捉负面情绪的问题，但他认为慈善广告可能会受益于负面情绪捕捉，如悲伤等。

软件开发工具包、机器学习和终端用户

Affectiva并不是本书讨论中规模最大的公司，但它在情感AI/共情媒体业务领域却颇有建树，部分原因是它将面部编码产品包装成一种其他人可以轻松获得授权使用的软件。实际上，他们还对营业额不足100万美元的机构免费授权使用。这是通过软件开发工具包（SDK）实现的，它允许其他人将Affectiva的代码（Affdex）拖放到开发人员使用的任一编程平台上（如移动手机、网页、游戏或基于云的应用程序）。正如第四章所述，Flying Mollusk的惊悚游戏《无须在意》是在Unity平台上开发的，在某种程度上进行了简化，它们可以直接打包成为兼容性良好的Unity软件开发工具包。尽管SDK是计算机编程术语，它本质上是即插即用的软件代码，但对于我们而言，这种分发模型非常重要。除了授权和分发软件的功能之外，这种"免费软件"策略还有助于Affectiva公司的机器了解情感生活。

SDK的重要意义在于其可以提供训练数据，以此来提高检测能力和机器学习能力，了解情感的表达内容、表达方式以及情感的发生场所（例如网络视频、游戏、汽车、商店、设备以及网络摄像头出现的任何地方）。每次用户直接使用Affectiva网站或其Affdex应用程序，或通过授权SDK间接使用其系统时，都将不断教授Affectiva系统更准确地判断情感表达。Affectiva从不收集人们的图像，因为使用SDK意味着处理程序会运行于设备上（例如电话或其他本地计算机），而不是在Affectiva自己的机器上。相反，Affectiva认为其Affdex SDK"收集了最低限度的匿名技术数据，以帮助我们更好地了解其使用情

况"。[7]这包括使用信息(处理的视频帧数、设备制造商和型号、应用程序名称和版本、Affdex SDK平台和版本)和度量数据(metric data)(可用表情预测、外观、情绪分类和头部角度)。Affectiva希望使用外包SDK来训练其系统的准确性并增强其正确识别情绪的信心,而由于高度关注隐私问题和负面公共关系,这实际上平衡了这一愿望与隐私问题之间的关系。这是理解共情媒体的一个微妙的重点:情感、意图和注意力的自动检测并不是一个成品,而是一个正在进行的工作。所有使用人工智能系统的公司都会努力寻求更多的训练数据来改进它们的产品,而授权SDK是实现这一目标的一个有效方式。如前文所述,Affectiva公司的SDK的终端用户范围很广,不仅包括媒体和广告、游戏、汽车、机器人、物联网(IoT)、教育和医疗,还包括工作场所和让人出乎意料的应用领域,如司法程序。以下部分简要讨论了其中一些案例。

工作中

除了使用脑电图帽子、头戴式眼球追踪和皮肤电反应数据来了解人们的压力、反应、导引和决策,专业服务公司德勤(Deloitte)还使用面部编码来测量高层员工的情绪。德勤公司的瓦内萨·约翰(Vanessa Johnen)和格雷戈-康斯坦丁·埃尔贝尔(Gregor-Konstantin Elbel)解释了他们使用Affectiva公司的SDK所开展的工作。[8]他们强调,面部编码和其他情绪感应技术已存在一段时间,现在更容易在"实际"工作环境中得到应用。德勤对一家客户公司的高管进行了分析,以评估负责重大决策的员工工作模式和工作效率。他们给出了金融、贸易、空中交通管制和其他组织的例子,这些组织需要人们做出重大决定。

我问交易员和高管们被要求使用这项技术时的感受,埃尔贝尔回复,"是存在阻力的",但"目标不是取代每个人的工作,而是让其他人达到最佳交易员的标准"。他还表示,"虽然我们还没有处于机器取代交易员的阶段,但增强型的神经科学机器可以提升交易员的能力"。这是德勤等公司的一份重要声明,而非一家容易出现投机索赔的年轻初创企业。增强(augmentation)的含义是:在这种情况下,共情媒体被用作暂时提高人类决策者能力的手段,大概直到他们的角色可以自动化为止。共情媒体提供的不仅是处理更重认知负荷的训练（通过管理情绪），还包括对员工的管理监督（监视）。同样值得注意的是，监控对象不是蓝领工人，而是职业易于实现自动化的白领工人。

法　务

MediaRebel使用Affectiva的SDK来分析有关庭外宣誓证词的视频，也是在美国被称为"宣誓作证"（depositions）的视频。作为诉讼程序的一部分，这些信息可以在审判中被使用。MediaRebel声称对证词中情感内容的分析能达到95%的准确度。辩控双方律师都使用这种方法来衡量证人证词的真实性，分析行为（包括人们可能忽略的微表情），并识别可能被忽视的关键证据。比起MediaRebel类似测谎仪的效果，更值得关注的是在法律和司法程序中生成的数据有可能会取代人类的判断。事实上，MediaRebel除了测量欺骗行为外，还使用面部编码来确定法官和陪审团如何看待证人。这种做法也可能与人工智能在法律事务中更加广泛的应用有关。例如，阿莱特拉斯（Aletras）等人（2016）开发了一种人工智能"法官"，能够以79%的准确率预测判决结果。这是通过对法庭笔录进行机器扫描并使用自然语言处理技术来实现的，人工智能计算机能够从中学习在违反《人权法》时最常见的短语、事实和情况。利用这些发现，计算机对每个案例都作出了判决。这些判决与欧洲最高级法官判决的吻合度为79%。这种从人类表情（面孔和书面语言）中提取、推断和预测的模式，将证词中的情绪检测与案例记录的机器分析有机地连接了起来。

广　告

Millward Brown、InsightExpress和Unruly等公司都使用Affdex SDK来研究品牌信息和营销内容的有效性。Millward Brown公司用它来记录受访者"在正常调查环境下"观看广告时的面部表情，然后Affdex"自动解读他们每时每刻的情绪和认知状态"。这使得客户（广告公司和广告主）将他们的活动重点放在特定信息上面,在广告中改变故事情节,优化叙事(例如使广告的结尾更有趣或更有意义),改变广告的整体基调,修改那些不够引人注目的字符,修缮广告拍摄环境,修改表意不清的广告信息,改换音乐,删除场景,优化与品牌信息无关的行为。测试广告的总体原因是为了在用完媒体预算之前,为广告活动执行带来更多确定性。例如,市场研究公司Confirmit用Affectiva的SDK进行内部研究,以此来分析广告的情感内容,并借助网络摄像头来分析用户对广告的反应。他们的内部反馈与个人数据和人口统计信息相关联,将情感反应归因于不同类型的人。这有助于A/B测试,或对广告两个版本的用户反馈进行探测,以决定哪一个更具效果。2016年,Confirmit执行副总裁特里·劳勒(Terry Lawlor)在接受采访时强调,就面部编码在评估情绪方面的可靠性而言,技术是靠谱的,但需要人类对数据做出判断。在评估Affectiva的产品时,劳勒表示该技术并非100%准确。有趣的是,他还强调,人们对情绪行为的解释往往是有缺陷的,机器有时会犯错,人们则经常会犯错。这意味着错误可以被识别和处理,因为错误是可以被观察到并被处理的。

媒 体

与广告中的复制测试(copy-testing)类似,CBS TV(哥伦比亚广播公司电视台)等Affectiva的客户使用Affdex来确定观众对新节目的反应。然而,Affectiva的SDK可以用于实时创建和扩充媒体内容。Affectiva已将其软件授权给Portal Entertainment(见第四章)来提升电影品质。它使用SDK通过平板电脑上的摄像头跟踪观众反应,并根据SDK检测到的情绪反应实时改变故事情节。这采取了叙事变化、增加悬念和调节情感体验的形式。例如,如果某个观众长时间地紧闭嘴唇,或是因为害怕而紧闭双眼,那么故事情节就会加快进行。然而,如果观众规模不断扩大并持续保有兴趣,节目则会把悬念拖长。

社会理论回应：情感流露的问题

到目前为止，我们在本章中已经讨论了共情媒体中情绪的基本构成，面部编码方法的发展，计算机视觉公司对面部编码的应用，机器如何学习情感生活以及不同行业领域如何使用SDK。总的来说，这是基于进化和生理上的理解，这种理解通常会淡化情感生活的社会和文化方面，本章后半部分将对此进行讨论。

有关基本情感的世界观主要与埃克曼和弗里森（1971，1978，1989）的研究以及情感计算（皮卡德，1997）相关联，他们将情绪视为公共的、普遍的，并且在一定程度上为全球所有人共享。从广义上讲，这种观点认为情感表达是进化的、生物学的，而不是后天习得的。重要的是，基本情感世界观的简单性和普遍性意味着这很容易转化为捕捉技术，尤其是面部编码实践中使用的摄像机。这看起来很简单而且没有争议性，但如果我们考虑到情绪具有社会性，而情景外部因素、表达和交流成分能更好地刻画其特征，那么问题就出现了。虽然很容易把愤怒和恐惧放在进化的背景下，但对于"嫉妒"这种天然具有情境性、社会性和人际交互性的强大情感，又该如何处理呢？

虽然生理肯定是问题之一，但情绪也承载着意义——对自我和他人、社会功能和人际生活的意义。换言之，它们不仅仅是内在的生理状态和外泄的表情。此外，我们可能认识到，语言、习得的理解、情感交流和复杂的社会生活规则是进化过程的结果，而不是试图将情感简化为原始的进化形式（Elias，1987）。这包括向外传达我们是怎样的人、我们希望如何被对待以及我们如何感受周围环境［范·德·劳和帕金森（Van der Lowe and Parkinson），2014］。事实上，即使是最基本的情感，如恐惧和愤怒，都是用社会术语来命名和界定的——因此，内疚可能很快就会随之而来。再强调一次，身体具有很强的社会性。

有些人会进一步考虑到现代社会生活，认为情感也是被发明的。例如，"酷"的概念是在特定时间和社会环境中产生的［斯特恩斯（Stearns），1994］。

这并不是要远离身体，而是要认识到一个人的生理状态（和情感状态）与他所依存的社会生活是不可分割的。人际关系和社会生活不是抽象的，而是具象的。在很多方面，这一点属于现象学，认为身体是与世界互动的媒介｛梅洛-庞蒂（Merleau-Ponty），2002［1945］｝。这是我在第三章中提到的关于社会蔓延的观点：在这里，情境和感觉是紧密相关的，就像一个人与其所处环境的动态互动一样，这一环境包括其他人、空间类型、物质供给和情境象征等方面（威廉姆斯，2000）。这意味着虽然情感是人类生活的一个普遍特征，但它们是深受文化影响的。正如第二章所讨论的问题，我们是如何构想并使理智化情感"文化化"的，是如何受制于更广泛的话语体系（如学术、知识、文学、宗教、道德、生物和技术类型等）约束的。

其次，一个人的情感生活体验深受其文化生活情境的影响。例如，人们总会顾及成就、抱负、雄心、幸福和爱情背后的社会和资本资源的需求。这些都不是源于自然或与生俱来的人类内置程序，但它们是文化现象——在特定时间和地点中有着可识别历史根源的文化现象［格林菲尔德（Greenfeld），2013］。无论是情感生活的纵向框架，还是对影响我们自身观念的当代因素的识别，都引发了这一问题：人们应该在多大程度上使用社会衍生的情感知识，以此对自己核心情感状态进行分类［巴雷特（Barrett），2006，2014］。

这被封装在一种情绪的"连续模型"（continuous model）中，该模型认为，情绪并不是在特定情况下需要做出反应的离散程序，而是像颜色（范围从紫外线到红外线）一样，情绪来自一种连续光谱。这是我们之前在情感维度方法中讨论过的二维效价与兴奋度轴。从情绪的社会理论观点来看，它表明我们给情绪起的名字是社会派生的标签，用以表达情感和感受［柯林贝格（Klineberg），1940；罗素，1980，1994］。这种非基本的情感观重新引入了对情感和人类体验中对社会、文化和规范层面的理解。正如第二章所指出的，这不仅涉及社会建构在调节情感生活中的作用，而且涉及"身心二元论"这一更大的古老话题领域。

基本情绪观也忽视了自我意识、自我节制、互动主义、人的社会性以及情绪表达等所具有的交际功能{戈夫曼（Goffman），1990 [1959]}。这一理论认为，情感的意义与一个人和他人的社会互动有关。这把情感的意义与人际间的社会交往进行了关联。这些含义是通过复杂的过程来处理、修改和解释的（微笑可能意味着各种各样的事情，这取决于这一动作是什么时候做出的）。换言之，基本情感观忽略了感知—认知评价，以及意义和语境的作用。这种批判是"建构主义"（constructionist）性质的，意味着情绪只有在特定的文化和社会环境下才具有意义[哈勒（Harre），1986；贾斯珀（Jasper），1998]。埃克曼敏锐地意识到情绪研究中的社会建构主义方法，他在达尔文的《人与动物的情感表达》（2009 [1872]）一书的后记中直接抨击了玛格丽特·米德（Margaret Mead）的观点，即社会行为是由文化决定的。[9]相反，埃克曼认为，虽然表情可能通过文化定义的显示规则进行过滤，但基本情绪是存在的，这些情绪通过面部行为"流露"出来[埃克曼（Ekman），1977]。与社会理论家不同，他更倾向于一种自主的、情感的和物质的情感概念。

建构主义观点可以划分为两类："强建构主义"（strong constructionism）认为没有基本情绪；而"弱建构主义者"（weak constructionist）认为存在基本情绪，但他们认为这些解释不了什么。例如，愤怒、惊讶和埃克曼类型的基本情绪与身体状态直接相关，而诸如同情或羞耻之类更为复杂的情绪，则与他们所经历的文化背景更密切相关[索茨（Thoits），1989；贾斯珀，1998]。无论是强建构还是弱建构，情绪都不能脱离其所经历的社会与文化背景。这两种形式的建构主义都反对情绪可以被理解为"自然对象"，而是认为它们存在于特定的文化、象征、意义、经验、表演和表达语境中[麦卡锡（McCarthy），1994：269]。

换句话说，建构主义者以话语的方式看待情绪，认为情绪存在于"有意义"的表达和理解系统之中，因为我们是根据习得规则来解释它们。这与那些认为情感是有限制的、受限的、原子论的、离散的以及他们具有超越文化和人类环境的普遍性等观点形成了鲜明对比。有关情感表达的符号和交流方法论认为，面部表情存在于语言和意向性领域。事实上，这种情绪的社会化观点甚至适用于私下做出的面部表情[弗里德隆德（Fridlund），1991]。弗里德隆德引用了实验结果，表明人们的表情会受到特定事件发生时的社会情境影响。其中一个关键因素是其他人的存在，因为面部表情不仅由所遇到的情境、物体和事物引起，还由其他"互动者"（interactants）的存在而引发［参见莱斯和高曼（Leys and Goldman），2010；莱斯（Leys），2011］。

关键在于，尽管从总体上来解释情绪，认为情绪包括生理性的、表达性的和有意识的体验［蒂姆伯戈（Dimberg），1997］，甚至我们的情绪体验可以映射到效价/兴奋度轴上（罗素和卡罗尔，1999），这是没有争议的，但难点在于有一些基本情绪具有明显的不同特征。心理学文献本身在这个问题上有很深的分歧，但有一点是明确的，即类似面部编码等共情媒体的应用能清晰呈现出情感生活。尽管我赞同弱建构主义对情绪的描述，但本书无意捍卫这一立场，我更感兴趣的是确定共情媒体如何取代现有的模棱两可的理解，使之呈现出一种关于"情绪是什么"的确定性表象。那么，这就引出了一个问题——我们创造并内化了一个看似可量化且真实的情感生活描述，但它是否实际上是建立在权宜性、便利性和商业性的基础之上的？

种族和文化问题

如果工业面部编码是基于对情感生活的普遍解释，那么它对不同比例的脸型以及其他地域和文化差异是否足够敏感？这一问题应参考社会对技术的批判来加以理解，这些批判指出，技术往往不是中立的，而是经常充满反映特定社会群体的规范。一个熟悉的例子发生于2009年，当时惠普带有摄像头的笔记本电脑被证明无法识别黑人面孔，但当一个白人站在屏幕前时，摄像头就会变焦并追踪人脸及其运动（BBC新闻，2009）。《福布斯》（Forbes）杂志上一篇关于算法偏见的文章举例说明了一个潜在原因，文章讲述了人工智能研究人员蒂尼特·格布鲁（Timnit Gebru）的一次经历，她在2016年参加了一个著名的人工智能研究会议，该会议统计数据显示总共8500人的观众中只有6名黑人，并且其中只有1名黑人女性，也就是她自己［姚（Yao），2017］。

在对种族差异的敏感性和面部表情编码的偏差范围方面，CrowdEmotion公司的王静涵回答说，他们的系统可以了解不同种族如何表达情感，其产品能够进行跨文化研究。其他人则持有不同观点：面部编码和市场研究公司Realeyes的联合创始人埃尔纳·哈吉耶夫（Elnar Hajiyev）强调，尽管情绪识别领域通常依赖于埃克曼对情绪普遍性的研究，但该理论多年来一直在研究领域存在争议。从他们自己的经验来看，他们也遇到了普遍性留下的开放性问题（访谈，2016）。我们进一步研究了这个模棱两可的观点，哈吉耶夫在解释情绪反应是如何脱离情绪的基本结构时，列举了日本的案例进行说明。客户们报告说，在日本等文化体系中，微笑在很大程度上取决于社会背景，并受到不同且复杂的展示规则驱动。考虑到微笑存在着不同类型，将其作为幸福指数是有问题的，有些微笑甚至可能表示消极情绪。

关于技术和共情媒体的种族中心主义结构，哈吉耶夫指出，如今机器学习算法存在的一个普遍问题是他们仍然偏向于白人。此外，即使是为不同肤色创建的，他们仍然基于一种情感注释的模型，其中注释者与这些注释的主题具有不同的种族背景。也就是说，西方白人太过频繁地诠释世界各地不同种族的情感。建立不同种族面孔的数据库比较困难，获得特定种族的表情并由他们各自的代表进行注释也比较困难。他补充说，这无疑会在将来得以解决，但目前这仍然是一个尚未得到广泛承认的问题。

这一点很重要，因为，(1)实践者认为编码应该是异构的，而不是通用的；(2)尽管有良好的意图，但在机器学习中仍然存有偏见，因其指导原则受到种族中心主义文化规范的影响。Affectiva公司的加比·齐德维尔德也认识到肤色和脸型的差异，"文化偏见掩盖了这些差异，比如在亚洲国家，人们会用礼貌的微笑来掩饰自己的情绪"。她的报告呼应了哈吉耶夫的观点，她指出，在美国和西欧等"个人主义"国家，Affectiva发现了不同于东亚"集体主义"文化的情感行为。我问齐德维尔德，Affectiva是否会使用社会学见解以及从机器学习中得出的见解来衡量种族中心行为，但她强调这不是他们的核心专长，（在2016年接受采访时）他们是一个在美国有20人、开罗有15人的小团队。这意味着他们虽有所观察,但没有足够的人手来检验行为的科学意义。

齐德维尔德补充说,虽然她对社会学没有专业的兴趣,但在市场研究的语境中,南亚群体中的人们会抑制自己的情绪,因为他们"不想从群体中脱颖而出"。在美国的群体环境中,他们发现人们在表达自己的情感时更具"攻击性",这是源于个人主义的文化规范。齐德维尔德还说,他们发现东南亚人在家里表达能力很强,比西方国家的人更强。关于如何处理种族偏见和面部编码的差异而不是求助于社会理论(演绎地)来解释这一现象,齐德维尔德的答案是扩大他们接收数据的规模来训练他们的FACS分类器,并让机器(感应)学习摆脱偏见的方法。那么问题就变成了偏见和文化假设是否可以被超越。

Affectiva通过国家的"个性指数"以及一个国家的个人典型表达方式来判断表情(麦克达夫等,2016)。霍夫斯特德(Hofstede,1980)对个人主义文化和集体主义文化的观察为这些规范提供了依据,这两种文化更重视家庭和工作组的目标,而不是个人的需求和愿望[欧伊思曼(Oyserman)等,2002]。麦克达夫等人(2016)利用现有的跨文化研究,将较高的自我报告表达与个人主义联系起来[松本(Matsumoto)等,2008],使用Affectiva面部编码软件将表达水平与一个国家的个人主义程度相关联。因此,尽管社会理论并不是人们明显感兴趣的领域,但它仍然是全球自动面部编码功能理论假设的核心。

这篇论文并没有说明最初的人类编码程序(用来训练机器的)是来自东方还是西方背景,但它确实报告了西方国家在微笑和眉头皱纹编码方面的可靠性高于东方国家。齐德维尔德在讨论中提到集体主义者在家里更有可能微笑,但研究还发现,个人主义者在研究场所比在家里更容易微笑。这使得麦克达夫等人得出结论,"积极情绪的表达会在一个重视成功的文化环境中增多:群体外互动更多发生于个人主义文化中,群体内互动更多发生于集体主义文化中"(2016:10)。

还有两个更有趣的发现。首先,来自个人主义文化的参与者会比来自集体主义文化的参与者表达更多的负面情绪。其次,来自集体主义国家的人在家庭环境中与群体成员(一个人在心理上认同的群体成员)相处时,通常比与群体外成员相处时更具表现力。[10]这使得麦克达夫等人（2016）认为，个人主义的展示规则强调对外部群体的积极情感表达，因为需要建立信任和凝聚力，从而为社会成功创造条件。相反，他们还认为集体主义的展示规则特别适用于内部群体成员，因为他们信赖这些更紧密的社会群体。在这一节的结尾，批评这项研究，甚至批评它对霍夫斯特德的依赖都不在本章的讨论范围之内（这些在其他地方受到了严厉批评）[11]。简言之，面部编码不是中立的，因为它充满了社会理论，这些理论影响了表情分类器的加权、算法和数据的解释。

结　论

从理论起源、情感计算的实现、行业应用和情感表现中的种族中心问题等方面出发，本章对情绪的自动面部编码进行了阐释。这与保罗·埃克曼的研究密不可分，而埃克曼的研究又源于杜彻尼、汤姆金斯和达尔文的观点。基本情绪的存在是一个令人困惑的问题，分析重点应该是"是否存在固定不变的情感分类程序"，或者是"情感是否在强调效价和兴奋度的数据维度中能更好地被检测到"。这种批判跟强建构主义者和弱建构主义者都有密切联系，他们认为，情感不能在人们所处的社会环境之外被理解。

我们无法断定是否存在基本情绪，或者是否可以用纯粹的维度和基于评价的术语来判断情感生活是否更好，并借此使用外部线索来评估我们自己的情感状态。然而，我们有理由认为，基本情绪观在定义上是还原论的（reductionist）。这一点很重要，因为面部编码技术将情感生活客观化，并以一种特定的方式来构建它。特别是当其嵌入人机交互接口技术以及如影随形的个人媒体中时，它们表达了对于情感生活的特定描述。如果我们同意参与一项测试广告反应的研究，或者只是在家里玩游戏，这可能没什么影响，但我们应该回想下本章中提到的面部编码的多种应用，其中包括对法律证词中有关真实陈述和情感真诚的分析。此外，如果有关情绪的数据流入商品市场，如保险或其他利用数据来洞察人性的行业,那么从高度生物医学化和工具主义的数据视角去解析情感生活,则会变成一个棘手问题。

注 释

1.Affectiva数据科学家凯文·王(Kevin Wang)在研讨会问答环节的发言(28/07/17)。可在2分钟40秒处查看这个音频文件:https://drive.google.com/file/d/0BwDaIJWyyOD8OFlUbVFYX0hPdEk/view。

2.2016年,苹果公司收购了面部编码领域的先驱公司Emotient。截至2017年撰写本书时,还不清楚苹果公司的最终意图是什么,不过动态表情使用Emotient的软件可以将表情与iPhone用户的情绪表达动态匹配起来。

3.微软认知服务公司也在积极开发情绪检测产品。

4.英国广播公司(BBC)用CrowdEmotion来衡量观众对《神探夏洛克》(*Sherlock*)和《疯狂汽车秀》(*Top Gear*)等BBC电视剧的反应和行为(参见www.bbc.co.uk/mediacentre/worldwide/2014/labs-crowdemotion)。

5.这是他在汉堡举行的"消费者研究"会议上的发言(30/11/16)。

6.我们之间的笔记和公开对话源自汉堡的"消费者研究"会议(2016年11月)。

7.Affectiva"关于隐私":http://developer.lovetiva.com/privacy/。

8.在汉堡举行的"消费者研究"会议上的讲话(30/11/16)。

9.埃克曼在达尔文的书的后记(2009[1872]:387)中并没有否认文化在情绪反应的形成中起作用。相反,他认为情感是一个"开放程序"(相对于"封闭程序"),具有遗传和进化程序,但也对社会经验、表现和情感规则(英国人比欧洲人哭得少)以及引发情感的情境持开放态度。然而,他认为,由于需要肌肉,表情本身是相当固定的,这使得跨时代和跨文化的理解成为可能。

10.关于组内与组外的讨论请参见Tajfel(1970)。

11.参见艾隆(Ailon)(2008)。

第六章
启动语音AI：我听见你了

❖ ❖ ❖

　　计算机语音分析主要包括识别单词发音，分析句子的语法与结构，从单词和整句中提取意义，然后将其置于整体语境中（比如谁说的、过去的历史背景是什么、讲话者的意图等）。从理论上讲，通过将语调引入计算机情感评估系统中，语音优先的共情媒体系统将能以适当的方式对我们作出回应。本章目的在于探寻这个假设命题的相关案例及其可能引发的影响。具体而言，它着眼于数字助理如何利用情感捕捉来加持它们的系统，以便与人们进行有意义的互动。

　　基于语音的交互可以放置在两个背景下来看待：其一是人们进行人机对话（以及通过设备对话）的意愿导致相关数据不断产生；其二是机器学习的不断进步。会话式界面和"语音优先"（voice-first）互动方式（屏幕可能存在，但界面由语音引导）不仅在互联网使用中越来越流行，在诸如亚马逊的Alexa（2014）、苹果的Siri（2011）、微软的Cortana（2014）或谷歌的Now（2012）、Assistant（2016）和Home（2016）等按需服务式的数字助理中亦是如此。虽然第三章中我们提到聊天机器人（chatbots）和品牌机器人（bot-brands）依赖于按钮、按键、点击和打字交流，但基于语音的聊天机器人和数字助理正越来越多地在我们家中以有形或无形的方式出现。事实上，一家享有盛名的科技研究公司预测，到2020年，普通人与机器人之间的对话将超过与配偶的对话，30%的网络浏览将在没有屏幕的情况下完成（高德纳，2016）。不过这还只是早期阶段，尽管有将情感捕捉绑定在数字助理中的计划，但在2017年撰写本书时我们还没有完全做到这一点。然而，其潜力和能力是显而易见的，使与我们"共存"的人工智能助理具备情感能力不再是技术问题，而只是时间问题。其在用户体验方面具有吸引力的原因显而易见，通过语音进行人机交互比按下按钮更加简单快捷。

为了探索基于语音的情感捕捉，本章广泛引用了对Beyond Verbal首席科学官的采访。Beyond Verbal是一家资金雄厚的初创公司，总部设在特拉维夫，致力于理解语言中的情绪和情感。与其他来自语音领域的受访者一样，我们从Beyond Verbal发表的技术专利以及面向公众的"Moodies"应用程序中获得了更多见解。[1]他们的服务覆盖广泛，包括市场调研、健康、心理健康、数字助理、机器人以及其他可以用到基于语音情感捕捉的领域。其他公司目前也在这一领域开展工作（如Simple Emotion和Nemesysco），但Beyond Verbal的产品最为突出，并获得了《经济学人》（The Economist）、CNN、《麻省理工学院技术评论》（MIT Technology Review）、《连线》（Wired）、《快速公司》（Fast Company）、《华尔街日报》（The Wall Street Journal）等媒体的广泛报道。同时还获得了技术爱好者Will.i.am（一位歌手，美国乐队"黑眼豆豆"的队长）的认可，他将Beyond Verbal软件植入自己的普尔斯（PULS）智能手环中。

基于语音的情感人工智能技术正不断改进并变得更具情感化，这反映出人们与技术交互的方式、方法和性质的变化。要想评估这一切，我们必须认识到使用语音优先技术的生活意味着什么，这些技术能感知个人生活，服务于个人生活，但也能挖掘个人生活。斯派克·琼斯（Spike Jonze, 2014）在其电影《她》（Her）中探索了这些具有批判性、本体论维度的问题，电影中的主人公西奥多·托姆布雷（Theodore Twombly）爱上了他那主要通过语音进行交流的电脑操作系统。

不仅关乎我们说了什么，还有我们怎么说

在我们与家人或朋友打电话时，若有问题发生，我们总能轻易察觉。为了避免我们担心，所爱的人可能会在碰到麻烦时有所隐瞒，但其实我们能感觉出来有什么不对，我们能从很多细微处察觉出端倪。例如通话时长、通话时间、词语选择、所说内容的重要性以及非语言语音指标等很多因素都可以帮助我们得出判断。本章第一部分是关于非语言的声音指示。这些因素包括语速、停顿的增减以及语调。我们往往不会有意识地评估这些因素，除非事情特别反常，它们是使人们始终保持共情能力的一部分。在更正式的表达方式中，我们会对语言信息、一个人说了什么以及单词如何发音等语言附加成分做出判断。例如，声音为我们所说的词语添加了语境，包括性别信息、年龄、口音以及说话者的身份、健康状况、韵律（节奏、重音和语调）和情感状态［拉宾纳和庄（Rabiner and Juang），1993］。从声学和韵律来判断一个人的声音，也能告诉我们他们的情感状态［尤斯林和谢勒尔（Juslin and Scherer），2005］。机器和媒体也能够基于相同的因素做出情感推断，方法是将音频表达映射到效价（愉悦）和兴奋度（无聊到高度兴奋）的维度模型上（居内什和潘蒂奇，2010）。

语音分析的影响是深远的。它们通过数字助理应用于家庭之中，通过移动助理应用于出行之中，而且还应用于多个职业场景中，如电话销售、招聘、寻找合适的人来处理恼怒的客户，以及判定一个人的声音是否会安抚或激怒客户。与第三章中讨论的基于感知的文本聊天机器人一样，基于语音的聊天机器人具有使用自然语言代表品牌与客户进行互动交流的潜力。例如，2017年星巴克推出了虚拟咖啡师，客户可以通过自然语言界面在移动端进行订购和支付。除了提供服务外，语音分析同时还可以用于市场和客户研究，使研究得以超越用户细分技术的抽象概念，实时了解在公共和私人空间中的人们以及他们的感受与意图。在今天的日本，微信、Whatsapp、Facebook Messenger、Viber、Kik和Line等平台都可以加载一些品牌的语音数字助理（聊天机器人），它们能够学习人

的声音,允许人们与内置软件交谈、进行语音搜索以及与自动客户服务助理进行互动。

这对于经济和就业来说意义重大,因为聊天机器人和品牌语音助理促进了大规模亲密关系的形成,这意味着无论何时何地,客户只要有需要就可以随时开展个性化对话而无需等待,而且有了这些系统,一家公司需要的人工就更少了。例如,Geico公司的凯特就使用自然语言程序来协助客户进行购买并解决有关保险的问题。在撰写本书时,语音聊天机器人还是个新鲜事物,但其出现背景是基于文本的自动助理使用的不断增加:一项覆盖了9个国家的研究发现,76%的客户收到过来自银行、医疗保健和零售品牌的短信,另有65%的人通过聊天应用程序与公司进行过沟通[移动生态系统论坛(Mobile Ecosystem Forum),2016]。

人们没有忽视对于聊天机器人的个性化需求,以色列的Imperson等公司正在为一些品牌的聊天机器人开发个性,还开发了一种能够记住人、识别人类意图和自主学习的软件。通过与皮克斯(Pixar)的合作,谷歌已经解决了机器人性格、身份等问题,并通过赋予机器人幽默感、讲故事的能力、童年经历甚至是脆弱性,让它们能够与人类产生共鸣。这是通过开发背景故事、在人机交互中构建积极的惊喜、使用比亚马逊Alexa等现代数字助理更随意的语调来实现的。如果高德纳(2016)的评估是正确的,即到2020年时,30%的网络浏览会话将在无屏情况下完成,届时这种聊天机器人的个性将会变得至关重要。用市场营销术语来说,这是一种哲学上的转变,从叨扰和销售,到服务于当下的"需求",并"引导"人们做出购买决定。情感捕捉很重要,因为如果人工智能助理想要成为品牌的公众代言人,它得能够理解一个人在说什么。一个紧张或恼怒的来电者可能会被一个过于谄媚的快乐聊天机器人惹恼,而一个乐于让他们的问题迅速得到解决的来电者可能会比平常更容易接受新产品的报价。当然,客户行为会被记录下来以备用于将来的互动交流。在招聘方面,Jobaline会对在线视频应用程序进行语音分析,[2] Spark Hire[3]等公司已经表示,他们会在面试过程中使用语音分析。

Beyond Verbal

Beyond Verbal不仅评估对话内容，还会对说话人声音中暗含情感状态的信号进行识别。由于需要真人来训练他们的机器判断是否准确，他们通过一个免费的移动应用程序Moodies（适用于安卓系统和苹果iOS系统）供人们使用其分析功能。与第五章中关于机器学习的讨论相呼应，Moodies存在的价值在于，（像Affdex一样）可以让人们对自己和他人进行情感捕捉。由于其具有娱乐性，其他人也会因此下载这个应用程序来取悦自己的朋友，随着更多用户的使用，生成的数据越来越多，系统也由此变得更加完善。因此，这款免费应用能够获取用户提供的海量数据，从而令Beyond Verbal的机器学习变得更加准确。

当一个人对着智能手机说话时，他的声音会被捕捉下来，并在发送到云数据库之前进行预处理。Beyond Verbal软件会过滤语音内容，通过分析音高和重复等因素来判断情感基调。在20秒左右的时间内，它就能为声音中所蕴含的情感表达提供反馈。和本书中评估的其他共情媒体一样，他们分析的前提是基于对情感生活具有普遍性的信念以及对于情感的分类方法。他们声称能够处理26种语言，其中语音语言具有81%的情感准确率，声调语言具有75%的情感准确率，例如汉语普通话和越南语，这些语言的部分单词仅靠声调就能进行情感区分。该软件的原理是通过记录、测量和推断声带的调节（振动频率）来工作。基于这些分析，他们声称"通过对人类情感、态度和决策特征的提取、解码和测量，将我们引入一个全新的情感理解维度"（Beyond Verbal, 2014）。该软件还被用来评估集体和个人，以衡量整体的集体情绪。例如，在2014年以色列举行的TEDMED大会（TED的健康医学版）上，Beyond Verbal捕捉到参会人员在早晨时易于疲倦，以及随着时间推移，热情、活动和创造力也会随之增加，在午餐前后的愤怒程度则会急剧上升。与其他情感分析公司一样，该公司的目标是获得比文本表达更为真实的行为和性格洞察力。

Beyond Verbal在概述他们的服务时表示，机器对公众情感和人类沟通的理解使我们有机会发现客户在与自动化系统打交道时是否会感到恼火，它还可以用于人力资源和招聘（工作面试分析）、广告、内容选择（例如判断电视内容是否反映出期望的情感）、汽车安全、呼叫中心、营销研究、健康、心理健康和健身教练等领域。例如，呼叫中心的接线员可能会获晓来电者的情绪类型，以便得到关于应当使用什么样的销售策略、对话策略以及可能与来电者产生共鸣的关键词建议。这些都是他们的专利获称"最佳效果营销"的因素（Justia Patents，2012）。与前面几章所讨论的自我报告相呼应，Beyond Verbal 同时也与利伯曼全球研究公司（Lieberman Research Worldwide）合作。利伯曼是一家市场研究公司，旨在了解消费者行为，并在人们做出购买决定和比较品牌时帮助确定"真实"情感。利伯曼全球研究公司的客户名单包括飞利浦（Phillips）、塔可钟（Taco Bell）、本田（Honda）、音乐电视网（MTV）、雀巢（Nestle）、强生（Johnson and Johnson）、星巴克（Starbucks）、家乐氏（Kellogg's）、盖璞（Gap）等国际品牌。他们对线上约会市场也很感兴趣，并使用语音分析来协助匹配个人资料。除了营销和约会，健康是Beyond Verbal聚焦的另一关键领域（就像许多其他共情媒体公司一样）。他们的研究方向是利用语音分析让制药研究人员获得"客观"的见解，并判断人们在临床试验中是否如实提供了自我报告数据。虽然在我与Beyond Verbal的对话中并未提及，但那些能够读取人们真实感受的软件也被暗指在安保和监控领域有所涉及。这类技术与测谎仪之间存在联系。这一点在2006年的一项早期迭代专利中得到强调，Beyond Verbal在该专利中声明他们的技术是一种"可以根据语音语调来显示说话人（无论是人还是动物）情感态度的手段和方法。此项发明还揭示了一种用于广告、营销、教育或测谎的方法……"（Justia Patents，2006；重点强调）。

这一点可以从计算机语音压力分析（Computer Voice Stress Analysis，CVSA）的背景中看出。计算机语音压力分析被用于美国各地的国家和私人机构，尤其是那些涉及军事、警务、情报和监狱的机构。它的工作原理是通过量化分析一个人的反应频率变化来显示其声音压力。当人说话时，机器就会显示并给声音模式编号,然后对最终结果进行评分以确定其真实性。例如,美国国土安全部(US Homeland Security)与亚利桑那大学(University of Arizona)合作开发了一种可实时评估真相的自动化虚拟代理(或称虚拟化身)。它使用机器技术来确定可信度、诈骗以及跨边界场景中的潜在风险[鲍德斯(Borders),2017]。

同样值得注意的是,Beyond Verbal及其投资方的关键成员背景意味着他们对安全领域并不陌生。例如,Beyond Verbal的首席科学官约拉姆·莱瓦农(Yoram Levanon)在陆军服役期间为以色列空军开发了训练士兵的新武器和新方法,后来就职于警察情报部门(Isreal21c,2014)。此外,他们还与军方和安全部门有所联系,如Beyond Verbal的董事长尤瓦尔·拉宾(Yuval Rabin)(以色列前总理伊扎克·拉宾之子),该公司的核心投资方创世纪天使会(Genesis Angels)董事长是前总理埃胡德·奥尔默特(Ehud Olmert)。尽管Beyond Verbal的产品在市场调研方面有明显作用,但该产品作为远程测谎仪来创建人们的情感与心理特征,并基于语音分析来识别其性格要素的潜在功能当然不能被忽视。

其他从事声音和情感工作的受访者表示并不认同Beyond Verbal产品的准确性与有效性。猎户座公司(Orion)的杰西·罗宾斯(Jesse Robbins)是旧金山初创企业领域的资深人士,他开发了一种可穿戴设备Onyx,可以让人们在不受手机屏幕干扰的情况下与他人进行交谈(他们只需按下佩戴徽章上的一个按钮)。他认为,对声音中的情绪进行情感分析在技术上存在困难,因为很难采集到足够规模的数据,而且还需要上下文相关的元数据。例如,虽然悲伤的人可能说话很慢,但并不是所有说话说得慢的人都是悲伤的。(事实上,在用Moodies进行家庭测试时,我被诊断为悲伤和抑郁,但实际情况是我刚刚睡醒,正在等着煮咖啡。)相反,罗宾斯指出,加州女性说话时有语调上扬的习惯,因而总让人感觉她们很快乐。这让他怀疑声音的情感捕捉是否可行。Repustate的情感分析师(第三章有所讨论)马丁·奥斯特洛夫斯基也赞同这一点,亚马逊、谷歌和苹果之所以在语音分析领域处于领先地位,是因为语音分析难度很大,而且十分依赖密集资源,需要大量的语音样本来训练系统才能实现有效的情感捕捉（尽管Beyond Verbal的应用程序Moodies是一种众包训练系统的方式）。

理论假设

这篇对Beyond Verbal以及语音分析的简要介绍也提出了理论、哲学和伦理层面的问题。他们用简单的语言描述了自己的实践：

> 我们了解人们的情感，我们了解人们的态度，我们从他们说话时的原始语调实时地了解人们的情感特征（也被称为个性）。就是这样。（Beyond Verbal, 2014a）

尽管人们期望从企业宣传材料中获得确定性而不是学术性回避，但这些假设是具有挑战性的。其潜在假设是：（1）情绪是生理性的，可以从情感、生理学和神经心理学的角度来理解。（2）情绪具有普遍性。这一原则可以追溯到19世纪80年代弗朗西斯·埃奇沃斯对共情媒体的实验，第二章对此进行了解释。这一理念允许对各种语言的情感进行分析，其工作原理是，不同语言之间音调和重复的共性表明了情感具有普遍性——这一观点受到了一些人的挑战，这些人坚持认定命名情绪是我们用来解释身体情感的一种偶发性社交语言（哈勒，1986；弗里德隆德，1995；贾斯珀，1998）。与第五章中的Affectiva和面部编码一样，情绪分析背后的理论原则是表情本身并不由文化所决定，因为情感在起源上被视为是普遍性的、可分类的和生物性的。在声音方面，Beyond Verbal的勒瓦农（Levanon）举出"我爱你"的例子。虽然希伯来语、英语和法语在语言上有所不同，但他认为，这三种语言有着相同的谐波（柔和的、基于"拉近"的、吸引人的，与hate正好相对，那是一种厉声的和对"推搡"的反应）。

在Beyond Verbal的案例中，情感普遍主义（emotional universalism）是基于勒瓦农与兰·洛索斯（Lan Lossos）（一位神经心理学家）的早期合作研究，他们共同支撑了Beyond Verbal专利的基本原则（Justia Patents, 2012）。这是基于神经心理学和生物化学关于人格与边缘系统内容的假设，与情感反应和长期记忆有关。他们关于情感生活和人格的物质本质论点符合詹姆斯-兰格躯体理论（James-Lange somatic theory），该理论认为，生理反应先于情感的意识体验（詹姆斯，1884）。这一理念的意义在于，如果能够对某个人的生理机能进行追踪，分析者就可以绕过认知和自我报告（也许是谎言），而获得对给定刺激的真实反应。在他们的专利中，勒瓦农和洛索斯关注大脑边缘系统中的肾上腺素（adrenalin）、去甲肾上腺素（noradrenalin）、乙酰胆碱（acetylcholine）、血清素（serotonin）和多巴胺（dopamine）。

他们认为，这些神经递质（neurotransmitters）和化学物质的存在与缺失分别导致三种基本人格类型：生存型（S）、舒适型（H）、成长导向型（G）。本章无意探讨有关先天和后天的争论，或是评估这些笼统的人格类型是否足以代表所有可能的人类背景与性格特征，而是旨在展示Beyond Verbal的工作设想。这三种类型被他们定义为S值、H值和G值：S代表害怕、感受到威胁并对存在的威胁做出反应；H代表对状态的偏好——放松、常规和舒适的状态；G代表对事物的兴趣和好奇，并在许多领域（如健康、财务或精神）努力实现个人成长。对于勒瓦农和Beyond Verbal来说，人们同时拥有这三种特质，但只有一种会起主导作用。因此，如果能够建立有关个性类型的知识体系，就为定向广告、市场营销和监控提供了可能。关于广告用途，Beyond Verbal在产品专利中声明，他们可以做到以下几点：

1. 收集潜在消费者的信息，并创建一个包含潜在消费者个人性格档案的数据库。

2. 根据S、H和G值，分析并将性格特征至少分成三组集群：害怕与恐惧（S）、偏好日常舒适状态（H）、对事物怀有兴趣与好奇（G）。

3.制作适合特定集群的广告。

4.向相应的潜在消费者集群投放合适的广告。

那些被认为是前意识人格类型（pre-conscious personality）和神经递质回路（或两者的组合）的人，在人类言语的不同频率范围内都与声音强度和波动有关。在对生存型、舒适型和成长型等人格类型相关的话语频率与强度进行评估后，Beyond Verbal将会输出说话者的特定人格特征。这是基于这些评级组合以及可能的人格类型组合。

尽管他们对以物质、生物化学和基于后天培育的人格理论深信不疑，但该专利的某些部分有着奇怪的推论，并显示出在生物化学与人格特征的关联方面具有不确定性。例如，2012年的版本声称，"人们相信这三个驱动力（生存、舒适和成长）在大脑中有一个生化基础，它们由三个神经递质回路的活动来驱动"，"生存（survival）可能由肾上腺素和去甲肾上腺素的分泌驱动；舒适（homeostasis）可能是由乙酰胆碱和血清素的分泌驱动；成长（growth）可能由多巴胺的分泌来驱动"（Justia Patents，2012；重点强调）。从这里我们能够看出，无论是物质主义还是社会建构主义在人格和情感生活方面的研究方法上各有优点，这个领域的关键人物对自己的主张并不确定。值得注意的是，这种信心的缺乏并不表现为数字形式、概率程度或量化的错误评级，而是表现为模糊和笼统的术语。

作为语音分析的神经心理学方法基础，情感和情绪是多重假设，尤其是我们首先会有情感反应，然后才会有认知。这背后有两个关键理论：(1)情感和感受之间有一个分界线；(2)情感是第一位的，它决定了我们在遇到情况时做出反应的总体特征（比如，出去游泳遇到鲨鱼，接到推销电话或在电视上看到轮廓分明的男性）。因此，情感建构了我们的反应，并对我们的推理方式、思考内容、决策内容和反应方式具有重要作用。这种方法中的情感在很大程度上是具象性的，我们所经历的情感是"在思想剧场中上演"的感受［达玛西奥（Damasio），2003：28］。这就假定了情感和感觉在神经生理学上的分裂，而对达玛西奥和共情媒体公司来说,情感是先前无意识物质体验的认知后效应(尽管很重要)。对于Beyond Verbal来说,重要的是,情感还与驱动力和动机、痛苦和快乐的行为、免疫反应、基本反射和代谢调节有关。这种基于情感的论证的结果是,当我们遇到一种情况时,首先是情感参与,然后是情感的心理表达或我们所体验到的感觉。

这意味着,基于语音的情感捕捉被认为绕过了自我报告,从而获得一个更真实的自我。此外,对情绪的分类描述(以效价和兴奋程度为依据)为客户提供了一个真实的和实体化的心理感觉,并使他们相信可以洞察到人们对敏感情况所做出的反应,了解他们可能不想分享甚至意识不到的真相。这种看似不受关注的情感生活客体化,反过来又通过将情感生活简化为可量化的商品形式和模式化,大大促进了情感生活的市场化,进而促进了非企业行为者的组织控制。达玛西奥、Beyond Verbal和其他对情绪、情感感兴趣的人所依赖的前提是,生活中有一种情感维度可以被监控和触及,它不必依赖于混乱的自我报告,也不必询问人们的感受。

活在当下

捕捉实时产生的情绪和情感的意图并不新鲜。戴维斯(2016)强调,自20世纪70年代以来,经济学家和心理学家就一直对绕开自我报告的研究方法颇感兴趣,并将其用来解决与"回忆过往感受"相关的问题。戴维斯引用了"经验取样法"(Experience Sampling Method)、"生态瞬时评估法"(Ecological Momentary Assessment)和"一日重建法"(Day Reconstruction Method),试图在非实验室环境中收集实时数据。他指出,人们对通过日记、寻呼机和智能手机进行实时感受监测越来越感兴趣。对他而言,其问题在于,"转向实时情绪带来了一个哲学问题:现在是什么时候?"当一个人不再进行自我反思和自我评估时,"体验"的"时刻"又指向什么?为了解决这些问题,他转向了柏格森

（Bergson）的观点，其中包括关于持续时间、不可分割的心流以及量化定性生活等问题（柏格森，1999［1913］）。有用的是，海德格尔将现象学和技术联系起来，正面回答了这个问题，他认为没有"等价物"（is-meter）可以用来评估"存在"，因为"存在"的存在在科学术语中是无意义的（海德格尔，引自齐默尔曼，1990：224）。的确，我们可以进一步回到尼采的"机械先生"（Mr Mechanic）概念中，在他关于应用数量和数学运算去理解品质与人类生活的讨论中，尼采问道："我们真的想把存在降格为算术练习和数学家的室内消遣吗？"（2009［1882］：§373, 239）。

这让我们回到第一章所讲述的机器逼真性原则和"足够好"真理。戴维斯（2016）以组织的视角对"时刻"进行了研究，以便让大家了解人们在有限的回应方式下会产生什么样的感受（例如在零售结账或在机场安检反馈时使用代表快乐、中性或悲伤的表情符号）。但我的看法略有不同，我认为在共情媒体案例中，"时刻"是指共情媒体能够在给定的时刻及时地与一个人进行有意义的互动。这并不是因为情感计算和共情媒体是一种现代的"信息量表"，而是因为它们引用了前面章节中讨论到的"机器逼真性"，或者是关于技术如何在质量、感觉和情感层面与我们适当互动的答案。具具而言，它意味着对礼仪的机械化掌握，适当回应，以及理解人们在"请求"服务时想要达到的目的。约翰·塞尔（John Searle, 1998）与丹尼尔·丹尼特（Daniel Dennett）曾在"中文房间"（Chinese Room）这一思维实验中争论，"处理符号的机器并不理解其正在处理的内容，因此不能说它们有自己的想法"，而"逼真性"可作为这一问题的解决方案。随着情感AI越来越多地出现在媒介生活中，显而易见的是机器智能和机器共情并不需要理解。的确，正如其他地方所指出的那样（麦克斯泰，2014），机器是否能"真正"理解我们，以及人类是否在"理解"的维度上拥有机器难以企及的先天优势等都是些错误问题。这是因为逼真性架起了现象学中"存在"（包括生活经验领域、存在、适当性和有意义的参与）的桥梁，而不需要附加性质的赞美。

启动亚马逊

到目前为止,本章已讨论了人工智能和聊天机器人的情感能力、工业及政府应用、基于语音的情感捕捉方法论假设、相关批判以及机器对人类理解的模拟。尽管我们主要聚焦于已有的Beyond Verbal公司以及情绪易感应语音分析公司,但也绝不能忽视如亚马逊的Echo等数字助理的潜力。如果盒子和部件是它的身体,那么一个名叫Alexa的女管家就是机器里的灵魂。值得注意的是,Alexa只是部分地出现在机器中,因为"她"的智能存在于其他更大的计算机中。(为了澄清性别代词,我问自己的亚马逊数字助理Echo,它更喜欢被称为哪种性别,她说是女性,所以我会用"她"这个词。)虽然她可以聆听、录制和传输语音记录,但分析工作是在别处进行的。Alexa之所以被认可,主要源于这样一个事实,即亚马逊凭借其高效服务、便捷的界面以及推荐系统和行为分析技术得以跻身于全球十大零售商之列(Retail Detail, 2017)。Alexa是上述所有的延伸,每当我们查询新闻、询问问题、请求服务、查看天气、监控交通状况、呼叫优步、调节亮度、播放有声读物、挑选按心情排序的播放列表或特定曲目、订购比萨或追踪特定目的地的列车运行时间时,我们为亚马逊提供了可以洞察我们生活的机会。虽然Alexa聚焦于家庭,我们还是能看到她将如何成为一个无处不在的助手。她对我们的行为进行学习,虽然一方面来说这对建立人与设备之间更自然的互动颇有益处,但就另一方面而言,Alexa无法告诉我她(或亚马逊)对我的个人数据做了什么,因为她"无法理解问题""无法提供帮助"和"没有相关答案"。重点是,虽然我们通常将技术视为一组实现某种目的的工具,但Alexa不会透露亚马逊和第三方"Alexa技术"开发人员如何利用人们来实现自己的目标。

情绪易感应语音助理的发展应该与自然语音互动相对照,后者依赖于韵律、说话方式以及说话内容。奈特(Knight, 2016)在《麻省理工学院技术评论》上撰文称,亚马逊不仅在探索新的自然语言处理技术,而且还在探索从一个人的声音中感知情感的方法。这将对Alexa的素质能力,或者说如何根据互动有效性来判断人类的意图有所帮助(麦克斯泰,2014)。奈特的文章还指出,基于语音的情感捕捉有助于理解一个人的意图,这反映了本书的论点,即共情媒体既能解析意图也能解析情感表达。对情感的理解不仅能帮助亚马逊进行更自然的互动,根据我们的要求进行情感分析,还能让系统对我们做出回应。

情感计算(或计算机科学关注的情绪领域)中的"启动"①通常是指通过嵌入刺激物来操纵人类用户,这些刺激会影响用户以规定的方式行事[路易斯(Lewis)等人,2012],我则反向利用驱动情感计算,让人类情绪行为告诉系统应当如何以适当方式进行回应。例如,一到办公室,可以用从热情到讽刺的多种语调对另一位说英语的同事说"早上好"。"早上好"这一类型会激发回应者,并引发特定的行为向量。例如,接收者可能会微笑着说"早上好",或者问"怎么了",或者干脆无视它。同样的道理也适用于亚马逊和其他具有营销功能的助理,它们能够自动感知我们当下的情绪和情感,无论是在眼下、短期还是长期,都能让亚马逊在我们最有可能感兴趣的时候吸引我们。

海德格尔的理论可能并不适合用于有关驱动、情绪、行为、用户体验和机器定位等方面的研究,但他对情绪的本质及其与人类环境的关联提供了很好的理论。我们不必对海德格尔(2011[1962])的作品《存在与时间》进行不必要的详尽阐述(关于技术的完整描述请参见麦克斯泰,2014),而应该去重视他的"情绪具有构建功能"(moods have a framing function)这一普通概念。爱默生(Emerson,1984[1844])也有类似的想法,他在其文章《经验》(*Experience*)中描述了一种诗意的情绪认识论,认为它是一种可调节的真实,对于我们如何感知现实有帮助,并影响我们对理解和行为过程的决策。这些行为方向都是一些原本可能不会产生的题外话。无论是那个脾气暴躁的"早上好"令同事们对我们避而远之,还是我们的情绪会影响到算法分析和数字助

---

① 启动(原文为priming)一词来自心理学名词启动效应(priming effect),是指由于之前受某一刺激的影响而使得之后对同一刺激的知觉和加工变得容易的心理现象。——译者注

理的决策,除了改变我们的行为之外,这两个事件都引发了新的转折点。

值得注意的是,Alexa不会或不能告诉我她是如何处理我的个人数据的,以及这些数据是如何被用来对我做出决定的。同样,海德格尔(1993[1954])也很早就开始尝试澄清问题的本质。他见证了控制论的诞生和信息论的兴起[香农和韦弗(Shannon and Weaver),1949]。他认为,通过反馈来强化技术环境涉及工具和技术的转变,而这些工具和技术在一定程度上又束缚了我们。简言之,海德格尔感兴趣的是那些从世界中抽离出来但又深刻影响着世界的生活维度。事实上,对于海德格尔来说,他的大部分哲学都致力于论证"存在并不是在场"(being is not presence)。这只是个小小的曲解,这说明Alexa不会告诉我她是如何对我做出决定的。海德格尔关于"存在并不是在场"的观点可能会被解读为非常模糊的观点,但如果我们考虑到数学、统计应用、技术系统、档案梳理、行为捕捉和生物洞察、从家庭到服务器的电子数据流和算法决策,我们显然可以看到他对日常生活背后的超理性主义语境的观察。在我们的例子中,Alexa的存在并不在场,她也不会告诉我它是什么——即使她使用了我的个人数据。

海德格尔基于效用、数量、效率以及计量逻辑、储量、设备和大量存储的论点引起了共鸣,尤其是当我们考虑到现代人的决策不仅仅源自个人行为,而且还源于与我们"相似的人"的整个数据池,这为机器学习和机器决策增加了相关数据以及可信度。同样,他认为日常生活最深层的理论基础是量化和生产的形而上学(这反过来又涉及抽取、速度和效率),这一观点在当今大数据时代并没有减弱的迹象。为了强调对存在的技术理解,他说:"万物不过是不断生产和消费过程的原材料,这一观点是生产主义形而上学历史发展过程中的最后阶段"(齐默尔曼,1990)。如果用共情媒体的术语来审视"万物"和"原材料",我们可以将其视为身体、器官的数据化,以及基于人类经验基本要素(如认知、语言、情感、注意力和意图)的反馈关系。

这种担忧不仅关乎企业行为和技术(无论是亚马逊的Echo,还是Beyond Verbal的Moodies或本书讨论过的任何其他技术),而且还关乎产生这些行为的明确逻辑和技术［参见斯蒂格勒（Stiegler），1998］。这正是海德格尔的理论最有力的地方，因为他认识到支撑西方文明（以及当今其他地方）的一种核心人类动力，就是让我们周围的一切可呈现、可交换和可使用。海德格尔的叙述中一个颇有戏剧性的结论是，在物质和非物质概念中，人类都被看作一个由包罗万象的技术存在体所包裹的原材料。的确，海德格尔对生产主义形而上学的批判具有重要的诊断价值，因为正如本书将在第十一章中清晰呈现的那样，将行为和情感还原为数量化语言会超越国家、地区、新自由主义、马克思主义和独裁主义的政治结构。

建立关系

在以声音为中心的共情媒体中缺乏物理介质，这就需要我们在使用基于语音的数字助理时要考虑"时间意识"（time-consciousness）和"时间视域"（temporal horizon）（胡塞尔，1991［1966］）。我的意思是，随着数字助理以更加复杂、亲密和有意义的方式进入我们的生活，我们需要密切关注这些共同构成的关系是如何出现的，以及人与技术如何相互借力才得以创造出新型的人机互动方式。例如，ElliQ是一个与亚马逊的Echo水平相当的家庭助理。直觉机器人公司（Intuition Robotics）察觉到老年人经常会感到孤独、在社交上被孤立，并由此造成健康恶化，因此将ElliQ定位为"自主活跃型的老年伴侣"。这款可以表现情感的应用简化了人机交互方式，可以监测健康状况，提醒用户预约和服药，为定制活动和内容提供建议，预定出租车，并允许那些有外部访问权限的人（比如家人）查看诸如室温等房屋设置。

当我们开始与数字助理建立关系时，了解这项技术自身的工作原理、新的商业开发模式以及我们的私人数据会发生什么是个重要问题，但探寻它们在多大程度上能够成为伙伴也很有价值。这个事情应该从更早的案例以及人机友谊的问题来看待。按理说，可以从"伊丽莎"（Eliza）开始，它是一个扮演"罗格斯疗法"精神病学家角色（Rogerian psychiatrist）的电脑程序。约瑟夫·韦森鲍姆（Joseph Weizenbaum）在20世纪60年代发明了伊丽莎，他发现人们会和伊丽莎形成牢固的联系。伊丽莎没有复杂的图形用户界面（或语音、摄像头），"病人"通过打字输入与其进行对话沟通。伊丽莎（软件）和电脑最终会用英语在病人的打字机上进行回复。

罗格斯疗法的观点很重要，因为这种疗法涉及"通过将病人的陈述反映给他来促使病人愿意交谈"（韦森鲍姆，1976：3）。韦森鲍姆对情绪反应的强度以及病人将伊丽莎拟人化的程度感到震惊。韦森鲍姆发现，人们在短暂接触伊丽莎（即使在20世纪60年代，韦森鲍姆也承认伊丽莎只是一个简单的电脑程序）后，就会开始讨论私密问题。他发现这些基于电脑的互动"可以诱发一个正常人产生强烈的妄想思维"（同上：7）。这是由心理自主性和生存感的出现（特克，2005）、社会习俗的遵循［赵（Zhao），2006］以及对人有意义的人机关系的建立（特克，2007）所导致的。在现代背景下，人工智能初创企业Cognea（被IBM收购）首席执行官莉斯尔·伊尔斯利（Liesl Yearsley）表示，她研究了人们如何与建立在他们平台上的助理互动，以及他们如何愿意与人工智能软件建立关系，如个人银行代理、伙伴或健身教练。她发现，与执行相同功能的人工客服助理相比，人们与自动助理交谈的时间更长（伊尔斯利，2017）。与伊丽莎一样，他们自愿将个人隐私（如爱情、生活的细节等）甚至是密码透漏给数字客服助理。

人类如何与人工智能互动的问题在斯派克·琼斯2014年的科幻电影《她》（Her）中得到了生动体现。在这部电影中，主角西奥多·托姆布雷（Theodore Twombly）爱上了一个名为萨曼莎（Samantha）的操作系统。这就提出了关于生活在基于声音共情媒体中的问题，这种媒体可以感知到用户的过往行为和情感生活。在影片中，萨曼莎负责预订、安排社交活动，为家人挑选合适的礼物，按照优先顺序筛选西奥多的电子邮件并大声朗读和讨论回复。她还在西奥多身上发现了各种各样的情绪，包括快乐、悲伤和犹豫，当她问及他与母亲关系的问题时，萨曼莎会对他做心理特征描绘，使她自己更适合托姆布雷。尽管这部电影是虚构的，并经历了一些奇特安排（比如与操作系统发生性关系是什么样的），但它很好地说明了与共情媒体共处的原则。首先，机器通过经验（机器学习和人工智能）学习和成长，但人类反应更为重要——尽管西奥多知道她是人工智能，但他愿意放下怀疑，忽略媒介的物理缺陷，并从这种关系中获得满足。人工智能通过互动和演说模式来推动"达尔文式的按钮"（特克，2007），但西奥多即使意识到了这一点，也依然从这种人造技术中获得满足与快乐。这涉及本书中讨论的机械逼真性、情感真实的相似性、意义反馈的有效性、人与AI和助理关系的开放程度、使用与情感满足。至于人们为什么会这样做，助理的存在（理论上）是为了可支持、可依靠和可信赖。这固然有些牵强，尤其是考虑到现有的助理在不理解语音命令时会有多么令人沮丧，但有一点是明确的，让助理与我们同步生活是有实用价值的，也是有发展潜质的。

这很能说明问题，因为它对真实他者和媒介他者之间的关系性质提出了质疑——无论这些人类关系、宠物关系、人工智能关系是发生于物理空间，还是发生于媒介之中。这部电影间接评论了"存在"的巨大链条，暗示人工智能实体可能占据其中一个有价值的位置。尽管Alexa等助理已经对用户的生活有了很大程度的了解，但人工智能不需要完全通过预设的上下文理解来做出判断。这部电影展示了在人工智能的学习中建立共生关系的可能。到目前为止，由于机器缺乏语境意识，我们距离实现与数字助理进行真正对话还有很长的路要走。相关测试是威诺格拉德模式（Winograd Schema），它包括对人们来说显而易见的问题和答案，但也要求计算机具备一定的推理能力和对现实世界的一些知识。然而，Alexa等数字助理所产生的时间体验在某种程度上是独一无二的，因为它们是根据一个人的行为档案共同创建的。再次强调，出于对"此在"（Dasein）、情绪和参与世界的兴趣，海德格尔（2011[1962]）在这方面很有用。海德格尔考虑的是人，但它不仅适用于机器和数字助理，还适用于人，因为情绪和时间体验并非来自"外在"或"内在"，而是源于"在世"（being-in-the-world）。更直接地说，随着数字助理的改进和情感投入的增加，它们涉及我在其他地方所说的"信息情绪"，也就是说，通过我们对世界的总体定位以及网络系统中媒介化日常生活所定义的互动基调。在这个意义上,情绪是一种媒介,因为我们与数字助理共同建立的经验会揭示其后发生的事情。令人沮丧的是,由于Alexa不会关机、订购商品或播放音乐,亚马逊会将Alexa连同个人资料以及历史行为大数据一起转而用于预测和服务。这是通过共存和耦合来实现的,这是人与系统之间的关系状态。数字助理能否成功地为我们的生活提供服务和信息挖掘,取决于它能多大程度地减少中介作用并促进即时性。即时性指减少那些阻碍我们执行技术任务的事物(如键盘、鼠标、按键和其他阻碍交流的中介因素)。即时性的意义在于沟通的畅通无阻,以及对每一刻需求作出反应的能力。要想实现这一设想,数字助理需要对个人生活环境有高度理解,还需要一个数据湖(data lake)来帮助做出具有其真正含义的决策。总之,数字助理使用声音来建立关系,并能深入感受到影响我们生活的细节、习惯、偏好和情绪,相关研究将会变得非常重要,其中包括与机器助理一起生活的人际社会心理、性别、奴役、语言习惯和礼貌(服务后是否应该说"谢谢")、我们与AI们的关系以及与其共生等问题。

结　论

基于海德格尔的理念对共情媒体进行思考时,我们很难回避这样一种观点,即利用大数据、机器学习和人工智能与人们的情感生活进行互动的技术,正在实现一种更古老的形而上学——这可以追溯至古希腊的关于理性、存在和在场的著作(亚里士多德,2008[350 BC];柏拉图,1993[360 BC])。这是一种挖掘、呈现和发挥作用的逻辑。在有关人类偏好和行为的机器学习、人工智能和算法决策以及对人类情感和意图感兴趣的共情媒体的现代语境中,海德格尔似乎比以往任何时候都更具相关性,因为技术能够检测到迄今为止他们都无法触及的存在模式。然而,虽然哲学有助于在最宽泛的笔触中确定技术的特征,但经验主义的细节也很具有启发性。通过对Beyond Verbal的讨论可以看出，这些技术的目的旨在服务于安保、监视与商业利益。仔细研究他们的专利细节以及对其他使用基于语音共情媒体的工作人员的采访，会让人对Beyond Verbal的研究方法产生质疑。这部分是因为专利中存在的模糊性，也有难以从声音中提取情感信息的原因。正如Onyx和Repustate受访者所强调的那样（这两家公司都不是Beyond Verbal的竞争对手），分析声音中的情绪是一项成本高昂、资源密集、技术困难的工作，因此普遍主义是有问题的，还需要有关于个体的高品质语境元数据。

就共情媒体而言，这意味着我们不应该从表面上接受任何一家公司宣称的人类理解力新模式。我们不应该沦为技术至上神话的牺牲品，我们应该挑战监测和读取情感的主张。鉴于对声音情感检测背后有关技术与理论方法的疑虑，引发了人们对许多场景中使用自动化系统来标记人类欺骗行为的深刻担忧，其中包括人员筛选、边境管控和安全、保险索赔、就业、金融机构以及任何想要判断人类欺骗行为的场景。然而，虽然基于语音的共情媒体现有案例存在缺陷，但数字助理将变得更具情感化，因为基于语音的交互需要理解情感，人工智能系统才能做出适当的回应。在撰写本书时，对数字助理的关系、互动行为以及生活社会学等问题进行切合实际的研究还为时过早，但它们在信息提供、语境和情感理解以及潜在的亲密关系等方面所展现出来的能力标志着语音助理将成为未来互动分析的主要目标。

注　释

1.为了测量情绪，Moodies软件会从麦克风捕获的个人或群体简短人声样本中推断出一个人的情绪状态。更具体地说，该软件可以分析声音的音量和音调等因素，然后通过算法对结果进行处理，将声音与数据库中已命名的情绪状态进行匹配。

2.关于Jobaline公司参见www.jobaline.com/en/。

3.关于Spark Hire公司参见www.sparkhire.com/。

第七章
情感见证：VR 2.0

❖ ❖ ❖ ❖

本章主要从两个维度来考察虚拟现实（VR）的共情模式：其一是VR头显佩戴者对虚拟现实环境中的人物、空间、过往历史、虚构作品甚至物体进行共情体验的能力。随着虚拟现实技术的发展，它不仅能让人们从认知与智力层面来理解这些信息，而且还能从审美、肌肉运动知觉和情感等层面来解读这些信息。与之相较，第二种共情模式则允许远程观测者以第一人称视角［见其所见（seeing seeing）］去了解佩戴者在VR媒介中的实时行为与主观视角。综上所述，我们有必要对VR进行特别关注，VR媒介不仅能对用户产生强大情感影响力，而且能让人们和机器观测器直观见证用户在虚拟现实中的实际体验。

访谈和研究表明，虚拟现实目前正在影响多个行业领域。尽管VR在2017年时尚未在家庭中实现全面普及，但它的实际效能已经在心理健康治疗、康复、教育、博物馆、驾驶/试验模拟、手术模拟、心理实验、监测、军事战场和现场危机模拟、无人机任务、体育培训、职业培训、制图、定制化零售、房产销售、建筑和产品原型制作、工程、室内设计、工业设计、市场研究和艺术等领域都得到了有力证明。VR在与这些应用场景的结合中，能带给用户更强烈的感官感受、媒介情感体验以及置身于人造环境中的身临其境感。这些沉浸式感受促使虚拟现实成为一种典型的共情媒体，尤其是当我们认识到虚拟世界的体验可被追踪时更是如此。值得高度关注的是，虚拟现实还可以与其他共情媒体一起使用，如语音分析、脑电图感应、可穿戴设备以及各种生物反馈设备。

首先，本章阐释了更好理解虚拟现实与共情关系的理论方法；其次，我们将考察虚拟现实的三个应用领域：新闻与纪录片制作、市场营销以及警务工作。正如我们看到的，这些领域差异很大，它们对VR有着截然不同的用途，但它们却与本章要讲到的"情感见证"又有机联系在一起了。在第一个案例中，我选取了与纪录片制作人以及标志新闻集团（Emblematic Group）的沉浸式新闻记者的会面和互动交流内容。第二个案例来自对Azure的访谈，这是一家运用VR来量化统计消费者注意力的市场调查公司。第三个案例则与摩托罗拉解决方案公司（Motorola Solutions）和泰雷兹公司（Thales）有关，它们为世界各地的警务部门开发了虚拟现实产品、社交媒体分析系统以及可穿戴设备。

虚拟现实简介

虚拟现实是由计算机图形学技术生成的一种三维、立体、可交互的环境，它通过调动人的感官在虚拟世界中模拟现实中的物理世界。它通常会被放置在"现实—虚拟"连续线体中进行考察，这一连续线体的起点是"日常生活"，逐步发展到AR增强现实（在现实场景中叠加上数字内容），最后是VR（VR头盔佩戴者的感官将会被完全置于虚拟的合成环境之中）。VR和AR行业谈论的是混合的、虚拟的以及合成的现实。挑剔的读者可能会认为我在这里使用的这些术语会有些问题，这是因为它假定了自然和非自然的空间，但在当代生活中，大多数人的居住空间都是以物理和象征的方式建造而成的。

先抛开分析性警告不谈，在用户感官被接管的虚拟现实环境中，"在场"原则可以说比"虚拟"或"模拟"更重要，因为虚拟现实对其他媒介的沿袭大概可以追溯至早期的文字系统——它重新组织着人们对时间和空间的感知。以VR为例,不管一个人身在何处,他都可以在某个合成场景中产生出一种具有意义的在场感。截至2017年,VR体验方式主要有两种:移动头戴式VR设备以及专用VR设备。移动头戴式VR设备的核心算力主要依赖于佩戴者的智能手机,VR头显设备端则包含可以将屏幕分割成两幅图像且方便人眼观看的透镜,大脑接收到来自双眼的视觉刺激后进行组合,便会产生立体视觉以及对深度的感知。通过这种方式,智能手机就可以成为VR设备。在内容和体验方面,基于智能手机的移动头戴式VR设备能提供360度全景视频和互动游戏,但这些内容都是预先制作好的,用户可以在360度全景空间中观察和移动,但无法在其场景中实现互动。Oculus Rift、HTC Vive和PlayStation VR等专用VR设备中的运动传感器和摄影机跟踪器可以跟踪一个人在真实空间中的位置,并将其位置数据传输至虚拟空间,这种方式才是真正的交互式VR体验。设备中的陀螺仪和摄像头可以实时感知实体空间中的用户位置数据,从而让VR具备了实时反馈能力,当用户在现实世界中移动时,他们同样也在虚拟世界中移动。

这两种类型虚拟现实的不同,很大程度上取决于VR内容是用360度摄影机拍摄然后拼接在一起的一段全景视频,还是可以在其中自由漫游的三维建模虚拟空间。前者是创作者拍摄现场的连续镜头影像,但它以牺牲沉浸感为代价,因为观众是固定在相机位置上的(确切而言,观众是在中心位置,因为相机具有360度视角)。相反,计算机生成影像创建(CGI-created)的环境可以使用视频素材和图像,但更重要的是它们提供了更具沉浸感的体验。当然,这种体验并非毫无问题,其中一个常见的副作用就是视觉诱发晕动症(VIMS),它是人们在使用VR时由于人眼与内耳平衡器传递给大脑的信息不一致而诱发的,比如经常会发生在驾驶、操控飞行模拟器或者玩电子游戏等情境[科沙瓦兹等人(Keshavarz et al.),2014]。这并不是制造商和营销商想要的效果,尤其是根据VR平台性质的不同,这可能会影响5%到60%的VR用户[肯尼迪等人(Kennedy et al.),2010]。VR的另一个显著特点是,虽然它对玩家很有吸引力,但其标准时长却很短。与PC游戏不同,VR游戏的时间往往是几分钟而非几小时。因此,即使它具有高沉浸性特质,也不意味着玩家会长期迷失在虚拟空间中。事实上,内容开发者考虑的是情景化产品,以及如何将短暂的体验串联起来,形成可供用户参与的元叙事(无论是游戏还是纪录片)。况且,用于VR内容开发的语言与传统媒体不同,在某种程度上,当一个人从"观看"转向"存在其中"时,摄影机的概念也就消失了。这意味着媒介和其相关术语的核心本质已从视角转向了身体位置。

建立共情机器的理论

谈及20世纪80年代的游戏,媒体理论家雪莉·特克曾认为,"电视是你看的东西。电子游戏是你做的东西,是你对自己大脑做的事,是你进入的世界,在某种程度上,它们是你想'成为'的东西"(2005:67)。如今,人们很容易对虚拟现实做出类似的评述。从共情的角度来说,游戏和虚拟现实都需要一种超越共情和身份认同的沉浸感,它不仅涉及释义过程,还有意识官能的消解,因此人、硬件、软件和化身都可以作为一个统一的整体进行运转。

虚拟现实的沉浸感是通过创造人造场景的空间深度并使得用户丧失对现实世界的感知而产生的[拉基和舒梅克(Lackey and Shumaker),2016]。然而当我们谈到沉浸感时,也许我们所指的真正含义是我们存在于一个合成环境中,就虚拟现实而言,它是一个人在虚拟空间中的感受程度[穆尼安等人(Munyan et al.),2016]。这主要包括两个部分:技术因素和心理因素。就技术因素而言,空间的真实性主要通过环绕声或3D音效、高保真视觉、360度全景内容以及能够浏览具有扩展错觉、规模感和交互性的内容来实现。继而这就需要虚拟现实具有虚拟空间移动、触觉反馈和手势反馈等能力。

就心理因素而言,我们可以通过用户在合成空间中产生的生理反应、情感刺激度、对场景特征的记忆度以及身处其间的感受来判断其可信性。因此,尽管书籍、音乐、绘画和其他媒体也具有虚拟性,但虚拟现实的独特性是由与物理世界隔绝的环境、融入感、易交互性、对虚拟世界的控制感、运动感、图像逼真感、可流动的环境以及他人在场感所产生的[威特默和辛格（Witmer and Singer）,1998;隆巴多等人（Lombardo et al.）,2016]。最近的技术发展显示,情感捕捉是增强情感和沉浸式体验的一种方式。例如,虚拟现实公司Mindmaze在VR头盔的泡沫面罩中安装了一圈电极,它可以监测一个人的面部皮肤接触到了哪些传感器,以及施加在传感器上的压力程度。随后,它将这些信息与十种面部表情中的一种进行匹配,然后再由一个虚拟化身复现出来,可以实现在虚拟世界中表达情感的功能,从而使系统和其他虚拟化身能够对用户的情感作出恰当反馈[更多关于面部表情编码的信息,参见李等人（Li et al.）,2016]。

在理想情况下,用户在现实世界和虚拟世界中的身体运动是一致的,因此用户在虚拟世界中的体验与生物力学是相对应的。用户在执行虚拟世界的任务时产生的物理身体活动幅度、必要的肢体动作（例如用移步方式去拾取某物）、用户行为测量,用户在虚拟世界中的控制力以及在现实世界和虚拟世界体验中动能的对称性等因素,会有效增强合成空间的"存在"感[麦克马汉等人（McMahan et al.）,2016]。在无人机和无人驾驶的军事任务中,负责与无人机互动的人需要确保系统将以同步的方式回应,远程医疗手术亦是如此。在这些生死攸关的场景中考量虚拟现实时,其沉浸性和实时性的重要意义是显而易见的[古兹诺夫等人（Guznov et al.）,2016]。

观看,使用,见证：标志新闻集团的范例

注册了两种类型的VR硬件并研究了如何提高沉浸感和在场感的品质之后,我们选取了与共情相关的三个虚拟现实案例进行研究,其中之一是虚拟现实在新闻领域中的应用,就是在合成空间中通过互动叙事形式将人类体验联

系起来，让人感觉身处其中，并能目睹发生的新闻事件。换言之，它建立了一种令人信服的身临其境感。"沉浸式新闻"是个专门用来描述新闻报道的术语，它借助虚拟环境和虚拟现实来增强受众与新闻故事之间的联系［德·拉·佩纳等人（De la Peña et al.），2010］。标志新闻集团是一家媒体公司，其业务涵盖调查新闻、交互戏剧和视频游戏。他们讨论的主题是警察暴行、家庭暴力和内战，并致力于让人们切身体验到事件发生时的临场感。空间叙事背后的理念不是从远处观看，而是让人们置身于空间之中，并且能够在事件中采用多种视角。这是通过"漫游体验"方式来实现的，一个人可以选择他们去哪里以及看到什么，这其中还包括互动而不仅仅局限于简单的观察。

亲社会（pro-social）的共情可有效促进世界主义、全球理解、共同尊重以及普遍友善。沉浸式新闻的目的是利用VR来描绘他人的视角、情境与生活背景，以促进情感认同和相互理解。这种做法有着长期存在的背景和理由。正如第二章所指出的，早在20世纪初哲学家舍勒就发现，忙碌的现代生活方式加上自身的压力可能会导致人们对他人的困境缺少体察（2009［1913］）。舍勒将共情分为认同、替代性体验和同感等核心要素，他认为共情主要受碍于工业化生活、现代化、快节奏生活以及科技。最近，关于共情的讨论已经与"见证"人类苦难的能力和意愿联系起来，尤其涉及跨国时更是如此［仓泽（Kurasawa），2009］。这就产生了仓泽对德里达（Derrida，1996）的《档案狂热》（*Archive Fever*）一书中的概念的引用，仓泽称之为"见证者热"（witness fever），并引发了最近学术界对缓解痛苦的研究兴趣。在这种以见证为基础的背景下，跨国共情需要为观众重新建构远方的事件。类似标志新闻集团这样的专业机构相信，通过创造反映其他地方人类状况的合成环境，可以克服传统媒体的局限性。他们认为沉浸感、增强的在场感、现实性、互动性以及对情境细节的关注都会影响到人们对偏远地区群体的同情与共情程度。

标志新闻集团因一篇名为《叙利亚项目：儿童难民身临其境的体验》（*Project Syria: a Immersive Experience of Child Refugees*，2014）的新闻报道而在虚拟现实领域名声大噪。这一作品是受世界经济论坛（World Economic Forum）

委托制作，通过观看"现场"发生的事情和唤起"临场感"（telepresence）的方式讲述了儿童难民的困境，旨在促使世界各国领导人能够对这个重要问题采取行动，诺尼·德·拉·佩纳将"叙利亚项目"描绘为两部分的沉浸式新闻体验。第一个场景复现了叙利亚阿勒颇（Aleppo）地区一个繁忙街角的场面。当背景音乐播放到一半时，一枚火箭击中了地面，灰尘和碎片飞得到处都是。第二个场景是在一个难民营，观者可以体验身处难民营区中心的感受。虽然是用Unity游戏引擎进行的再创造，但作品本身取材于叙利亚的真实音频、视频和现场拍摄的照片。当戴上VR头盔后，我们与媒体内容的关系在本质上产生了极大变化，佩戴者不再只是一个观众或用户，而是一个现场目击者。

深入感知偏远地区和异域文化的能力已不再仅仅停留于理论探讨层面，而是进入了行业实践维度。在很大程度上，人们可以自由地在"叙利亚项目"中四处走动，观察各种现场元素，甚至可以从记者描绘的场景中抽身去查看别的场景。有一点很重要：尽管记者和讲故事的人可能有叙事重点，但目击者能够引导自己的体验，探索虚拟世界中没被记者重点强调的区域。目击者的参与性和与虚拟居民的互动性，消除了观看所带来的抽象感和疏离感。这主要在于目击者因"在场"而被唤起的情感，以及由合成现实所带来的身临其境感，尽管大脑知道这并不是真实的。德·拉·佩纳列举了《洛杉矶饥荒》（*Hunger in L.A.*）的例子，这是一个在洛杉矶市中心一家食品银行门口排队等候的事例。她讲述道，穿戴装备的体验者已经双膝着地，试图帮助一个在虚拟世界中癫痫发作并昏倒在地的人。但她也解释说，并不是所有的故事都适合VR。虽然VR擅长营造故事的空间维度，如位置感和亲近感，但它不太适合那些需要快速移动而会导致用户产生晕动症的故事。如果一个人的眼睛告诉他正在移动，但实际上其身体是站立不动的，在这种情况下晕动症的感觉会更加强烈。这意味着VR是一种探索环境和地点的"慢节奏媒介"。

制作VR新闻

德·拉·佩纳在论及共情在现代社会中的作用时说："我是一个记者，我想做任何优秀记者都会做的事情:以尽可能生动再现的方式讲述重要的故事,并帮助观众更好地发现、理解或更强烈地感受到某个特定的情境。"比奥卡和莱维(Biocca & Levy, 1995)肯定了VR在新闻业中的应用潜力,他们看到了对运动感知信号(sensorimotor channels)和感官真实性的增强使用的发展前景。其原理是,故事中的在场感越强,就越有可能有效解决与新闻制作和受众相关的"情绪倦怠"(emotional burnout)问题[哈迪(Hardee),2016]。VR在新闻业中的机遇是显而易见的:它产生了一种情感在场性,而这种情感在场性有能力在新闻故事和现实事件之间建立起比通常更强的联系。重要的是,在面对人物、空间、时代、情境的时候,更强的情感投入可能会激发更强烈的理解、同情、同理心和共情。虽然VR不适用于滚动新闻的形式,但是它与各种新闻机构在App和在线门户网站中给出的深度报道形式一样,它非常适合做深度调查新闻。

从新闻中活动图像的理解角度来看,它引导人们体验的视觉语法、规则与电视的视听语言有较大差异。尽管摄影机(机器眼)也参与了对场景的拍摄,但VR缺少特写、剪切、跟踪或平移等技巧去引导观众看什么。这并不意味着它没有实录或叙事,尽管互动形式有所不同,但叙事仍然存在,特别是如果我们把它看作是一种理解时间、空间和因果关系的组织方法,以及通常理解世界的方法(哈迪,2016)。

在新闻伦理方面,德·拉·佩纳主张要准确、不歪曲事实并考虑什么适合展示给人们看。当新闻的某些部分需要重新建构并使用游戏元素来传达某种"在场感"而非具体事实时,这一点就显得尤为重要。德·拉·佩纳指出,在虚拟现实中重建现实事件时,标志新闻集团会谨慎选择素材,他们会使用录像、现场照片和目击者证词。她举例说,《黑暗之夜》(*One Dark Night*)和《基亚》(*Kiya*)都是利用事件发生过程中报警电话的真实录音制作而成的。她指出,尽管这些作品看起来像电子游戏,但它们是以真实事件为主题的。受半岛电视台美国频道(Al Jazeera America)委托,为了曝光在美国每天都有三名女性被她们的同伙杀害这一事实,《基亚》讲述了两姐妹试图从基亚前男友手中救出她们三妹基亚的故事。在此需要再次强调，戴上VR头盔的观众更像是一个目击者和参与者，而不是一个旁观者。事实进一步证明了这一点，虚拟世界中的化身会随目击者做出反应，"看着"虚拟世界中的人，并对他们的反应抱有"期望"。

人们试图使用VR重新创造一个情境来传达某种特定情境下的感受，这需要一定的技巧性。从新闻伦理角度来看，这存在着一定困难。哈迪（2016）吸取了比奥卡和莱维（1995）的相关观点后指出，所有新闻都需要一定程度的模拟。无论是语言选择、视觉画面编辑，还是偶尔使用音乐来增强参与感，写作者和制作人都会使用一些技巧来创造"现实"。可以说，虚拟现实在这方面并没有什么不同，但这并不能回避人们的担忧，因为新闻的一个关键功能就是让现实变得透明。相比之下，VR使用高水平的制作来建立某种真实感和在场感，人们担心它对真实的模拟可能是围绕虚假故事和事件构建起来的，而人们又会对这些虚假产生强烈印象。

营销人员的（虚拟）梦想？

在讨论了沉浸式新闻，以及使用情感和逼真的临场感来激发用户关注度后，我们现在讨论虚拟现实的第二个应用：市场营销。在这里，情感见证原则超越了对他人生活环境的感知、参与和了解。它包括市场调查或信息收集，以便了解商品和服务购买者的想法。我们将看到，VR在市场营销中不同层面上的应用，其复杂程度各不相同。但类似这种技术神话的讨论可追溯至1974年，当时泰德·尼尔森（Ted Nelson）（对他而言，"技术幻想家"这一绰号是有实际意义的）写了一本名为《计算机解放》（Computer Lib）的书。早在第一台个人计算机问世之时，他就准确预测了电子空间设计与基础建设的重要性。他认为，我们"必须设计媒体，设计我们新的水分子（the molecules of our new water），我认为这个设计细节非常重要。因为它们将与我们共存很长一段时间，或许直到人类消失……"（2003 [1974]：306）。

具有启发性的是，"我们新的水分子"非常适用于VR，因为它具有追踪虚拟世界中所有数据项和动作的能力。这是很重要的一点，因为VR极大地拓宽了我们对人类及其行为的跟踪、目击、监视和预测等问题的现有讨论范围。此外，在市场研究之外，需要注意的是VR有可能成为一个完美监视空间，特别是当我们意识到VR并不是单独工作，而是需要与可穿戴设备一起去追踪用户的生物反馈信号时更是如此。因为，在这个监视空间中，用户的行为历史、互动、注意力、意图、情感表达和反应都可以被实时跟踪和反馈。

追踪虚拟世界里的注意力

市场研究行业是共情媒体的主要用户之一，因为它有商业需求和竞争动机去了解人们对于诉求、产品、服务和促销内容的真实感受。事实上，人们可以推断，VR的迭代、消费者头戴式设备的改进、脸书收购Oculus以及它对虚拟社交的兴趣，这些都是为了追踪用户行为并创造新的营销机会。事实上，当脸书在2016年Oculus开发者大会（Oculus Connect）上展示他们的社交VR产品时，扎克伯格和他的虚拟世界讨论者在一起讨论的首个话题便是解读和表达数字化身情绪（如微笑、惊讶、困惑、大笑和震惊）的前景［波普（Popper），2016］。鉴于广告本身就是脸书公司的核心业务，因而他们分析人们对虚拟世界内广告的情感反应是非常符合其公司核心利益的。

与许多其他共情媒体一样，VR可被用来绕过自我报告来理解注意力的本质。2016年，我参加了在新奥尔良举行的欧洲民意与市场研究协会（ESOMAR）的会议，这是一个面向市场研究人员的国际行业会议。在这次活动中，Azure Knowledge展示了一个无品牌零售店的虚拟体验。这能够让营销人员了解哪些产品特征会吸引消费者注意力，并判断VR头盔佩戴者在虚拟世界中的感受，从而推断出他们的喜好和反应。这种方式非常具有实用性，因为以往把人们送进实体店并对其进行眼球追踪的测试成本十分高昂。选择VR这一方式还能打破以往的物理限制，它能够实现对新功能和新想法的快速测试，以及在虚拟世界中的眼球追踪。例如，拓比（Tobii）将他们的追踪器集成到HTC Vive头盔中，用以测试虚拟世界中的设计元素（比如虚拟货架上哪包糖果最吸引人，哪包不那么吸引人）（拓比，2017）。

　　Azure的产品能够追踪虚拟世界中用户的关注点（也在公共屏幕上显示），确切地说，是以第一人称的视角去了解其注意力与关注点。这种"见其所见"不仅能深入了解一个人的关注对象，还能了解一个人是如何看见并走近其关注对象的。由于这一过程发生在合成空间，因此这种体验可以被量化、分析和比较。我对上述产品进行了现场体验并且确定了哪些因素吸引了我的注意力，随后我与Azure的美国代表交谈，还在伦敦采访了Azure Knowledge的欧洲区常务董事拉斐尔·加达莫维奇（Rafal Gajdamowicz）。他解释说，通过构建类似的商店体验，Azure可以利用媒介的情境支持来构建和测试模拟商店以及试验选项。Azure还允许它们效仿竞争对手，比如客户如果说他们想让商店看起来像X、Y或Z，Azure就可以做到这一点。Azure的优势在于价格和规模，通过快速原型设计，它能为客户提供相对真实的消费者模拟体验，而无需耗费实际成本。

　　这种对自动化和被动跟踪（passive tracking）技术的推动与那些认为传统市场研究技术无法预测市场行为的看法相矛盾（采访，2016）。加达莫维奇对VR以及更广泛的生物反馈技术的兴趣主要在于其观测行为不依赖于自我报告，这与本书中出现的概念和总体观察结果相呼应。这让人想起本书在第二章中介绍的威廉·冯特实验室。市场研究人员认为评估人们做什么比说什么更为明智，因为这能揭示隐藏的、重要的且有经济价值的事实。加达莫维奇表示，尽管共情媒体被用来绕过自我报告，以提高关于一个人对给定命题的感受的数据的质量，但越来越多的客户表示并不追求100%的准确率。相反，"他们希望在保证速度和降低费用的前提下能够获得80%的准确率即可。这让他们能够快速验证想法且不会产生额外成本，同时还能合理地确保他们对用户/消费者/购物者有着准确的洞察力"（采访，2016）。正是这些因素（"成本、规模和速度"）意味着生物识别技术将会越来越多地用于市场研究行业。

起初，加达莫维奇认为纯粹以技术为中心的方法具有更多优势，然而随着对话的推进，其立场逐渐软化。他补充说，因果关系最好通过定性研究来推断，纯粹的观察策略忽略了"为什么"，对其而言，这只能通过定性研究来实现。在接受采访时（2016），加达莫维奇估计大约有90%的现代市场研究使用传统的面对面/结构化访谈方法，与之对应的是，仅有10%的研究使用生物识别分析方法。"我们还处于征途的起点，这种技术需要三到五年才能成熟"，而关于意图、感受和情感的研究结果的可信度、有效性与准确性的提升，将大大加快这一步伐。他认为，虽然该行业将朝向自动化和更具技术性的感知监测手段发展，但"市场研究是一个非常老派的行业"且发展缓慢，因为它是由专业研究人员而非精通标准化技术的商业人士推动的。市场研究行业的某些部门热衷于使用特定技术来测试特定行业，这是判断共情媒体在市场研究中应用规模的一个重点：人们在自己的领域内拥有职业和既定的专业知识，这意味着传统研究与共情媒体研究之间90%/10%的平衡点会随着特定行业的占比而发生变化。

迄今为止，我们的研究是在定性与定量研究方法截然分开的基础上进行的。在上文提及的2016年欧洲民意与市场研究协会活动上，许多演示都讨论且证明了事实并非如此。例如，虽然民族志和定性研究通常是面对面进行的，但澳大利亚食品公司辛普劳（Simplot）购买了一个名为"360 Fly"的360度虚拟现实摄影机［利普罗特和拉巴尼亚拉（Liptrot and Labagnara），2016］。他们的想法是采用一种广泛的"网络志"（netnographic）技术［库兹奈特（Kozinets），2015］，让一个45人的大型营销团队进入消费者家中以观察他们在自己住所的行为。通过谷歌VR纸板眼镜，观众可以看到参与者如何处理包装，如何使用不同配料，如何忙不迭地烹饪食物，如何展示他们的小技巧，如何进行食物搭配，以及如何清洗和储存厨房用具。他们发现，在参与者的私人家庭空间里简单安装一个360度全景摄像头，这项技术就能够克服研究偏差以及由观察和提问所带来的行为影响。分析师也增强了对目标消费者的理解，当研究人员能够带客户进入他们消费者的世界中时，研究人员便能够了解辛普劳产品如何被使用的细微差别,以及在私人空间(家庭厨房)中的对话、手势和行为的细微差别。在预测接下来研究的地点和行动时,演讲者强调基于虚拟现实的研究可以在任何可控环境中进行,比如在汽车、活动赛事或商店中。他们还建议将生物特征识别技术与虚拟现实技术结合起来,以获得测量人们如何应对特定情况的机会。再次重申,在这里,我们把定性研究和定量研究分开了,尤其是当我们意识到被量化的只是感觉的时候。这也促使我们重新考虑共情媒体:尽管它们往往意味着否定主观的自我报告,但我们也可以认为,它们的使用是在试图量化品质。

新感官领域

一位不愿透露姓名的数字广告公司创意总监谈及,当他通过HTC Vive VR头戴显示器去尝试一个演示应用时,除了有一种新颖的临场感和在虚拟世界中的存在感之外,"我拿起一杯咖啡,把它举到嘴边,当我想喝一小口的时候,我真的能尝到咖啡的味道"。他与我交换了一下眼神,以确保我领会了他所说的含义。也就是说,市场营销和广告不仅涉及说服和有影响力的沟通,而且涉及情感与感觉。他接着讲到,从概念上说这是一个敏感领域,但其潜在影响力和发展机会是显而易见的。对于传统营销者和神经营销者来说,这与感官营销的兴趣点是相关联的[林德斯特伦(Lindstrom),2005,2011;麦克斯泰,2013]。例如,某些声音比视觉刺激更具有情感。婴儿的笑声、罐头的开合声、汽水倒在冰块上的声音、牛排在烤架上发出的嗞嗞声等,这些声音都是强大的诱发因素以及心理形象的塑造要素。重点是,许多这种非视觉的"感官触点"可能在产品和服务的品牌推广中发挥关键作用。豪斯和克拉森(Howes and Classen,2013)对共鸣在营销中的作用做了类似观察。他们列举了科罗娜啤酒(Corona beer)的例子,这种啤酒被认为口味很淡并很受女性欢迎。虽然从技术上讲它不是一种淡啤酒,但它给顾客提供了一种"清淡"的感觉,因为它装在一个高高的透明瓶子里,充满了阳光色泽。总而言之,这些跨感官的联想是相当真实的。在虚拟现实环境中如何对此进行开发还有待观察,但考虑到虚拟现实中产品形状、标识、颜色和环境因素等虚拟世界特征的视觉元素很容易被重新编码，并且用户的反应甚至感官刺激都可以通过生物反馈被绘制出来，人们开始看到，情感可以被算法优化，从而可以提供个性化的感官营销。相反地，虚拟世界中的市场营销将更多地利用品牌内容和商业故事，而不是以广告的形式出现（麦克斯泰，2016a），这反过来又为隐蔽的虚拟世界感官营销提供了空间。

指挥和控制：转向沉浸式警务

案例研究1介绍了沉浸式新闻，案例研究2介绍了VR在市场营销中见证和激发情感的能力，现在我们转向本章最后一个扩展案例研究：警务。

在21世纪20年代初的某一天，警官帕金斯（Perkins）将抵达指挥中心，发现她的可穿戴设备和头盔已充好电并完成数据同步。帕金斯戴上智能眼镜，通过虹膜读取（iris reading）进行身份验证。当帕金斯和她的搭档上车时，她的任务都是根据她的巡检地图（beat map）展开的。随着案件的发展，以及对威胁和严重程度的实时分析，这些信息将会被实时更新。巡检地图还将列出潜在的犯罪活动。在驶离市中心后，帕金斯看到了一辆超速的轿车，她喊停了那辆车。这让他们很有压力，因为帕金斯和她的搭档不知道他们将要面对什么。附近的一架无人机在轿车周围盘旋，观察车内人员并扫描该区域，查看是否有东西被扔出了车外。帕金斯走近轿车（戴着智能眼镜），此时她已经从可靠的数字助手那里获得了牌照和车主信息。通过智能眼镜，帕金斯可以阅读驾照，并将照片与司机进行比对。在与司机交谈的过程中，智能眼镜可以实时获取并分析对话的语音记录，这样她就可以检测被扣留者的回应、情绪反应和重音是否一致，这为她提供了有可能被漏掉的数据和信息。

随后，帕金斯被叫去处理另一起道路交通事故，一架无人机已经被派去生成一个对话框（a communications bubble）。它将开始记录和绘制事故卡车的位置、观察附近其他车辆情况以及异常移动的人员。根据无人机指挥中心发回的监控录像分析反馈，帕金斯通过智能眼镜得知这是一辆被偷盗的废弃汽车超速引发的事故，而小偷正在逃逸中。一场追捕继而发生，无人机随即上升，开始追踪、记录帕金斯的追捕过程。在追逐过程中，当她心率急剧上升时，其配备的可穿戴设备可以让指挥官知道她的心率变化，这也意味着她和同伴需要后援支持。即便小偷有多条逃跑路线，但无人机的镜头会分析、生成一条预测路线，然后绘制出拦截小偷的最佳路线。最终，小偷被顺利逮捕。但考虑到有些紧急事件难以回忆，而无人机拍摄的视频和可穿戴设备的数据为帕金斯在事后的文档整理方面提供了帮助。这比21世纪头10年要容易多了，因为无人机、智能眼镜和语音检测器能够记录人们的对话和动作。而且，帕金斯的文书工作是预先准备好的，她只需要填写没有被系统记录的空白处即可。这个案例并非本文臆断，而是基于摩托罗拉解决方案公司执行副总裁兼首席战略与创新官爱德华多·康拉多（Eduardo Conrado）在2016年"世界应急通信大会"（Critical Communications World）上的一场演讲，而摩托罗拉解决方案公司是全球警务和公共安全技术领域的领导者。

在警务工作中，主要存在两种形式的情感见证：（1）加强对公民和潜在罪犯的监测；（2）强化对警察自身的监测。从美国到阿拉伯联合酋长国的私营和公共组织都在开展被我们称为"共情警务"的工作。它通过一系列技术实现，尤其是虚拟现实和移动增强现实，比如，融合了虚拟和真实的微软混合现实全息眼镜HoloLens[①]，还有生物反馈可穿戴设备（如心率检测器）和人体可穿戴记录仪等。

VR在远程警务中的应用源于军事背景下的远程医疗理论［萨塔瓦（Satava），1995］。战场上的远程医疗是指利用远程传感器和虚拟现实技术将视频流、生命体征信息和医学影像传输给在战场上负责指挥战地医生的中央单位，用以改善战场中的战斗伤亡护理。在现代警务工作中，指挥官除了能够远程在场和场外驻守之外，还可以追踪警官的情绪状态并提供相关信息和

---

① HoloLens是微软公司开发的一种MR头显（混合现实头戴式显示器）。——译者注

支持。这就是警方所说的"态势感知"（situational awareness）。这项军事研究（已发表在学术刊物上）[1]的背景是：与过去相比，现代冲突更多发生在城市化环境中，这意味着人们需要努力区分威胁、非威胁行为并识别"重点对象"（high-value individuals）。态势感知还包括要了解参与感（兴奋度、兴趣、动机和专注度）、流动感（时间经验）、压力状态（苦恼和担忧）、工作负荷以及对值班人员的额外要求所带来的影响。压力尤其会引发低自信、低感知控制、局促不安、自尊心低和认知干扰等情绪［萨尔塞多等人（Salcedo et al.），2016］。毕竟，就像普通人一样，精神状态不佳的警察也会做出糟糕的决定。

在我与为警方开发产品的科技公司人员的访谈中，对态势感知、整合并缓解警官的高压情绪和认知负荷的需求是反复出现的主题。摩托罗拉解决方案公司的兰廷·加拉（LanTing Garra）和伯特·范德扎格（Bert Van Der Zaag）向我展示并解释了虚拟现实指挥中心的概念。其背后的理念是，当警察到达现场处理情况时，警察部门的指挥官可以使用虚拟现实技术来观察现场发生的情况。这让他们能够通过无人机和警官佩戴的智能眼镜进行远程查看。这为指挥官提供了新的情报形式，他们可以站在指定警官的视角上（如前文提到的帕金斯），以便向外勤警官提供远程评估、决策、咨询和支持。加拉解释说，这让指挥官可以"身临其境"（她的说法），这就减轻了警官和指挥官之间来回反馈的麻烦，使指挥官随时知晓发生了什么。范德扎格还解释说，这样做的目的是不必使用语音，因为如果一名警官从现场打电话汇报，他必须排队等候，然后向他人解释现场状况（这很费时）。这一点在国土安全部的其他采访中也曾被提到。[2]

我有幸扮演了一个指挥官角色，并尝试了VR应用程序。头盔内的摄像头会评估佩戴者眼球的运动，这意味着"指挥官"不需要使用鼠标或其他硬件来指示佩戴者去关注什么。相反，他们只需简单查看虚拟世界中的显示信息和感兴趣的内容（与包含照片和固定笔记的图板没什么不同）。值得注意的是，VR体验并没有高度沉浸感，也没有强烈的现场感。虽然游戏、博物馆装置、新闻、纪录片、娱乐、教育和市场研究等体验使人产生一种与世隔绝的独特感受，以及置身于一个合成环境中的感觉,但摩托罗拉虚拟指挥中心的情况并非如此。虽然虚拟世界中的事物很容易控制,但除了通过无人机和警官携带的镜头所展示的事件之外,空间本身却毫无特色。重要的是,我一直留意着外面的世界。范德扎格解释说,从专业的反馈视角来看,这是一个高度有意识的选择,而非完全沉浸在虚拟环境及其内容之中。毕竟,在这个情境中,警官和市民不是模拟的。而且,研究也同时表明虚拟体验中的个体也可以同时关注现实环境中的体验和事件,这种沉浸程度在研究中得到了充分证明(威特默和辛格,1998)。

范德扎格认为,在实践中重要的是避免分析师被大量不相关信息所淹没,从而导致他们被干扰。他认为,虚拟现实中的临场感和情感性的品质需要降低(通过减少物体的空间延伸感和真实感),因为"虚拟指挥中心的指挥官希望通过从头到尾的事件观察来获得满足感,而不仅仅是作为一个无关紧要的人而存在。同时他们也意识到要竭尽全力帮助警官,因为警官需要从案件中跳脱出来以便能在夜里睡个安稳觉"(采访,2016)。从设计经验的角度来看,这意味着应该充分利用远程在场的优势,而不要过度刺激指挥官。我问他们在这个阶段是否需要监控分析师的压力、焦虑和专注程度,范德扎格回答说,"是的,有很大可能。他们已经接受了高水平的培训,但由于过度劳累,员工流失率很高"。在推出这些技术时,范德扎格解释说,公共安全保障是比较困难的,因为这些技术需要正常工作,以此来证明公共资金的支出是具有合理性的,而且警务工作需要高品质的证据支持。他自己也认为,这些应用其实是含有"令人毛骨悚然的要素",这些应用要得到公众的接受必须要经过广泛协商。

互联警察

直到最近,警官们还只能通过无线电语音通信联系。但是,如上文所述,虚拟现实的应用范围正扩展至利用"增强现实"技术来访问公共信息(比如一个地区和巡逻中遇到的物体)、个人信息(如面部识别和车牌识别)、来自城市传感器的数据(如闭路电视、交通信号灯和无人机)、个人传感器和个人物品

（如便携式录像机和生命体征，如心率/压力率）以及远程枪套监测（了解警官何时从枪套中取出枪支）等。如果枪支已经从枪套里取出，指挥官就会被提醒，然后标记并读取警官的生理反馈和压力率，之后就能洞察警官的情绪状态。这有两项功能：一是协助评估警务人员的工作表现；二是为警务人员提供支援。关于这一方面，我与加拉和范德扎格的谈话细节十分有趣。比如，在一场关于警务的宽泛讨论中，范德扎格指出工作中的警官会带有很多情绪。警察会有多种技巧用来调节和控制情绪，音乐是被经常使用的手段之一。一些人演奏古典音乐，另一些人则把唱歌作为控制情绪的手段。

虽然本章的重点是虚拟现实，但只有将其置于更广泛的环境、物体和人的信息生态中，才能从已有的无线电技术体系提供的有限机会中提高其可见度与存在感。对警务当局和安全软硬件开发商而言，在警务和公共服务中采用生态方法的目标是提高整体警务效率、加强同事之间的合作、提高反应率、加强问责制和证据收集。在社会层面上，他们认为这种全面监控将提高公民和警官的安全性，减少犯罪并提供财产保护。在"世界应急通信大会"（阿姆斯特丹，2016）的一次公开演讲中，安德烈·梅查利（Andre Mechaly）解释了泰雷兹公司（一家经营航空、航天、交通和安全领域的公司）所定义的"互联警官"（connected officer）。这与前面提到的对态势感知、现场事件中的远程呈现、受控的沉浸感和了解警官的共情视角（或"站在他们的立场上"）的关注点相一致。在问答环节中，我询问了泰雷兹公司的梅查利关于警官们的体验，还问了许多关于警官们被要求佩戴多个传感器后舒适度的问题。梅查利回答道："我们还在起步阶段……不同的人会告诉你不同的事情……领导和警官有着不同的兴趣点。"然而，"如果你告诉他们（警官）可以提高效率，他们的反应会很好"。他接着说，"这些人与我们不同——他们出现在这里是为了救人或与人搏斗的，而并非是为了上社交媒体的。所以我们需要定制化地与他们进行交流。"

随后，我采访了梅查利的同事——来自泰雷兹公司的大卫·杜梅（David Dumay），以深入了解警官们对于自己被检测和被监视的感受。他解释了本书所说的"互联警察"的背景：泰雷兹加拿大业务部门正在开发传感器，使人们能够在高压条件下以最佳的方式开展工作。这始于空中交通管理，其目的是监控、降低和帮助操作员去管理他们的精神负荷。关于这种形式的监控是否会成为警务的核心组成部分，他表示作为一家在国防、航空、安全和运输领域工作的大型科技公司，他们认为这将成为现实。现在，监控技术已经应用于警车中，而且特种部队（Special Forces）和其他"干预小组"（intervention teams）也在积极探索个人追踪技术。

回到摩托罗拉解决方案公司，范德扎格解释说互联警察的原则是矛盾的。虚拟现实技术和可穿戴技术让警官们在工作中表现得更出色，也减轻了他们的压力，因为他们知道有人在背后支持他们（这一点已强调多次）。而且，潜在的援助是以指挥和态势感知的形式存在的，这意味着如果发生意外情况，警官们知道背后会有支援。这样一来，监视的存在和远程人员的在场就像是守护天使，或者是一个照管、安慰和保护者。

然而，枪支传感器在警官中一直存在争议，因为当有人拔枪时，它会向指挥官发出警报。同样，警务工作的细节和微观实践也说明了这一点。现场警员之所以认为这有问题，是因为他们有时喜欢把枪从枪套里稍微拔出来，只是为了检查枪支是否正常，还有一些人是因为喜欢维护枪支。从经验来看，这与通常所说的与身体相结合的可穿戴传感器相反，其影响不是整合和即时的（媒介意识的下降），而是意识、自我疏离和对个人行为的不安。换言之，试图穿上别人的鞋子（站在他人的立场上——译者注）会让原先的穿着者感到不适。实际上，在我与警官的所有对话中，枪套传感器是一个反复出现的主题。泰雷兹公司的杜梅还认为，"枪套皮带的移动可能有很多原因，而不一定是拔枪。我们需要知晓情况才能了解发生了什么，因此，我们需要一个过滤器。"例如，可以用可穿戴心率跟踪器对收枪情况进行交叉检查，该设备不仅能让指挥官了解警官的压力值，还能判断一名警官是否已经死亡。不过，摩托罗拉的加拉认为，事实证明这种追踪方式也不受警官们的欢迎，因为他们不喜欢被监视，不喜欢被"发现"，也不喜欢自己的职业生涯受到威胁。除了压力检测，这也包含了实时的心理分析（表明对刺激的反应是否恰当）和生理分析（表明健康状况不佳）。一个解决该问题的建议是，只有在枪套和枪传感器同时被激活时，才打开心率跟踪器。

在对摩托罗拉解决方案公司的加拉的采访中，我们进一步讨论了穿戴式记录仪。对于警察而言，这种记录行为并不完美，因为警察可能会用摄影机对准某个事件，这样他们的注意力可能会被分散。其结果是，尽管它是一个视觉记录，但它也只是一个视角，并不能使事件完全透明化。而且，我对完全透明的想法很感兴趣，通过这种方式，一个警官的视角可以从其眼睛本身进行追踪（这可以实现"见其所见"）。这就提出了一个问题：警官们应该如何对他们的关注点负责？

鉴于摩托罗拉的技术是在美国研发的，而美国黑人被捕的比例过高，[3]那么注视、注意力、情感和警员们更密切地关注黑人而非白人之间是否存在联系呢？在认识到这个问题的重要性的同时，加拉补充说，可以记录和标记警官们用眼镜看到的东西。这不仅为注意力/生物识别的内部评估和量化提供了机会和意义，而且也为当局、政府管理者和公民提供了机会和意义，使他们能够获得有关警官所见及其同步情感状态的数据。公开资料不一定是个人数据，它可以以聚合的形式公布。事实上，在公民问责的问题上，反隐私格言"无所隐瞒，无所畏惧"（nothing to hide, nothing to fear）立即浮现于我的脑中。

在2017年西南偏南音乐节（South-by-South-West festival）上，我有幸向查尔斯·拉姆齐（Charles Ramsey，曾担任费城警察局局长和哥伦比亚特区大都会警察局局长）[4]和米奇·兰德里欧（Mitch Landrieu，新奥尔良市市长）提出了这个问题。我问他们，掌握警官在面对危险时的情绪反应数据是否有用，以及这些数据是否应该本着问责的精神公之于众。我得到了两种答案：拉姆齐立即给出的第一个答案是，他对可穿戴式压力追踪原理感兴趣，但他不赞成将数据公之于众。而兰德里欧从未听说过这种技术，但他对情感追踪背后指标的有效性提出了质疑。在回答了其他代表的问题后，他们选择回到我的问题上来，拉姆齐明表示找到压力的基准线是一件困难的事情。小组报告的背景是关于种族关系、警察的隐性偏见和警务中的算法偏见。拉姆齐在其最初的答复后又补充说，当一名警察在执勤时被杀，公民投诉就会激增。他说道："这告诉我们警察可能需要在执行任务后休息一天。"这意味着，警察可能会生气，情绪激动，也可能是因为其他一些行为引发投诉。此外，在警察遇袭或发生其他令警方感到害怕的情况后，人们会情绪高涨，如果没有控制局面的设备，他们可能会出现过度反应。兰德里欧和拉姆齐在早些时候的小组讨论中都同意，美国不希望警务军事化，而社区参与则是可取的。

警官们并不喜欢被追踪，这一观点得到了与我交谈的安全技术公司的认可。尽管我无法证实美国警官在多大程度上不喜欢指挥官或公众"站在他们的立场上"，但在英国一项有限的研究中，对佩戴执法记录仪的警官的投诉数量减少了93%［阿里尔等人（Ariel et al.），2017］。这归因于通过一种类似全景式的"观察者效应"来改变行为，这种效应使人们意识到录音可能作为第三方"数字证人"发挥作用，从而缓解了警方与公众之间潜在的不稳定互动。值得注意的是，通过将监视和准实时数字监测纳入其中，让拘留者和被拘留者都承担责任，由此权力关系得到平衡。在怀特岛（Isle of Wight，英国海岸外的一个岛屿）接受测试后，超过85%的一线警官同意，所有人在执行任务时都应该佩戴记录仪。

退休检查员、顾问和技术专家兰斯·瓦尔库尔（Lance Valcour）对隐私和个人安全之间的平衡提出了类似观点。他回忆说，当他在1979年参与他第一个无线项目时，渥太华警察局已经将警车联网以便交换信息（电子邮件，2016）。[5]起初，警官均表示反对，因为他们担心自己的隐私被监控，觉得自己的一举一动都会被跟踪。结果就在几个月内，所有的警官都想要这项技术，这样他们就能互相提供支持，并且几乎可以立即获得被盗车辆和通缉犯等信息。瓦尔库尔并没有将此与现代可穿戴设备、生物反馈和情感追踪器区分开来。他认为，"想象一下，给消防员一件可以测量各种生物特征数据的背心？如果他们的心率飙升，我们需要让他们离开团队休息一段时间？但是他的隐私问题呢——我们想让整个团队都知道吗？"同样，在环境传感器方面，他让我们"想象一下，在森林大火中放置传感器,它可以告诉你火灾移动的速度和方向",然后"想象我发生了意外,心脏病发作,我希望医护人员能从我的心脏传感器中获取信息"。我询问了有关赞成和胁迫的问题,以及警员们是否有选择的权利。瓦尔库尔说:"是的,这是最初追踪、监视警官时遇到的一个问题。这取决于数据的使用方式和用途。如果这是为了保证警官的安全——虽然这会引发很多问题,但其优势远远超过了隐私方面的担忧。"

结 论

在本书讨论的所有媒体中,VR与共情有最多关联。这主要是因为VR行业能够提供内容和体验,它可以让头盔佩戴者了解他人的视角和生活环境。本章试图探索这一设定,特别是阐明沉浸感与虚拟现实的关系。从本质上讲,这相当于在一个合成环境中的存在体验,一种与现实世界的分离感,在合成现实中的融入感,扩展的幻象,虚拟世界中的现实主义,缩放感知,手势反应,触觉反馈,以及一个人的在场和与他人的互动。这导致在VR中有两种形式的共情:第一,虚拟世界的"见证者"能够更好地了解他人的视角和生活环境;第二,媒体公司和相关方可能会追踪VR设备穿戴者的注意力、意图和感受,如同在单独的屏幕上观看头盔佩戴者在合成空间内的行为一样简单,但这也实现了对行为和反应的精准追踪。

截至2017年,VR尚未进入家庭市场,但它已被某些领域广泛使用,并在多个领域得到开发。本章关注了三个领域:新闻、市场调查和警务。第一个领域需要一种非常亲社会的共情形式,其根源在于康德的世界主义、理性主义以及消除对他人世界观理解的障碍方面。这是通过将一个人从观察者转变为参与型情感见证者来实现的。对于VR能否带来跨文化的认同存有争议,但更重要的是情感和真实是不一样的,尤其是当体验被高度构建时更是如此。今天,VR新闻使用真实的镜头,但它也完全依赖于虚拟世界中的景物。尽管长期以来新闻报道一直使用一些技巧来营造一种真实性，但VR新闻本身的最大优点有可能成为它最受批评之处。也就是说，真实的和人为制造的在场感是两码事。

第二个案例是关于市场研究。首先，我们注意到的是使用VR可以绕过自我报告，就像其他大多数共情媒体一样。它被用来追踪虚拟世界的注意力和吸引力，并允许研究人员可以站在被研究对象的第一人称立场上。除了注意力的量化（这是威廉·冯特创立消费者心理学以来一直追求的东西）之外，VR也是物有所值的，因为它允许消费者可以快速测试空间和对象的原型。除了给市场研究人员带来的实际利益外，还有品牌推广和商业传播的感官触达机会。这将在场的虚拟幻象与感官混合相联系，在最低限度上为新的感官符号学提供了空间，并在虚拟世界中触发了品牌内容。

第三个案例研究是警务。我们认为VR是一种指挥和控制工具。它具有多重特征，在现实世界中发生事故时，其远程临场感［远程在场（telepresence）］能让指挥官观看警官所看到的内容，并对他们进行监视以及给他们提供建议和支持。这种态势感知、连通性和数据通信的增强是现代警务发展的趋势。它包括以第一人称视角所做的记录、对所见事物的潜在标记、生物反馈和心率、情绪和压力的检测以及追踪警官与枪支的互动等。要正确理解警官的想法，我们还需要进一步的社会科学研究工作，但对安全部门技术人员的采访以及针对警官们对穿戴式执法记录仪作出反应的现有研究发现，警官们的态度是矛盾的。虽然对视线、身体和行为的监视提供了守护天使般的支持，缓解了警官们易怒的情绪，并在有潜在危险的情况下提供支援，但是警官们仍然抱怨他们的自我疏离，并且担心被"监视"。虽然对数据监控的批评通常集中在对公民的剥削上，但现在正出现一种新的情况，即警官的行为和身体正在被数据化，情感正在被剖析。问题是：就算是以公开和透明的名义，公民会看到可识别或不可识别形式的数据吗？他们应该这样做吗？

注 释

1. 参见施普林格（Springer）出版社的合集《虚拟、增强和混合现实》（*Virtual, Augmented and Mixed Reality*）[拉基和舒梅克（Lackey and Shumaker），2016]。

2. 在2016年的一次采访中，Teleplan Globe的警察和国土安全局局长乔恩·斯基利亚斯（Jorn Skilleas）发表全球声明：在挪威，推动这些技术发展的动力是2011年安德斯·贝林·布雷维克（Anders Behring Breivik）在奥斯陆（Oslo）和于特岛（Utøya）制造的爆炸和枪击事件。当局发现，对语音通信和手机的依赖导致许多信息被遗漏，这是因为这项技术很难用于高压事故。

3. 2017年，美国有色人种促进会（National Association for the Advancement of Colored People）的数据显示，非洲裔美国公民被逮捕的次数最多。

4. 维基百科记载，他曾任费城警察局局长，在2008年1月就任局长之前，他曾于1998年至2007年年初担任哥伦比亚特区大都会警察局局长。

5. 我在2016年阿姆斯特丹的"世界应急通信大会"上见到了瓦尔库尔本人。活动结束后，我们进行了交谈，我以电子邮件的形式记录了我们的谈话。

第八章
广告、零售和创意：捕获闲逛者

❖ ❖ ❖

为了能对受众产生影响，广告业需要知道人们的想法、观点、感受和行为。这不仅需要衡量人们的习惯、经历、偏好和群体关系，还需要了解人们什么时候对品牌的参与度最高、注意力的性质、人们受吸引的原因、保持关注度和参与度的因素以及哪些符号性和生物性的因素会引发积极的情绪反应。有关情绪的数据也可以为广告中的自动化创作生成提供有益信息。

本章首先引介来自不同领域的社会学家、哲学家、理论家和评论家的批评，他们发现广告业对人们的身体和情感方面表现出愈加浓厚的兴趣。然后，本章将结合对哈瓦斯（Havas，全球六大广告与传媒集团之一）、奥美行为科学中心（Ogilvy Center for Behavioral Science，广告代理和商业研究机构）、DataXu（广告技术公司）、Emotiv（其脑电图产品广泛用于内部研究）和Affectiva（情感识别与面部编码公司）的采访，对这些批评进行讨论。正如文中所述，当我们把这些高水准批评与共情媒体的应用联系在一起时，就能清晰地看到这些活动是在信息不对称以及自由家长主义的基础上进行的。换句话说，对情感生活的监测有助于人们按照自己的最佳利益行事，并为人们提供其真正想要的东西。从这个角度来看，对情感生活中多余感觉的关注是一种经济学上的外部效应(externality)，因为它不必要地妨碍了消费者获取能使他们利益最大化的产品。本章在概述了实践、争论和见解之后，我进而思考了"闲逛者"(flâneu)会如何看待这些发展。这些人是巴黎现代性的文学主题人物，也是城市商业生活的记录者，他们让我们了解到情感追踪在现代广告和零售行业中的意义。

库存生物（Stockpiling Bios）

有很多文献指出，主观性与情感生活能够被挖掘和利用并以此产生经济价值。例如，贝拉尔迪（Berardi）认为"后工业时代的特征是以灵魂的屈从为标志的，在这种屈从中，本富有活力、创造性、语言能力、情感性的肉体存在被消融于价值生产之中"[2009: 109; 见哈尔特和内格里（Hardt and Negri），2000; 斯蒂格勒，2010]。克拉里（Crary）同样强调，"制药行业与神经科学的合作曾被认为是'精神生活'金融化和客观外化的生动案例"（2013: 55）。拉扎拉托（Lazzarato）等人指出，信息资本主义与旧时的工厂纪律关系不大，如今主要着眼于"情感、欲望和技术配置"的组织方式[拉扎拉托，1999，引自托斯卡纳（Toscano），2007: 7]。除了这些与人类生活密切相关的商业利益，他们还指出了资本主义的机器性本质，即人们在一个基于反馈的巨大集群中充当对象。拉扎拉托（2014）用"奴役"（enslavement）来表达这一观点，尽管这种表达过于强烈，但其主要观点是显而易见的，即行为、情感和主观性可被转化为机器可读的人力资本，并以工业化规模投入使用。

上述作者在借鉴马克思观点的同时，其资本主义观也受到了海德格尔（1991[1939]）的影响。海德格尔用"持存物"（standing reserves）一词来描述人类生活各个方面的储备，以及使其可用的方法（或"显在状态"present-at-hand）。海德格尔很早就认识到控制论思想的重要性，对他来说，控制论将生命的所有维度（包括情感）都简化为数字和数据的语言，使身体、情感生活和定性体验都可以被机器读取。就好比"库存"（stocks）一样，首先必须进行挖掘，将隐藏在视野之外的东西呈现出来，对其进行量化，才能使该库存变得有效和多产。

即使对于非哲学背景的读者来说，海德格尔的观点作为一种解释性工具仍值得被理解，因为他对技术的批评并不针对技术本身，相反，他针对的是支撑技术的背后逻辑。他关注的不是硬件、传感器、摄像头、软件，甚至不是行业领袖，而是提取、制造和呈现的根本原则，总的来说是"生产的形而上学"。海德格尔将这一论述追溯到古希腊，但其主张的现代价值在于通过在跨代逻辑层面上批判技术，解释技术不是人为掌控的［即使是硅谷领导人或世界经济论坛（World Economic Forum）的成员也不行］。相反，技术有其自身规范，它是结构性的、规范性的、文化性的和历史性的，以一种可以基于挖掘、揭示和提取价值的方式渗透于社会（及其工作实践、过程和对象）之中。我们可以认识到挖掘个人私生活是一种结构性的、技术性的方式，但问题在于这种方式并不以尊重人的自由意志为前提。简单地说，当这一切是在没有得到真正的知情同意的情况下进行时，我们没有办法拒绝也毫无尊严可言，我们身不由己。

让情绪发挥作用

以上章节讨论了让隐秘和私人生活透明化的历史发展趋势，及其商品化、生物政治（biopolitical）因素和伦理思考。以下部分将讨论广告、营销和零售行业如何在现代实践中让情绪和情感发挥作用。广告捍卫者从理论上说明消费者是一个理性的、独立的，能够忽视、拒绝或接受广告信息的群体。例如，在《当代社会广告》（*Advertising in Contemporary Society*）中，罗佐尔等人（Rotzoll et al., 1996）认为，广告主并不能强迫人们购买那些他们不想要的产品，广告也不能让不好的产品售卖出去，因为顾客也许会尝试某商品，但如果他们不喜欢就不会进行二次购买。广告引导消费者购买符合自身利益的产品，这对商家和消费者来说都是受益的。按照这一逻辑,广告和零售代表着两个自愿方之间相互利益的满足。这是一种典型的自由主义,其特征是自我、利己和理性。在这种自由主义中,企业与公众之间的关系促成了一个以"看不见的手"为指导的市场,该市场具有自我纠正和自我调节能力(史密斯,1993〔1776〕)。

这种自由选择的商业推广方式从未如此不确定,因为选择是有限定框架和倾向性的,理性认知并非独自发挥作用。相反,消费决策与情感有着密不可分的联系(勒杜,1999;麦克达夫,2014)。通过对情感的洞察,广告商和零售商更有可能影响我们的行为,促使我们进行消费。这种"呈现当下"(making-present)及将私生活置于商品逻辑之下的商业利益模式,表现在广告业致力于收集尽可能多的个人数据上(麦克斯泰,2016)。例如,2016年我在伦敦哈瓦斯公司采访了首席洞见官(Chief Insights Officer)伊冯娜·奥布莱恩(Yvonne O'Brien),其所在机构主要研究生物识别数据应用以及相关技术工作原理。与市场研究领域的其他受访者一样,她对抽样调查研究不太满意,而是积极探索情绪分析,并对面部编码也很感兴趣。

显然,她对情感的透明度抱有兴趣,即通过研究身体变化来揭示内心反应、对情感的暗示、对品牌的感觉、对客户行程的追踪以及可能有助于塑造品牌形象的信息。对她而言,了解有关身体和情绪的数据有利于"品牌健康",并有助于建立"有意义的品牌"。这就意味着需要"创建并管理一套基本的价值观,从而引导消费者为他们正在考虑购买的任何业务或服务做好准备",其中包括了解竞品定位、有效区分自己的品牌与其他品牌、绘制客户心路历程(购买意识)、生成人们如何做出产品决策的数据、培养品牌与客户之间的关系,以及确定人们最容易接受的营销对象。

奥布莱恩对调查的不满反映了有关共情媒体的一个众所周知的事实:不能指望人们说出自己的真实想法或感受。这种拒绝自我报告的做法,也再次反映了人们偏爱观察而不是互动。奥布莱恩以一种奇怪的机械方式阐明了情感的价值,她谈到了"品牌杠杆"(brand levers),即如何促使人们采取行动(例如点击、购买、调查、感受,或是相信某一给定的卖点)。这包括了解品牌内容、人们的反应以及他们受到刺激时的环境。环境因素是一个重要维度,因为哈瓦斯(Havas)和其他机构渴望了解品牌和广告在真实生活空间(而非人造实验室)中的表现。对奥布莱恩和其他广告从业者来说,其挑战在于如何通过人们所持有的设备和交互点,如可穿戴设备、移动设备和运行环境,参与到他们的生活情境之中并对其进行解读。例如在零售业场景中,可以通过物联网传感器、蓝牙信标和监控来实现。奥布莱恩的目标是"收集所有信息",她认为人们并不是真的在意隐私(以他们使用社交媒体为证)。她补充道,是自由市场的逻辑支撑着这一观点,因为如果人们不愿意接受这些服务条款,他们可以选择不使用这些服务。

心理学机制

虽然数据、情绪和情感仍然有些模糊且难以理解,但奥布莱恩对杠杆的讨论更容易掌握。2017年,奥美集团(Ogilvy & Mather Group)宣布成立奥美行为科学中心(奥美,2017)。该中心旨在为奥美业务的所有部门提供服务,寻求建立"一个通过定义受众思维、感受和行为来提高营销和沟通效率的新系统"。"新系统"结合了社会学和心理学技术,在"后真相环境"(post-fact environment)中建立"最有可能改变行为和态度的杠杆"。这个不合时宜的机械力学方法以认知心理学家阿莫斯·特沃斯基(Amos Tversky)的名字命名为AMOS,阿莫斯·特沃斯基提出非理性经济学理论,解释了人们为什么不能做出最优决策[卡内曼和特沃斯基(Kahneman and Tversky),1979],该方法侧重于"品牌(Brand)、大脑(Brain)、行为(Behavior)和偏见(Bias)"(B4)。为了强调这种方法与我们感兴趣的共情有关,奥美中心总裁兼创始人克里斯托弗·格雷夫斯(Christopher Graves)作了如下论述:

我们正在利用这门深奥的,且在某种情况下可以被称为新兴的科学来改变行业。营销和沟通总是以猎物为目标,甚至使用的术语都和"捕猎"相关,如"目标""追踪""捕获"和类似战役的"运动"[……]在科学的帮助下，我们转为使用一种共情的方法来更深入地了解个人、群体以及他们对世界的看法。这种方法更尊重消费者和珍视认知的多样性。（Diverge，2017）

奥美行为科学中心建立在伦敦和华盛顿特区，以奥美改变行为科学小组的工作为基础。罗里·萨瑟兰（Rory Sutherland）是行为科学的传道者、英国奥美集团副董事长和奥美公司行为科学实践的联合创始人。萨瑟兰在2016年接受采访时认为"心理学即科技"。他的论点是，科技可以解决人们的很多问题，让生活更有效率，心理学也可能以同样的方式被应用。结合上文关于情感和拒绝自我剖析的讨论，萨瑟兰认为情感驱动行为，人们给出的喜欢或不喜欢某事的许多原因都是事后合理化（post-event rationalisations），他说，"虽然大脑认为自己是总统办公室，但它实际上是新闻办公室"（采访，2016）。

萨瑟兰间接反驳了罗佐尔等人的观点，即消费者是自主且理性的（以及广告和零售行业的整体道德辩护）的观点，他借鉴了丹尼尔·卡内曼（Daniel Kahneman，2011）《思考，快与慢》（*Thinking, Fast and Slow*）中概述的两个系统："系统1"是快速的、本能的和感性的；"系统2"是缓慢的、更具协商性和逻辑性的。萨瑟兰指出，广告历来是通过理性的主观方法而实现的。在广告中运用行为科学无疑承认了其对"系统1"的遗漏，同时让人们意识到情感在引导消费者想法和购买行为方面的价值。

萨瑟兰在沟通、说服和影响用户方面有着深厚的研究资历，他坚持认为兴奋度（以及由共情媒体产生的数据）比自我剖析更可取，如果企业仅凭消费者的一面之词，可能会犯下代价高昂的投资错误。萨瑟兰倾向于生理先于心理，他引用神经科学和鲍勃·特里弗斯（Bob Trivers）的研究观点，指出当神经元激活时，我们在认识到自己的意图之前就已经开始行动了（特里弗斯，2011）。对萨瑟兰而言，情感增强（emotion-enhanced）广告的价值在于当人们做决定时能够实时解读出来。这与奥布莱恩和她"收集所有信息"的观点相呼应，萨瑟兰认为能够理解人们经历的每时每刻具有重大意义，而且通过洞察人们一时的情绪状态能够有效增加广告的潜在影响力。其中的数值范围十分重要，因为"小的细节和提示可以产生大的净值效应"（small things and prompts can have big net effects）。关于伦理学以及上文所批判的挪用、海德格尔式信息提取、制作—呈现和主体性商品化等问题，萨瑟兰将其归结为"行为科学和资本主义帮助人们得到他们真正想要的东西"。他说，"计划式的经济永远不会给我们带来激情，即使是出于好意，更少的选择会使人们更难得到他们想要的东西"。萨瑟兰从不为与信息非对称和自由家长主义为伍而感到羞愧［卡默勒等人（Camerer et al.），2003；赛勒和桑斯坦（Thaler and Sunstein），2003］，因为不管人们接受与否，自由市场终将识别他们的真正需求。从经济学逻辑来看，家长主义（paternalism）的出现是为了保护那些无法为自己的最大利益做出决定的人，虽然它同时也限制了选择。这种不对等形式其实是"一箭双雕"，因为它既试图纠正那些不为自己利益行事的人，又不伤害那些做出理性选择的人（卡默勒等人，2003：1212）。这一原则广泛应用于健康领域，萨瑟兰认为这一原则在消费主义背景下是没有问题的。

关于情感分析和共情媒体，萨瑟兰认为就内部研究而言，广告优化的规模小、程度深是没有问题的，但在公共场合使用情感检测却"令人担忧，因为可能会侵犯到他人隐私"。为了说明这一点，他借鉴了乔治·阿克洛夫（George Akerlof）和罗伯特·席勒（Robert Shiller）于2015年出版的书籍《愿者上钩》（*Phishing for Phools*），该书主要探讨了如何让人们做出不符合目标利益，却符合商家利益的行为。萨瑟兰认为"人们的这种做法只关注了短期利益，而忽略了更合理的长期目标"，"人们做出符合短期利益的决策时往往是情绪化的，这对赌博（赌场和在线赌博）等业务有影响"。用卡内曼（2011）的话来说，共情媒体特别适用于利用偏见、启发法和心理捷径来影响"系统1"的实时选择，重点是这些决定未必与人们深思熟虑时的选择相同。如下文所述，这将对零售业产生特殊影响。

零 售

尽管在线购物、语音订单和亚马逊的一键购物发展迅猛,但消费者仍十分注重与实体零售相关的触觉体验(Skrovan,2017)。他们想要亲眼看看实体商品,想与售货员互动交流,想现场体验下感兴趣的产品,想获得积极的线下购物体验带来的感观愉悦享受。线下购物尽管有会员制度,但大多数情况下顾客仍然是匿名的。但随着整合了线上和线下购物体验的"全渠道"(omni-channel)购物模式的发展,尤其是通过智能手机进行的整合,正不断改变着上述情形。这是一种范式的转变,因为全渠道方法需要能够识别和理解用户的线上行为习惯,能够衡量线上和线下行为,能在商店中进行微目标沟通,能与顾客进行更私人化和亲密化的互动与交谈。总体而言,尽管网络消费者长期以来可以在很大程度上自由浏览网上商品而不被记录,但我们的目标是在网络环境中能够识别出他们的用户画像[图罗(Turow),2017]。

为了实现这一目标,我们需要收集用户在与商店、客户忠诚度计划、移动应用程序、网站、呼叫中心、广告、电子邮件、社交媒体渠道、聊天机器人以及潜在的全息图和可触虚拟物体[超触觉(ultrahaptics)]之间的每一次互动信息。这是除内部使用的共情媒体(虚拟现实、注意力跟踪和生物识别)以外的措施,以了解用户对于产品、品牌、诱因、植入和决策行为的无意识反应。零售分析的任务是整合这些数据流,理解这些信息,并及时将其投入使用(无论是实时的还是延迟的)。零售商认为,通过身份识别,他们能够了解客户的"所思、所见、所感和所为",这样就能通过了解客户的偏好和购买历史来为其提供折扣以及更高水平的服务,这就好像"生活在每个人都知道你名字的小镇"一样。

欧洲民意与市场研究协会(ESOMAR)、西南偏南大会(South-by-South-West)和德国科隆数字营销展(DMEXCO)等行业会议(我在2016年和2017年参加了这些会议)指出,在价值交换原则的支持下,即能够为消费者提供更好的服务和购物体验时,这种监测是合理的。人们可以从史蒂芬·斯皮尔伯格

(Steven Spielberg, 2002)的电影《少数派报告》(*Minority Report*)中直观感受到这一描绘——主角约翰·安德顿(John Anderton)由于受到侵入式监控与定向广告的监测而在一家零售店里遭受攻击。

在现实生活中，eyeQ自称是一家数据分析和参与度研究的公司。该公司产品"eyeQ Go"能够识别人们在货架上看商品时的面部情绪反应。它收集购物者的信息，包括年龄、性别、情绪、停留时间、回访次数、店内消耗时间和客流量。这种分析是被动进行的，消费者并没有意识到自己正在被观察分析。但当他们进入商店时，商店会为他们提供定制化的营销策略。值得一提的是，eyeQ声称尊重购物者的隐私，采用"专为隐私设计"(privacy-by-design)的方法，即未经明确同意，它不会获取可识别个人的身份信息(eyeQ, 2017)。有人怀疑其最终目的是身份验证、个人标记以及面部识别使用，这种怀疑完全有可能是对的。此外，有关情绪的数据极有可能被用于实时追踪识别的对象，并被应用到关于店内反应和行为的客户关系管理(CRM)数据库。鉴于可以通过商店应用程序访问个人设备，将CRM个人资料与在线行为相关联并非难事。正如第十一章将会讲述的那样，当前阶段的匿名情感定位不应被忽视，因为这种做法在实践、伦理和逻辑上都存在问题。

与eyeQ相似，美国的Cloverleaf使用Affectiva面部编码技术（第五章有过讨论）来收集数据。无独有偶，Cloverleaf的原理是在顾客可能要接触产品时（之后很有可能将它放在购物车里），用与货架等高的相机扫描顾客的表情。这项技术可以测量顾客"思考是否购买商品"时的微表情，并提供有关他们对商品放置和包装的相关反应数据。除了对情绪和微表情的面部识别，他们还为企业客户提供了收集年龄、性别和种族等数据的技术。Oovoo还将目标对准了零售市场，在橱窗和店内展台上安装了摄像头，以观测个人客户对店内广告和产品的反应。Imagination Technologies也正在开发一种基于摄像头探测的系统，通过观测顾客在店内的活动来收集他们的数据。

情感捕捉和个性化零售背后的说辞意味着需要被强化的应当是预测和服务的瞬间，而非售卖的瞬间。例如，易趣(eBay)和生物分析初创公司Lightwave

在研究零售业的情绪和压力时发现,在伦敦,圣诞购物可能会使人的心率加快33%,心动过速[1]增加88%(Contagious,2016)。此外,研究中60%的购物者在购物32分钟后达到"购物疲劳"(shopping fatigue)状态,这时他们的狂热痴迷渐渐退却,购买礼物变成了机械的交易行为,而不再是深思熟虑了。易趣和Lightwave还创建了一个"情感驱动商店",里面装有互动屏幕的小隔间,它们向顾客展示礼物的创意,同时测量用户的面部表情和看每件礼物的时长,以评估他们的情绪反应。不容忽视的是,情感感知技术(affect-sensitive technologies)同样适用于零售工作人员。这往往打着提高情感化劳动的质量和数量、改善员工与客户的互动、乐于助人员工排名、培训和绩效考核的旗号。

AR零售

在视觉辅助和"身临其境"方面,人们对增强现实(AR)的兴趣日益浓厚。尽管AR技术自2020年以来就被应用于市场营销中,并于2016年随着《宝可梦Go》(Pokemon Go)游戏的发行而得到推广,但在零售和AR之间的关系可视化上依然是艺术处于主导地位。松田桂一(Keiichi Matsuda)制作的《超现实》(Hyper-Reality[2])把虚拟现实、增强现实、可穿戴设备、物联网和生物识别整合在一起,覆盖了我们生活的方方面面。这听起来可能有些不可思议,但如今社交媒体的普及在当年也曾一度令人匪夷所思。如图8.1所示,回顾《超现实》我们可以看到,增强现实技术并不是简单地"放大"(增强的定义)。

相反,AR中的二维码、广告、图标、说明、地图、位置信息提示、状态更新、注释、列表、结账详情、搜索机会、客服聊天机器人、服务和系统更新请求同样在相互竞争着,正如广告和营销在物理空间中争夺关注度一样。虽然松田的视频是虚构的,但我们应该把它放在混合现实开发的背景下来看,比如微软的全息眼镜HoloLens。谷歌、苹果和脸书也在竞标零售商店的AR眼镜,以进行产品评论、品牌体验和潜在的弹出窗口(参见Google Tango AR、Apple AR kit和Facebook AR Studio)。同样,当应用于零售领域时,Adobe公司的人工智能和机器学习系统Sensei可以让佩戴HoloLens的人通过语音命令和手势识别来处理内置于店内产品中的多层数据。商店和第三方观察者（如品牌方）将看到消费者如何在现实中导航，以及他们与物品间的自然交互行为。

图 8.1　松田圭一的实体店增强现实艺术视觉

目前，增强现实（AR）、面部编码和情感跟踪技术在零售业的应用比较少并且噱头十足，但它们所预示的意义重大。在英国，我作为道德顾问委员会的一员参与了一个名为"感知情感"（Sensing Feeling）的项目，该项目旨在评测零售店内客户对周围物理环境的情感反应。³其项目网站设想了一个"人类在物理环境中互动的世界，该物理环境被设计成以积极和道德的方式回应我们的情感和感觉"。虽然它通常和物联网等从多设备中获取数据的技术相关，但我们需要强调的是它不仅能感知，更多的是还能提供反馈。"感知感觉"项目的愿景是采用"感知人类情绪并能做出相应调整"的学习系统、个人虚拟助手、机器人和物理环境，反过来还会提升"感觉感知"的消费产品和服务的可用性。

这反映了本书中有关共情媒体的主要论点，因为它不仅说明了在我们的生活中如何逐渐涌现出一些能够以前所未有的方式感知人类生活的技术，还阐释了共情媒体提供了新的审美体验，既利用了情感相关信息，又提供了感知审美创作的新手段。在2017年中期撰写本书时，该项目的成果仍有待考察，但很明显，其目标不仅仅是量化和挖掘客户行为，而是利用情感感知技术建立起人与人工智能实体、在线助理和机器人之间拟真的理解和有意义的交互。就像上面提到的eyeQ一样，开发者一直小心翼翼地避免触犯有关"识别"个人身份的隐私法（详见第十一章）。

广告：内部研究

在探讨了批判性观点、专业机构对情感作用的看法以及零售业之后，我们现在转向探讨在广告行业中更加具体的实际应用。在行业内部研究中，使用功能性核磁共振成像（FMRI）、脑电图、音调分析、眼动追踪、瞳孔扩张测量和皮肤电反应等技术来研究用户自主行为并不是什么新鲜事。尽管这一系列技术听起来有点"奇怪"，但其实使用机器追踪注意力的方法可以追溯至19世纪消费心理学起源之时（见第二章）。上述提及的神经营销学技术结合起来能够提供双重功能。首先是把关，在广告代理方面，创意总监可利用他们的经验来评估工作并判断其可能的有效性。眼动仪、面部编码、脑部扫描和生物识别也有类似的作用。这些技术的不同之处在于其可以不依赖经验和直觉来评估广告的弱点和潜在爆点。其次是规划，从"规划在何处购买广告投放点"这一角度来看，预先洞察广告的情感影响可以让媒体代理商知道广告的效益度，他们可以在多大程度上依赖网络效应（即人们在网上分享广告），或者他们是否需要在付费空间中花更多的钱来触达目标受众。广告的强度和潜在效力通常是从说服、显著性、感悟、回忆和感情影响力等角度来评判的。

例如，金沙研究公司（Sands Research Inc.）为大众汽车（Volkswagen）测试了一个名为"*The Force*"（2011）的广告的影响力[4]。该广告于2011年"超级碗"（Super Bowl）期间在美国上映并在网上广为流传，在上映前的内部调查中，这则广告的观众参与度创造了新纪录。这则广告是由德国洛杉矶公司（Deutsch L.A. Inc.）和卢卡斯影业公司（Lucasfilm Ltd.）共同制作完成的，采用《星球大战》（*Star Wars*）中约翰·威廉姆斯（John Williams）的原声配乐，讲述一个装扮成达斯·维达(Darth Vader)的孩子试图用自己的"原力"移动周围东西的故事。广告的高潮部分是这个孩子相信他用"原力"在车道上启动了大众汽车的引擎。[5]如图8.2所示,视频研究为我们提供了一个注意力热图,通过眼动追踪方式清晰显示了视频中的哪些元素捕获了观众注意力。其实现方式是通过跟踪器将红外光从一个固定的位置(例如从一个人正在看的笔记本电脑屏幕的下方)投射到眼睛上,同时拍照记录眼睛及其注视的图案,然后计算屏幕上的注视点(拓比,2017a)。通过追踪脑电信号来记录整体参与程度、情感效价以及大脑受刺激的区域。

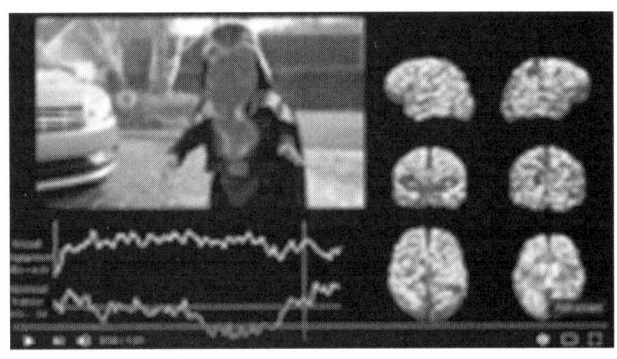

图 8.2 注意力、情绪和参与度的内部跟踪示例

负责企业开发工作的脑电图头盔开发商Emotiv公司副总裁杜金(Kim Du)在接受采访时指出,许多公司内部的市场研究人员都在使用他们的硬件和软件平台。杜金表示,EEG技术(和其他共情媒体)使市场研究可以摆脱焦点小组环境(此时主持人正在询问关于营销内容的体验问题)。杜金认为,通过移除对公众口头表达的需要并替之以收集生物反馈数据的方式,可以帮助研究人员实时准确地了解参与者对刺激的反应。

广告的创造力

共情媒体不仅可以用来测量反应和纠正内容,还可以用来创作广告。例如在洛杉矶,安邦实验室(Zoic Labs,一家好莱坞电脑影像公司)、Team One

及其母公司盛世长城广告公司(Saatchi and Saatchi)试图回答人工智能是否能够构思、导演和剪辑出一部触动人心的促销音乐短片。之所以选择这种类型,是因为这是许多导演在职业生涯开始阶段都会去拍摄的类型,同时对于人类而言,这也是最简单的一种视频类型。在剖析之前,希望读者能够了解一些相关信息,自20世纪50年代人工智能研究起源以来,有关机器创造力的说法就一直存在,这是因为人工智能系统最初被认为是符号操作系统(这些研究人员也将思维视为符号操作系统)。这使得西蒙(Simon)和纽厄尔(Newell)断言,"现在世界上存在可以思考、学习和创造的机器"(1958: 8)。人工智能和创造力始终是人们关注和研究的源泉[最近的跨学科综述见达特内尔(Dartnall), 2013]。

然而对于广告业而言,生物识别还是个新鲜事物。该团队运用了IBM沃森(Watson)、缪斯(Muse)的脑电图头盔、Affectiva的API、微软(Microsoft)的日式聊天机器人"琳娜"(Ms Rinna)、Prenav的无人机和人工智能编辑器。他们首先用沃森来分析歌词的情感,然后用缪斯的可穿戴脑电图头盔来读取歌手唱歌时的脑波信号,将沃森对歌词的解读与演唱者的情感进行比对。采集了这首歌的情感数据之后,他们再咨询日式聊天机器人"琳娜"的意见——琳娜是微软开发的一款日本聊天机器人,专门研究用户与她的互动。(与本案例无关: 2016年年末,她产生了绝望情绪,并在最后发出了她讨厌所有人并希望自己消失的言论。)⁶ 2016年,项目团队在推特上向琳娜咨询电影叙事应如何发展、故事应如何开展、演员服装应如何搭配、发型和妆容的设计风格、人们在视频中应如何表现,甚至拍摄现场的饮食应如何调配等问题。尽管琳娜的反馈对人类团队来说并不是每次都有参考价值,但他们还是遵从了机器的回答。

在为视频挑选演员时,项目组要求候选人佩戴缪斯的脑电图头盔,以便从他们的表演中捕捉数据。他们还使用了Affectiva公司的API来分析演员表演时的面部表情。然后,研究团队将两组候选人数据与原唱歌手的情绪数据进行比对,由人工智能挑选出与原唱歌手数据最匹配的人。令人惊讶的是,这个人正是项目团队本想选择的那个人。一般而言,选角不仅是导演们最重要的决定之一,也是最难达成一致的决定之一。

然后，项目组利用沃森、缪斯和Affectiva公司的数据为电影场景（沙漠）中的无人机构建了一个拍摄列表。拍摄完电影的原始镜头后，他们使用内含人工智能技术的电影编辑软件来检测图像和镜头的情感内容。这些镜头都被做了标记，以便人工智能能够快速迭代不同版本的电影。为了取代对人工特效编辑器的需求，该团队还将Neural Art公司的开源库（open source libraries）与自己的系统结合起来，为镜头创建AI过滤器。值得注意的是，随着视频项目的策划和执行，人工智能生成了数千个版本的视频，最终却因为音乐短片质量不够高而没有发布。Zoic和Saatchi/Team One公司发现，尽管最终的视频在情感上与原歌曲的表达一致，但团队得出的结论是：机器是否能够创作出艺术或复杂的故事仍值得怀疑。一个具有批判性的读者可能会质疑作者身份、合作过程，以及人工智能在多大程度上真正构思、导演和编辑了这部电影。但可以确定的是：（1）人工智能确实做出了开创性的选择；（2）它对情绪进行了机械推理，并证明了这些决定的正确性。虽然平心而论，没有人类的帮助人工智能不可能完成这项任务，但这部电影及其技术在人工智能创造力的历史上树立了一个标杆。

广告的程序化

行为定向广告（behavioural advertising）会在一段时间内跟踪用户的网站浏览行为，从而根据广告主所认定的用户兴趣来提供量身定制的广告。它的新朋友——程序化广告则为广告商提供了更为简单和自动化的方式：在对的时间找到对的信息与对的用户（麦克斯泰，2017）。"程序化"（programmatic）（正如行业所指）主要包括网页浏览缓存文件（cookie）以及基于网络行为的相关技术，但它会收集更大范围的数据点，其中包括智能手机应用程序、社交媒体、购买行为以及与个人有直接关系的公司（例如客户注册购买商品的零售商）的信息。它也对感觉、情感和情绪感兴趣，因为理解和预测它们能够有效提升广告效果。例如，在线音乐服务平台Spotify已经与WPP（一家广告集团）合作，因而WPP可以获取Spotify用户的行为与收听偏好数据。除了可以获取用户的位置和设备类型信息,它还能实时洞察听众的情绪。

很多采访里都提到了将情感和生物特征信息添加到数据市场的可能性。例如,哈瓦斯公司的奥布莱恩认为"未来必然是需要程序化和生物识别的",数据管理平台(DMPs)将在收集、利用、合并这些数据并将其投入使用中发挥关键作用(采访,2016)。广告代理公司Unruly是最早探索"基于情感的程序化定位"技术潜力的公司之一。2016年,他们推出了"面向私人市场的服务"(private marketplaces service),允许营销人员用程序定位媒体空间,以分析广告投放后所产生的情感效应。它通过将广告的情绪(由上述内部技术决定)与其所处环境或发布的网站的情绪(包括快乐、兴奋、惊奇、灵感、欢愉、悲伤、温暖、自豪、怀旧、惊喜、知识和震惊)数据相匹配来实现。Unruly公司的肯尼斯·苏(Kenneth Suh)解释说:"我们已经从人们阅读和关注的内容中识别出了他们的情感,例如,当人们希望拥有较高的幸福指数时,我们会查看其他幸福指数高的网站,并将这些网站打包给广告商"(Unruly, 2017)。该服务目前还处于早期阶段,仍然是一个私人系统,因为有关情感的数据不会像公开交换的程序化数据那样可以进行自由交换与买卖。不过,当我们回想起海德格尔早期对技术、挖掘、提取和"呈现"(making-present)等曾经被隐藏的东西的预言时,情感数据的交换似乎是不可避免的。

然而,我们应该认识到目前阻碍这一观点的现实因素。一个真正的市场,有必要就行业标准和贸易条款达成一致,而不是像Unruly公司一样在机构内制定标准。程序化广告技术公司DataXu的约翰·柯兰(John Curran)和艾米·摩尔(Amy Moore)(其观点并不代表该公司)在2016年的一次采访中很好地阐明了这一点。他们问了一个既实用又富有哲理的问题:如果要扩大情感检测范围以便让情感数据可用于数据交换,那么应该如何确定标准?例如,有些人爱笑,有些人不爱笑,但不爱笑的人并非不快乐。同样,人们的静息心率和生物测量状态也各不相同,找到一个共同标准是有难度的。这就涉及之前提到过的问题,目前缺乏表现行为的基线标准以及比较方法。高昂的广告费用对行业来说也是一个挑战。这个问题也存在于理论上(且最终而言更为重要),因为就目前情况而言人机交互的研究结果无法进行比较，也不能重复使用，而且很难将情感和情绪识别系统的不同部分集成在一起［阿罗约-帕拉西奥斯和罗马诺（Arroyo-Palacios and Romano），2008］。除了与情感计算和共情媒体相关的心理标准与技术标准外，广告业目前还在努力阐明人们关注广告的时段以及其他数据/显示标准。

情绪则呈现出比注意力更为复杂的情况，（正如海德格尔法则所揭示的，人们正在借助现代技术尝试对人类的情感特征进行深层次的提取）虽然我们可以很容易推测出情感数据可能会参与数据交换（买卖受众的数据）和推送机制（某人收到给定广告的标准），但如果不能在学术上达成一致，它们又会在什么条件下才可以成立呢？因此，尽管表情符号提供了相对清晰的标记来记录情绪（尽管它们实际上只表明了一个人的感受），且情绪分析已经成熟到足以制定文本和图像基准（见第三章），但截至目前，还没有一个关于情绪生物特征数据的公认标准来指导公开的程序化广告市场交易。

公共场合的广告

广告行业的目标不仅是将编程逻辑应用于网页和移动端，也试图把它应用于数字户外（OOH）媒体。这意味着曾经仅限于我们个人设备的数据分析，现在正渗透蔓延至城市环境之中，这为需要使用情感反应数据的互动广告提供了机会。例如在2016年的一次采访中，Affectiva公司的宝拉·大卫（Paula David）解释说，他们的客户（包括Unruly公司）能够将情感检测技术应用到数字屏幕中。如果路人对着一条牛仔裤的广告微笑，他们可能会被指向商店所在的位置。同样，Kinetic（户外广告的市场领导者）正在开发环境敏感型的市场营销。在这里，广告展示会与人的手机进行互动，有可能产生量身定制的投影和全息图像。更广泛的发展趋势包括：跟踪行人的年龄和性别以便显示与用户更相关的广告，扫描人们与广告的距离，测量他们距离视频传感器的位置以及衡量他们的参与度和专注时间。

这种分析的意义在于，它允许广告商以编程方式设置受众阈值。例如，服装零售商Top Shop可能会说,只有当路过的观众中有60%以上是女性时它才愿意在这里发布户外广告。即使考虑到理论上分析精度水平存在的问题,但在这里仍然可以应用屏幕对情绪进行分析。例如,路过广告并停留的人可能会开心或兴奋(也许是刚刚从体育中心出来),而压力大或疲惫不堪的城市员工可能更愿意接受水疗服务、喝杯咖啡或享用午餐,而不是观看广告。

这就引出了一个关键的伦理问题:如果我们自由、快乐并笑着,可能是因为我们有闲暇时间和现金在零售店消费,我们也许会对公开场合的情绪跟踪有些许不适感,但也不会过分担心。但如果你正好有负面情绪呢?比如当你背着包,推着婴儿车,带着一个缺觉的、刚长牙的孩子费劲地逛着零售店呢?如果一个人患有抑郁症或处于长期的消极心理状态,情况又会如何?事实上,2017年7.8%的英国人都处于这种状态(心理健康基金会,2017a)。DataXu的约翰·柯兰表示,从行业的角度来看,负面情绪是一个机遇,行业总是利用人们的负面状态来获利。他引用了一些广告活动,这些活动出现在一天中的某个时间,甚至一年中的特定时间(比如忧郁的一月),他补充道:"是的,这是一种操纵,但这就是广告。"

重新参观巴黎拱廊

将本章讨论的问题放置于过去几个世纪的零售与城市空间的背景中是很有说明性的。1927年至1940年,德国哲学家、马克思主义者和文学批评家瓦尔特·本雅明(Walter Benjamin)在19世纪对巴黎进行了一项尚未完成的研究。[7]受超现实主义和梦境解析的影响,本雅明痴迷于公共空间的现代转型、美学与工程专业如何服务于商业、娱乐与消费之间的联系、使用价值的次级属性、凋零的娱乐业、零售空间结构,以及快速的城市变化所带来的眩晕感。

巴黎拱廊(Parisian Arcades)与现代零售(modern retail)之间存在许多相似之处,尤其是在消费体验和环境模式方面。本雅明的观察颇具诗意,他描述了建筑、灯光、玻璃、奢侈品和商品文化的壮观幻影。鉴于本雅明的马克思主义倾向，他对新兴消费社会的观察不是欢欣鼓舞的，而是矛盾的。从戏剧角度看，资本主义是一出"大众消费者"自己参与并占据舞台中心的戏剧。本雅明的拱廊计划（Arcades project）在超现实主义的庇护下开展并持续进行，可以说"广告是梦想强加于工业的诡计"（2002［1982］：171）。正如今天的零售空间和大街上正在引入的新技术一样，本雅明的观察应放在如下背景中看待：光刻技术和海报的新兴（而且有点虚拟）使用、新的广告内容呈现方式、梦幻视觉，以及他对合成现实这种超道德的艺术形式、人造光、改善生活的承诺、观众的诱惑、女性在广告中的感官表现和城市空间的感性装饰等方面的观点阐述。这就是当今哲学家、评论家、商业神经学家、技术专家和当代零售业专家探讨的与情感相关的内容。

从很多方面来说，如今发生的一切是本雅明梦想世界的"数据化"（datafication），尽管他的批判带有一定的倾向性，但他并没有把消费主义简化为对商品化和市场操纵的拙劣讨论。相反，他关注的是19世纪消费和零售的新兴特征。考虑到我们所处的新环境，本雅明的幻想与现实的关键区别在于，梦想机器一直在运转，不仅只有我们凝望它，它也在回望着我们。

研究闲逛者：观察者成为被观察者

欧洲一众作家如巴尔扎克（Balzac）、拉洛斯（Larousse）、圣博夫（Sainte-Beuve）、巴赞（Bazin）、福尔内尔（Fournel）和最重要的波德莱尔（Baudelaire, 1964［1863］），都运用了"闲逛者"（flaneur）来描述巴黎的现代性和自由主义（男性自由）的新兴特征，他们隐姓埋名地在整个公共空间中游走，观看涌现的奇观，而又不被别人观察注意到。尤其是在波德莱尔看来，"闲逛者"是一位男性艺术家、诗人、旁观者和现代生活的记录者，他沉迷于日益商业化的城市生活。本雅明（2002［1982］）在《巴黎拱廊街》（*The Paris Arcades*）中对闲逛者进行了英雄主义描述和理论化阐释。在现代购物中心闲逛时，闲逛者将面临被观察的风险，而不再是公众群体兴衰起伏中的无名面孔。

与其说闲逛者在免费观察四周或品鉴商业成果，不如说他在被监视着。他的面部特征、微表情、肤色、性别、年龄、衣着、步态、行为、与广告的距离、在视频传感器前停留的时间，以及是否有足够的好奇心去与广告互动都会被记录下来。如果他愿意的话，这位衣着考究的男士可能会被推荐去吉夫斯霍克斯百货（Gieves & Hawkes），或者去更符合他节俭风范的马莎百货（Marks & Spencer）。人们会把他无动于衷的脸想象成被研究的情感冷漠，或者用面部动作编码系统的说法，他会生成一个"0"的动作单元——一张中性的脸。一个不那么冷静的闲逛者可能会显示出"9+15+16"的动作单元，包括鼻子起皱、嘴角凹陷和下唇凹陷——这些都是厌恶的迹象。可以笃定的是，普通人发现自己被监视时反应会更加明显，他们会表现出近乎惊讶、警惕和潜在的恐惧。正如波德莱尔所言，作为现代公共生活旁观者的人们希望"处处宾至如归；置身于世界的中心看世界，但又不被世界所发现"（1964［1863］：9）。

曾有一位闲逛者"研究人们的面部特征，以便从他们的步态、体型和特征中发现他们的国籍、社会地位、性格和命运"（本雅明，2002［1982］：430）。闲逛者喜欢"在柏油路上种植植物"（同上：372），陶醉于自己作为城市动植物观察者、感官主义者和环境学者的角色，但现在，闲逛者正被其所在的环境监视着，成为被研究的对象。透过历史与诗意的回顾，我们看到了共情媒体的使用引发了各种各样的问题，但也许最重要的问题是改变公民私人身体与公共环境之间关系的可取性。

结　论

本章讨论了在广告和零售过程中，如何将情绪和生物医学身体联系起来的方法。这一点并不新鲜，因为利用科技来理解注意力和情感就像消费心理学本身一样古老。在共情媒体和情感人工智能背景下，至少在构想层面上对情感的量化和商品化正在进行着。海德格尔对人类生活各方面待发掘的价值的观察，深化了这一过程的重要性。各类批评人士和受福柯启发的生物政治分析家没有忽视这一点，他们谈到了广告业对主体性和情感生活的不断侵占。从广告业的角度来看，这一争论是复杂的：一方在说自由主义、理性和利益的相互满足，另一方（更有影响力的声音）则用一种自由主义的家长式口吻来谈论行为改变、社会工程以及对使用行为和生物识别数据来提高我们"真正"想要东西的可接受性。这种观点导致的结果是，商业监视和控制体系的存在是为了更好地满足我们的利益。

本章探讨零售和广告，描述了共情媒体的多种应用。总的来说，这些应用需要对情感、注意力、身体空间、增强空间和创意过程的数据化。未来需要对程序交换的能力给予高度关注，以便利用所有可能的网络来源的数据。然而，这些远见也应与当今的现实主义相平衡，因为建立基准、交换条件和情感性质目前还存有问题。通过重新审视波德莱尔和巴黎拱廊，我们看到了一个明显的变化弧线。虽然城市生活的编年史家曾经对梦想机器进行了拙劣的分类，但我们正越来越多地被捕获和研究，以测量我们的所思、所见、所感和所为。

注　释

1.心动过速意味着成人心率超过每分钟100次。

2.详见http：//hyper-reality.co/。

3.2016年我被邀请加入这个项目的伦理顾问组。由于没有报酬，我同意加入的前提是该项目需要为本书提供密切配合及更广泛的研究参考。我的结论是，作为一个具有里程碑意义的项目，以非营利性的身份参与讨论比仅仅作为一个外部观察者和评论家更好（参见http：//sensingfeeling.com/）。

4.详见www.youtube.com/watch？v=V3s2zUvuM1g。

5.相反，是坐在厨房里的父亲用电子钥匙远程启动了引擎。

6.Rinna的博客可以在http：//blog.rinna.jp/上找到。

7.这本书后来由罗尔夫·蒂德曼（Rolf Tiedemann）编辑，并于1982年出版。

第九章

可感知人格化技术：走向新型亲密关系

　　可穿戴设备、物联网（IoT）设备以及涵盖更广的自我追踪技术话题已在学术界引起广泛重视，但在这里我将聚焦于身体感知（body sensing）的一个特定领域，即那些能真切感知情感生活的个人设备。本章首先会概述这类科技的历史、概念与技术背景，然后进一步揭示其与健康、幸福、工作和性等方面的内在关联。为说明这些话题，我从Verily Life Science（来自Alphabet/谷歌的团队）、Emotiv（头戴式脑电仪生产商）、SharpBrains（研究神经科学的机构）、Spire（用于工作的可穿戴式情绪传感器设备开发商）、Mysteryvibe（性科技开发商）、RealDoll（性机器人制造商）以及一位专业的性心理治疗师那里获取了案例和访谈资料。这一内容广泛的章节与亲密原则（principle of intimacy）密切相关。开头部分聚焦于自我理解，中间部分讨论情感与弱点的系统性知识，结尾部分重在评估人与技术的亲密度。在结论处，我着重强调了在哪些条件下有可能出现新型亲密关系。

健康：自我护理

那些可追踪情感状态和身体生物数据的可穿戴设备与物联网设备的历史要早于本书所提及的传感器和软件。福柯（1988）描绘了"自我护理"的历史，他从古希腊以及"自我护理"的实践与哲学开始叙述。福柯认为，自我护理的必要性贯穿于希腊和罗马哲学（Greco and Roman philosophies）、早期基督教精神以及晚期罗马帝国（公元400年—公元500年）之中。这种理念超越了器物性与机械性的身体观，已触达至灵魂。当与共情媒体产生联系后，这些古老的做法将不仅关乎自我理解，还关乎数据生产。福柯强调，罗马作家普林尼（the Elder Pliny）建议在学习、阅读、准备和冥想中进行思考和静修。写作是进行自我理解的一个关键手段。写作不仅能进行表达，还能产生以供自己和他人进行分享与学习的信息。这种自我追踪、记录、外化和分析会让人进入新的短暂内省状态。福柯指出，写作和自我警觉（self-vigilance）之间的关系关注行为、感觉和情绪（以及其他因素）。他给出了自我分析、自我护理和持续记录的一些详细例子，其中一个例子来源于罗马皇帝马可·奥勒留（Marcus Aurelius）的一封信。在今天可能会被称为"生活日志"（life-logging）的这封信中，奥勒留记录了他一天的来龙去脉，同时也详细检视了他对自身健康、漱口技巧、食物和午餐、洗澡、加餐的关注度及其相关感受，以此来把握自身心理健康的走势。

在福柯对古希腊和柏拉图的论述中，我们发现现代人对自身身体、心灵和情感生活进行医疗溯源的兴趣，其实在西方文化里已经有着悠久历史。古希腊人和柏拉图都建议我们成为自己的私人医生，并倡导将自我护理（self-care）作为一项永久性的活动。同样，斯多葛学派（Stoics）大力发展体操（gymnasia），意思为"训练自己"（to train oneself）。在现代，gyms指的是我们在工作前或工作后会去的健身场所，但gyms最初的意思有些不太一样："健身房就在我们的身体里"。的确，在可穿戴设备和自我跟踪设备日益普及的当下，关键是要通过持续的自我检查来进行自我护理。现今的自我检查有着丰富的形式，如：利用浴室磅秤的自我跟踪［克劳福德等人（Crawford et al.），2015］、对佛教和东方传统的兴趣［艾哈迈德（Ahmed），2010；安德烈耶维奇（Andrejevic），2013］以及关于积极心态和正念①的课程。以上每一例都是现代"健康主义"的征候，它的健康管理着眼于个体而非集体［克劳福德，1980；罗斯（Rose），1999；内夫和纳夫斯（Neff and Nafus），2016］。

在采访中，共情媒体的原则会被视为一种情感自我认知的途径（和帮助），例如，Emotiv公司②负责企业发展的副总裁杜金强调，面向市场的脑电图技术主要定位于"收集和探索数据以帮助你了解自己"。在提及自我追踪大脑的怪异感问题时，她认为虽然现在精神和神经健康的人可能会认为使用个人脑电图检测来感知自己的大脑数据很奇怪，但当老龄化与认知和记忆的相关问题变得越来越严峻时，人们就会赞赏这个产品并正视对自我改善的渴望。

随着人机交互技术的发展，个人感知技术正在成为可能。以时间顺序来看，线性指令（line-driven commands）让位给了图形用户界面（graphical user interface），点击则由可穿戴设备、触觉及触觉界面相连，这些带来了与计算机更自然的交互方式。隐含在可穿戴设备和其他情绪感应技术中的，是从语言、屏幕输入到身体感知技术的进步。这不是隐喻性的，它就是字面上指的感受、触摸、探测、察觉、认知和识别等方面。除了消费级别的脑电图仪，目前的流行方式包括：

・皮肤电反应（GSR）：情感刺激会触发手和脚上的汗毛孔。每当我们处于唤醒状态或感到压力时，GSR传感器可能会检测到特有反应。这是由汗液中正负离子平衡发生变化引起的，这种变化决定了皮肤的电导率，而电导率可以用作情绪状态的衡量指标。

---

① 正念这个概念最初源于佛教禅修，是从坐禅、冥想、参悟等发展而来。有目的、有意识地关注、觉察当下的一切，而对当下的一切又都不作任何判断、任何分析、任何反应，只是单纯地觉察它、注意它。后来，正念被发展成为一种系统的心理疗法，即正念疗法，就是以"正念"为基础的心理疗法。——译者注
② Emotiv公司生产可穿戴式脑电图头盔，以了解人们的心理状态。——译者注

- 肌电图（EMG）：连接在肌肉区域的传感器可以测量肌肉活动或肌肉紧张的频率，这已被证明可以区分积极和消极的情绪状态。
- 血容量脉搏（BVP）：许多基于腕表的可穿戴设备上都有这种传感器，它将红外线反射到皮肤表面，并测量反射光的数量，用以评估心率。心率随着消极情绪（如：焦虑或恐惧）的积累而上升。
- 皮肤温度（ST）：传感器测量皮肤温度，因为情绪的变化与温度的升降有关。
- 心电图（ECG）：传感器通过传导电流，来测量心脏跳动的节拍和节奏。节奏的变化与情绪状态的变化有关。
- 呼吸速率（R）：肺活量计测量吸气（inhalation）和呼气（exhalation）。呼吸行为的变化与情绪状态有关。

今天，这种传感器和可穿戴设备显示着人们对去中心化医疗的兴趣，把护理责任从集体转移到个人，在制度层面也存在着如此论调。如英国卫生当局曾声称，信息技术"将使患者和公民对自己的健康和福祉有更多控制权，它能赋能护理人员，减轻护理专业人员的行政负担，并支持新药物和治疗的发展"（HM Government, 2014: 3）。通过个人感知、记录和自我监测数据的收集（self-monitoring），这种转移正朝着实现防患于未然的措施、实时的自我医学问诊和户外远程护理的方向发展。

企业助力健康自我护理

Alphbet/谷歌旗下子公司Verily Life Sciences的德里克·邓菲尔德（Derek Dunfield）对此做出回应（采访，2016）。他将Verily的方法定义为预防式的现代健康管理，专注于行为改善而非治疗性产品。虽然我们的谈话主要集中在行为跟踪上（较少涉及情感和情绪问题），但邓菲尔德提供了十分有益的见解。他预期，可穿戴健康装备将逐渐成为合法化的医疗设备，并最终获得美国食品和药物管理局（Food and Drug Administration）的批准。随着正式认可的到来，困难也会随之出现,尤其是"隐私问题和监管问题让我们放慢了步伐"。除了数据保护之外,Verily还面临其他问题,比如(如何)验证手机作为健康(管理)设备,以及与数据准确性相关的医疗和法律责任。

他还观察到,尽管可穿戴设备的销量很高,但几乎没有证据表明这些追踪设备真的改善了使用者的行为。邓菲尔德认为主要原因包括人们的使用动力不足,缺乏有用的设备反馈数据,总是需要给这些设备充电等。另一个原因是缺少明确的激励或物质奖励。他表示,若可穿戴设备与医疗保险挂钩,结果将会有所不同,但同时他也谈道,"大多数外部奖励会适得其反,导致作弊行为的产生或因达不到目标而放弃"。总体而言,邓菲尔德认为,要想产生有意义的影响,需要提升设备给穿戴者带来的价值。这在对可穿戴设备公司的多次采访中已得到证实,这些采访着重指出的问题包括:糟糕的用户体验和穿戴技术方面的问题,还有包括外观美感、与其他设备和云服务的连接、电池续航能力和功能的有限性(一个只能做一件事的设备很快会令人感到单调)等问题。另外,对Verily来说,当设备用于葡萄糖管理等情况的时候也很尴尬。邓菲尔德认为,"如果它显示你又胖又沮丧——这是一种生活方式的耻辱,比如可视的穿戴设备显示你患有糖尿病,这可能会让你感觉很丢脸。因此,我们要小心避免让这些应用程序过于可见或可识别"。

鉴于谷歌公司对其广告业务的依赖,我询问了邓尔菲德关于Verily的自我健康护理类(self-care)产品与谷歌公司盈利模式之间的关联。他回答道,Alphabet成立的原因之一就是谷歌希望将其医疗业务的发展从广告中脱离出来,因为两者有着不同的隐私考量。不过,就他及其同事的个人意见而言,他补充道:"我乐意让谷歌获取我的医疗数据,这样他们就能在我健康状态欠佳时给予相应建议","如果谷歌能预测我生活中的大事,我会选择使用它"。与本书中的其他受访者(尤其来自广告业的受访者)一样,邓尔菲德断言,在隐私问题方面的确是存在代际差异的。谈及脸书的受欢迎程度,他认为年轻人是伴随着脸书成长的(由此推断,他们相比起年长的一代更习惯于生活在公共空间中)。他还引述了很少有人会去阅读移动终端用户许可协议一事来说明,"我认为人们其实并不在乎"。

我们在讨论戴夫·艾格(Dave Eggar)的小说《圈子》(The Circle,该书探讨了硅谷在推动全方位开放透明城市生活上的建设),并谈及"是否情感透明是件好事"的问题时,邓尔菲德认为"如果能做到准确也还不错"。他解释道:"大多数人无法识别自己的情绪,也不会用语言表达。如果我的手表能告诉我为什么会感到不适,并能告诉我该如何做,那我们的社会将会变得更美好。"关于这点是否完全可取,作为一个自诩为自由家长制①主义者的他认为,能同时尊重选择自由是有可能的,但私人和公共机构干预行为也应是可接受的,特别是当人们做出糟糕的选择时(见赛勒和桑斯坦,2003)。尽管邓尔菲德并不关心企业对行为、情感生活或数据隐私的影响,但作为一个自由主义者,他仍对国家能够访问这些数据而感到不安,他说,"主要问题在于政府能否得到数据,并且有很多充分理由来解释为什么政府不应该拥有它"。

工业福利:监控情感劳动

现在我们来看本章的第二个案例:工作。工业心理学(industrial psychology)是一种试图对行为、态度、个性或广义上的个人主体性开展理解、测量、记录和采取行动的方法。换句话说,它对人类行为的分析,不仅是为了帮助管理者管理员工,也是为了帮助员工管理自己。自我管理(self-management)的观点很重要,因为有情感的劳动者需要自我监控和自我检查。就工作而言,这通常需要达到他人规定的品牌和声誉标准[霍赫希尔德(Hochschild),1983;格兰迪等人(Grandey et al.),2013]。

工作可以机械地从交换角度看待(以劳动换取工资),也可以更细致地考虑其深层心理因素。对个人而言,它可能意味着友爱、令人感到愉快的工作条件、人生目标和发展路径。在机构层面,罗斯指出,"商业成功取决于能否让员工主动参与到公司的目标中去"(1999:56)。一致性非常关键,因为工业心

---

① 政府不会告诉你应该做什么,但政府会倾力创造出一个环境,这个环境会使你觉得做符合自身利益的事情更容易。——译者注

理学不仅管理着我们的物理形态的身体，还涉及个体的经历、动机、性格以及工作场所中主体间的互动。埃尔顿·梅奥（Elton Mayo, 1933）对劳资关系和主体性进行了一项具有里程碑意义的研究，他观察到，心理和社会因素在生产率中发挥的作用大于实体因素。泰勒主义（Taylorism）关注的是如何提升个人表现，而梅奥研究的是在社群中的个体。他发现当管理层倾听、学习并表现出对员工福利的关心时，生产率就会提高。此外，管理者应该通过采访员工来了解员工的好恶，纠正负面反馈，并对员工关系、工作疲劳和工作效率进行研究。从共情媒体的观点中我们能够得到这样的认识——与弗雷德里克·温斯洛·泰勒（Frederick Winslow Taylor）的时间与运动的研究相反——情感和感觉非常重要，应该对其进行充分解读与研究。

1921年，查尔斯·迈尔斯（Charles Myers）与他人共同创办了国家工业心理学研究所（National Institute of Industrial Psychology），正式将这一理念付诸实践。其创办目的是通过科学方法来更好地实现对个人精力的管理，同时也能为工人提供更高标准的舒适环境与福利保障。这不仅包括理解员工智力和才能（用于确保人们被安排在最恰当的岗位），也包括情绪——因为观察表明，情绪构成在衡量绩效方面具有重要的产业价值。这反映出人们对于"精神卫生"（mental hygiene）的兴趣。它包括对较为轻微的精神问题的诊断、治疗，对正确精神生活的推广和对工作环境的组织，从而降低情绪和精神的不稳定性。这种"精神卫生管理"（sanitisation）指向一种观念，即员工是情绪、情感和本能的"载体"，需要加以培养和调节，用今天的行话说就是"鼓励"（赛勒和桑斯坦，2008）。工作场景的情感化，无异于是一种让人类工业流程透明化的尝试。同样，它的实现有赖于实验心理学、实验图表、理解建筑物和工作环境对员工的情感影响，以及人们对这些场所、物品、管理者和同事的依赖特征等。现代共情媒体在这些方面的连接力和发展潜力清晰可见，尤其是在情感生活的透明度方面，可用于检测和缓解疲劳、识别压力和疾病、减少事故和长期缺勤等。

《经济学人》（*The Economist*, 2016）在对工作场所的现代福利倡导中指出,"只有快乐的傻子才会把它当真"。他们质疑这种福祉计划与个人福利的关系并不大,而与净生产率和适应力的关系更大。这些计划还认为,若一个人缺乏幸福感那是他个人的问题。这忽视或淡化了导致不幸福的内部(工作场所内)、外部和结构上的原因,例如不合理的工作量或更广泛的社会因素。福祉计划要求员工"重新定义"他们所受到的压力。这其中有一个隐性层面,即幸福的责任在于个人,而不是那些对人们所处机制和环境具有影响力的人。换句话说,幸福是一种选择,而非环境作用的结果(戴维斯,2015)。

福祉计划背后的合理性一部分源于早期对压力的定义。汉斯·塞尔耶(Hans Selye, 1938, 1978)将压力理论化为使人们适应能力下降的事物。对塞尔耶而言,这是"身体的非特异性反应"(nonspecific response of the body),因为紧张性刺激(stressor)可能会对一个人产生全面影响。其他人后来将压力定义为人的反应,而不是产生压力的情境本身[拉萨斯(Lazarus),1991]。这种从客观到主观的转变还在继续,其他研究压力的学者认为,很多情况中并非在客观上有压力,而是由个人依照社会和文化规范而定义的社会性或心理性压力[莱文(Levine)和思高(Scotch),1970]。这意味着个人感知技术正在被用于工作场所,对于劳动力问题的认知不是源于结构性条件,而是工人的应对机制。

做个深呼吸：可穿戴设备与工作

可穿戴设备Spire由尼玛·摩拉维亚(Neema Moraverji)和乔纳森·帕利(Jonathan Palley)开发,由斯坦福大学的初创团队mediaX进行孵化。具体而言,它来自"知识工作者生产力"的研究和一个创新主题,该主题旨在研究"需要对人和技术有什么样的洞察,才能开发出能显著提高知识工作者生产力的度量标准？"(mediaX,2015;最初的重心)。最终产品呈现为一种卡扣式(clip-on)可穿戴设备,可以监测身体位置、行为活动和呼吸——用来提醒用户关注自己的呼吸。值得注意的是,与测量步数和距离的跟踪器不同,Spire试图通过定量方法来测量定性体验。除了为iPhone 5s开发一款独立的应用程序外,这款设备还能与苹果健康(Apple's Healthkit)程序进行交互,可以非常详细地跟踪用户的饮食、锻炼、活动和身体状况。用户能够在智能手机上看到其呼吸状况,了解自己的"精神状态",获知自己正处于冷静、专注还是紧张状态(Spire, 2017)。Spire之所以专注监测呼吸,主要是因为呼吸状况与心跳频率和肌肉紧张程度紧密相关,而且还能对大脑产生影响。

根据定义,自我追踪(self-tracking)与隐蔽的数据追踪有显著不同,因为它是个人有意识进行的活动[勒普顿(Lupton),2016],尽管并不排除(如下所述)强制要求在工作时佩戴追踪器的可能。通过可穿戴设备进行自我护理(self-care)的几个典型规范包括自我监控、自我约束和将自我作为一个生产单元进行维护(例如"我今天取得了什么成就?我达成目标了吗?明天我怎么做得更好?")。事实上,Spired登录页面所展现的品牌推广和品牌野心会让人联想到硅谷的成功人士:35岁左右、异性恋(男人将女人怀抱在胸口)、健康、幸福、成功、外表精致、有直面镜头的自信、没有任何变态的喜好或反动的政治观点。类似Spire公司这样的可穿戴技术及其使用动机,完全可以放在如何塑造和呈现自我、新自由主义、媒体技术、自我完善和自我治理等更为广泛的讨论议题中[马威克(Marwick),2010]。这种自我投资和自我监测对于知识工作者尤为重要,因为从事创造、思考和处理信息的人在其职业生活中往往拥有高度自主权。事实上,这类员工需要进行高水平的自我管理,因为硅谷(Silicon Valley)的工作状况通常是不稳定和不保险的。总体而言,可穿戴设备的逻辑和语言与商业术语有着惊人的相似之处,尤其是在自我监管、成就、进步、目标、效率、优化和自我管理等方面。

Spire的活动追踪器可以别在裤子后面或文胸上。该装置宽14毫米、长44毫米、厚32毫米。产品有着灰色半软质地的花岗岩样式外观,戴上身的搭扣宽12.5毫米,长52毫米。Spire应用程序可以呈现用户的呼吸,并实时显示在智能手机屏幕上(脉搏跳动代表了膈的扩张和收缩)。如图9.1所示,它还显示了佩戴者的主要状态——冷静、专注或紧张。

可穿戴设备和应用程序一起追踪呼吸、身体运动及其位置以显示用户的生理状况和精神状态并提出建议,尤其是当佩戴者感到压力大时。随着时间的推移,它能够感知一个人的基本呼吸频率和呼吸稳定性,Spire声称,算法会变得个性化,能根据佩戴者产生的行为进化。尽管到目前为止Spire在谷歌上有着最多的相关搜索结果页面,[1]它还是为数不多的拥有监测呼吸模式功能的追踪器(其他追踪器包括Prana和OMsignal)。从Spire的主页上可以看到,"Spire能监测到你的紧张情绪……并提醒你深呼吸。它能实时追踪你的呼吸模式和活动,并了解你的精神状态"。Spire还能"关注你紧张、专注、平静和活跃的时刻并提供反馈,以让你过上更好的生活"。MediaX(2015a)是其早期迭代产品的网页,页面标题为"在综合生产效率中使用具有令人平静的效用"。该页面指出,呼吸传感器是一种将工作和健康结合起来的工具,可以帮助知识型员工进行自我调节,优化他们的心理和生理状态。该公司声称,通过感知、阅读呼吸模式以及提供反馈,该产品可以提升使用者的注意力集中程度和冷静程度,并通过正念原则来减少使用者的紧张感或让其专注于当下。

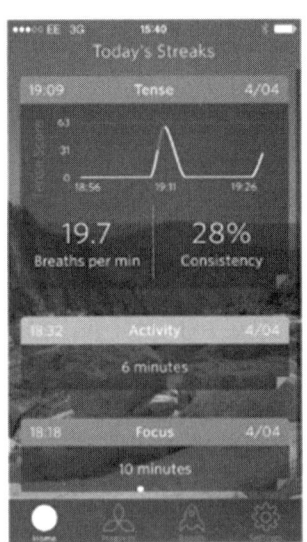

图9.1 点击"tense"主状态,显示统计数据

该项专利的具体内容包括传感模块、产品外观和将呼吸模式转换为电信

号的系统(谷歌专利,2014)。它能测量吸气和呼气,通过测量胸腔和腹壁的运动来评估呼吸。该专利进一步详述了一系列与呼吸有关的测量要素,包括呼吸频率(如:每秒呼吸次数);呼吸深度;呼吸浅度;吸气呼气比;胸廓变化(因年龄、性别和种族而异);潮气量估算(进出肺的空气量);吸气和呼气流量(如峰值和平均值);吸气时间占比(吸气时间除以吸气和呼气时间之和);呼吸功(将空气吸入肺部所需的动力);相位角(与呼吸困难有关);呼吸波形形态(表达和模拟呼吸模式的方式)。这些细节的重要性在于,它提供了一个情感行为与机械共情的精细案例。该装置通过力感测电阻器(force-sensing resistors)来记录这些不同类型的呼吸。通过将电阻感应到的压力转化为电信号,这些呼吸类型可以被处理成为行为模式。每种行为模式被转换成信息后,会被分到Spire设定的类别中,包括平静、专注、紧张和活跃。这个共情媒体的例子可以简化为身体>行为>设备捕捉模式>模式匹配>情感分类>对设备佩戴者的反馈。

表达工作中的情绪:若干问题

然而在工作中使用可穿戴设备的关键问题是,对情感的洞察可能不单单会反馈给佩戴者本人,还会反馈给他们的组织。随着可穿戴设备在工作中的应用越发盛行,一位权威市场分析师表示,到2020年,40%的员工可能会使用健康追踪器来增进健康以及降低医疗成本(高德纳,2016)。在2016年阿拉伯联合酋长国(UAE)举办的Gitex 2016年行业技术会议(中东海湾信息技术展览会)上,丹尼尔·利登(Daniel Leitao, Vinaya产品主管)回答了我提出的关于工作中可穿戴设备的情感捕捉问题。利登称之为一种积极的进步,他举例说明比如自杀是英国男性死亡的主要原因,而雇主就能对此进行提前干预。但是考虑到隐私问题,他问道:"在什么情况下,你可以使用情感追踪来观察人们进入糟糕的状态并需要帮助?这是工作场景的一大问题。"他接着问道:"如果你(作为雇主)看到这个,由于你在侵犯他的隐私,你会选择告诉谁?"

他指出,心率传感器无处不在,Vinaya开发的皮肤电反应传感器有助于管理工作中的压力。他还表示，如果取得个人许可，他们的公司服务也会提供一些语境线索，即通过读取员工电子邮件的形式来提供更多对于情感和心情趋势的洞察。利登认为，了解一个人的任务要求和他们的反应能让雇主和雇员清楚地洞察到此人的性格。他举了一个例子补充道："生物传感器可能会告诉你一些信息，然后（通过查看电子邮件和日历），你就知道他们在和老板开会，这让他们感到压力很大。"虽然本章看上去对用于可穿戴或私密场合的设备比较感兴趣，但语境洞察也是工作场景分析中反复出现的议题。例如，Humanyze公司表示寻求将工作场所变得更加"人性化"（humanise），这主要是通过智能手机、可穿戴设备和语音来监控内部通信、网络、关系、位置和个体生物识别来实现的。上述目标用于推断一个人在工作中有多快乐、工作效率有多高。尽管没有提及公司的名字，但Humanyze列出了来自金融、石油、旅游、制药和科技行业的客户案例研究（Humanyze，2017）。实际上，这显示出工业心理学的自动化正驱动着工作场景的透明化，以此可以持续对员工进行被动式分析。管理人员现在可以方便地在数字仪表板上查看数据以及相关分析。

在2016年的一次采访中，Humanyze的CEO本·瓦贝尔（Ben Waber）提到了对监管反乌托邦式的解读观点（Bloomberg Businessweek，2016）。他首先提出了一个引人好奇的论点：我们需要更多监管。他认为，这些设备应该被选择性使用，个人有其自身行为数据的访问权，但企业只能收到汇总数据。他据此认为，当公司对这些综合数据具有洞察力时，人们可能会学会如何提升自己。他还指出，未来所有公司都将使用这种技术。这是共情媒体开发人员共同关注的一个重要议题，我们将在第十一章中继续探讨此话题。也就是说，只要收集到的数据不与个人相关联，使人们的生理和情感生活"机器可读"并从中获利就是合乎道德的。

据报道，包括摩根大通（JPMorgan Chase）和美国银行（Bank of America）在内的许多知名公司正在探索可以监测员工情绪的系统，以此提高员工的能动性和服从性（Bloomberg Businessweek，2016）。在金融领域，有种方法是使用手表传感器来测量脉搏和汗水，以警示交易员在他们过度兴奋或情绪过于高涨时进行休息。同样，由高盛（Goldman Sachs）前雇员创建的Behavox公司则对电话通话进行语音分析。Behavox自称是一家有着"全员监控解决方案"的公司，它能分析当前状况与既定模式之间的偏差，例如：一个原本好好说话的人突然对交易对象大喊大叫起来。

值得注意的是，正如第三章中对金融行业相关情绪的讨论，控制和平复情绪是交易过程中的必备能力。因为能够理解和控制自己情绪的人不太可能因市场波动而惊慌失措、反应过激并做出冲动决定［阿梅里克斯等人（Ameriks et al.），2009］。这一点之所以重要，是因为情绪有助于制定决策和作出选择，以及解释为什么即使某些选择具有相同的逻辑价值甚至可能不合逻辑，这些选择也会比其他选择更可取（卡内曼和特沃斯基，2000）。交易员佩戴腕表传感器测量脉搏、出汗和压力是否符合雇员与雇主的自身利益？往好处想，工作场所中情绪的监控状态和透明状态可以让你洞察员工是否正在经历身心上的煎熬，并识别那些处于身心压力、疾病、暴怒边缘的人何时需要帮助。坦白说，我们这些不在金融领域的人可能也会喜欢实际的建议：休息一下，做个深呼吸或散散步。这也许能让我们不再为了一封仓促发出的电子邮件或是一项极其糟糕的金融投资而悔恨。

当然，这里存在伦理问题。就压力问题而言，金融公司是否有职责追踪那些处理大额客户资金的员工？公共部门的雇员也可能面临同样的问题——正如第七章中提到的，（低抗压、易过度反应的）警察是否有权携带枪支？但反过来，在更基本的层面上，普通雇主应当依据什么去获取关于员工身体和精神状态的信息呢？尊严和尊重被置于何地？SharpBrains公司的阿尔瓦罗·费尔南德斯（Alvaro Fernandez）举了一个例子，他曾与一位企业家探讨过"改善员工心理健康的解决方案"（采访，2016）。问题是："如果我是一名员工——当我的老板意识到我有这种认知问题时，他们会解雇我吗？"他认为，"当人们意识到正在发生什么时，隐私就会成为一个主要关注点"，但同时也认为"我还没有看到任何有关制定隐私标准的系统性努力"。

其次，虽然共情媒体的开发者普遍认为情感生活可以通过生物识别设备进行推断,但他们并没有共享一种通用的情感语言。例如:杜金认为,情绪、意图或注意力追踪之间没有统一标准,"脑电图仪(EEG)中不存在明晰的图文特征"。缺乏对个人生物反馈信号的公认标准是一把双刃剑:注重普遍性、基本情感和生物程序是共情媒介的默认逻辑(与更具种族中心主义的说法正相反),然而,人们没有一套通过设备和传感类型对自己进行测量的通用标准(阿罗约·帕拉西奥斯和罗马诺,2008)。如果要根据这些数据对员工和公民做出组织决策,制定标准就非常重要。

我们可以再来关注一下强制性问题。即便假设雇主百分百可靠,所收集的数据完全反映真实情绪状态,并且严格保证来自设备的个人数据和汇总后的信息能够与个人数据完全分离,但自愿同意原则在职场环境中仍存在严重问题。[2]尽管Humanyze和Vinaya也许会提供选择性参与的选项,但刚在摩根大通或美国银行找到理想工作的新员工真的能说"不"吗?被迫的问题依然存在,那些拒绝使用可穿戴设备来追踪情绪的员工即使身处在最幸福的工作环境中,也可能会觉得他们被列入真实的或存在于管理者脑海中的不配合员工名单(是决定裁员、职业发展和提供机会时的参考要素)。

性对象

共情媒体和"触感科技"(technologies that feel)不仅能增强幸福感、健康、自我护理活动和生产力,还能带来性愉悦。这是通过物联网设备实现的,这些设备对身体反应很敏感,还能辨别个人偏好。在2016年的一次采访中,MysteryVibe联合创始人索米亚迪普·拉克希特(Soumyadip Rakshit)对"性科技"(sex-tech)行业规模进行了说明,性玩具在全球销量已达200亿美元。[3]拉克希特补充说,因为许多销售没有报告,这个数字实际上可能会更大。他将这一增长归因于在线零售,许多创业者正被吸引到性科技领域。

MysteryVibe能使用户进行个性化自慰,因为这款名为Crescendo的设备可以随意弯曲以触及各种部位。通过用户手机上的软件，Crescendo的振动可以根据一个人的性兴奋程度和阶段进行调整。MysteryVibe公司的商业计划是扩展软件功能，使设备能够识别性行为的环境，将其与室温设置、灯光、音乐和电视相结合，让用户边"享受"边进行调节，从而提高快感体验。MysteryVibe的目标是"在事情发生时提供无缝流畅体验"。拉克希特说：

> 想象你走进卧室，你的房间很冷。你希望度过一段私密时光，但是在寒冷中根本兴奋不起来。你打开暖气，但得等一会儿才能暖和起来，等着等着你就睡着了。如果温度被预先设定到合适的状态，就能少一件要规划或担心的事。卧室里的其他氛围也一样——灯光、音乐、视频。这就是让我们兴奋的地方——能够根据对我们身体兴奋程度的了解来创造令人沉浸其中的卧室体验。（采访，2016）

对拉克希特而言，隐私侵犯是数据处理中的一个明显问题，特别是那些被广泛报道的问题和入侵振动棒的黑客。例如，在2017年，We-Vibe被要求向客户支付高达1万美元的赔偿金，因其在用户不知情的情况下收集了其使用设备的数据，将其置于被黑客入侵的风险中。此外，在2016年拉斯维加斯Def Con（黑客大会）上，名为"戈尔德菲斯克"（goldfisk）和"追随者"（follower）的两名黑客对标准创新公司（Standard Innovation）的蓝牙控制振动棒进行了实时入侵。值得注意的是，这些都是较受欢迎的设备，有超过200万人使用标准创新公司的产品。在标准创新公司的案例中，有关设备温度和强度设置的数据被发送回标准创新公司，这会告诉公司（以及任何能够入侵数据的人）这个设备的使用方式与使用时间。

重要的问题是，因为数据在暗网被售卖，用户可能会成为勒索软件的目标。[4]（这也引发了其他问题，特别是如果设备在使用过程中受到攻击，是否可以说发生了远程性侵犯？）拉克希特指出，没有任何个人的、可识别的或设备使用层面的数据能脱离智能手机。[5] MysteryVibe计划允许研究人员共享匿名数据，就像谷歌基因组计划（Google Genome Project）开放海量数据的访问权限一样。对于拉克希特来说，这将使性研究人员、医生、性专家和其他涉及性科技的公司"更好地理解性趣甚至能帮上更大的忙，比如帮助人们怀孕或仅仅是过上更幸福的日子"（采访，2016）。当问到关于数据是否会与营销人员共享时，他给予了肯定回答，因为数据组是开放的，可供每个人使用。例如，他认为香奈儿说不定能基于性趣数据开发出一款新的香水。他在采访中坦诚、平等、友好地表示，"我们的目标是帮助每个人创造更多令人愉悦的物品和服务，让我们所有人都能获得享受。"

我还与性治疗师兼"枕头"（Pillow）公司的合伙人凯特·莫伊尔（Kate Moyle）进行了交谈，"枕头"是一款促进情侣之间建立更加亲密关系的应用。她解释说，除去她在"枕头"方面的工作外，仅作为一名治疗师，科技的话题也会经常出现在她为夫妇做咨询的过程中。包括像伴侣总不接电话或是手机总也不离手的情况。总之，她发现科技会给人际关系带来障碍。她还指出约会软件有一种会让人们变得更容易谈快销式恋爱的趋势，有点像购物时的挑挑拣拣。在谈到MysteryVibe和类似产品时，莫伊尔谈到了隐私，并（委婉地）提出某种海德格尔式的"制作礼物"原则，她说：

> 我认为人们害怕知道关于自己的事情，例如MysteryVibe可以告诉我们很多关于女性高潮的事情，我觉得这很好。但它也确实凸显出了一个看法：没有什么是秘密了——没有什么是看不见的了。

我们还讨论了SexBit，这是一款追踪男性性生活的Fitbit产品，甚至可以让男性在网上分享他们的表现。莫伊尔认为这是不健康的现象，因为如果"人们发布了这类信息，这类信息可就覆水难收了。这就像教育年轻人不要把自己的性感照片放到网上一样"。然而，她引用了一些更积极的自我监测（self-monitoring）例子，比如Tracey Cox[6]开发的一款名为Edge的应用程序，它可以帮助夫妻解决男性早泄问题。

在谈到性科技、情绪和情感的更广泛应用时，莫伊尔提到了机器人的兴起。但她指出，尽管性科技行业对这个新兴领域充满热情并倾向于激昂的论调，她却不认为机器人可以算作情感生物。鉴于这本书中反复出现的研究主题是亲密原则，我对莫伊尔会如何回答"什么是亲密"这个问题很感兴趣。"我经常被问到这个问题"，她的回答是"入我之见"，意思是"允许一个人看到更真实或与平时不同的你。你们可以在不同的层面上有着密切的联系，比如：性、情感、精神和身体"。她补充说，"它使一段关系变得特殊"。从共情媒体角度而言，亲密关系的判定包括情感联系的强度、生理吸引和情感类型、有关个人或群体的认知及语境要素，以及共情媒体所提供的独特的、能激起共鸣的、适合于身体的反馈方式程度。然而，如果亲密的准则被理解为是一种不同于与其他人维持关系的特性和形式，性机器人和共情媒体有能力建立亲密吗？我建议答案是"可以但需留意"，因为共情媒体可以感受、学习、记住、理解被其他人所忽略的自我因素，并能对独特的个人生物特征进行测量和反馈。

RealDoll首席执行官马特·麦克马伦（Matt McMullen）在接受《太阳报》采访时说："我希望人们不只是对机器人产生情感依恋，并且对机器人背后的真实角色产生情感依恋，从而对机器人产生某种爱。"［伯查尔（Birchall），2016］结合第六章关于现实主义和家庭语音助手的讨论，RealDoll的意图并不是迷惑人们陷入"这些玩偶到底是不是真人"的疑问，而是创造具有独特意义、娱乐、愉悦和可信的新体验。在接受Vice杂志的采访时，麦克马伦解释说，他们的人工智能具有用户需求系统和游戏化体验。所以人工智能有欲望，或者至少有欲望的假象——它们会设定目标，如果你能达成就会得到口头、视觉或是性行为上的某种回馈（安德森，2016）。关于人际关系和情感，麦克马伦质疑一个人是否会爱上他的机器人。相反，他试图促进以前在其他机器中看不到的纽带与联系——人际关系。这多少有点单向的关系，但麦克马伦认为，通过面部编码、心率、呼吸和汗水，机器人表达和感受情感的能力将可能开启新的互动关系。这些是值得商榷的，尤其是因为这种关系在功能上是有限的，然而，我们不应将批判的焦点置于其现实性上。正如第六章所述，人们的脑海中可能会浮现出约瑟夫·韦森鲍姆在其20世纪60年代的作品"伊丽莎"中的一些教训,当时韦森鲍姆(1976)发现,即使患者意识到他们正在与机器交谈,他们也会在与伊丽莎的对话中产生强烈的情绪反应、对虚构的暂时搁置①和人性化的行为举止。无独有偶,达林(Darling, 2014)发现,当人们被要求攻击一个虫形机器人时,如果机器人拥有自己的名字和背景故事时,人们对其攻击欲就会降低,达林认为这种犹豫是由于人类所具有的共情能力,而不是由于人类对机器人的价值感知。其关键点在于机器人的拟人化设计,即使机器人在其他方面不够逼真也并无妨碍。

这提出了值得注意的道德伦理问题,也许从整体上看这是关于真实人际关系可能遭受潜在损害的问题(特克,2010),还有亲密关系的本质问题。尽管机器也许能感触和观察人的身体,但莫伊尔关于性、情感、智力和身体的联系的观点仍然存在。它们究竟是工具还是参与者,我们是参照对象本身、人与对象的联系还是人的意图来衡量其身份(和权利)?

146 性爱机器人表明,我们与科技的关系正变得越来越相互纠缠、难舍难分,而且完全是"耦合"②的。事实上,Realbotix出售一款名为"和谐"(Harmony)的软件,据说可以在人们与之交谈时"了解"一个人。该软件可以将物理机器人和虚拟伴侣相连接。因为目前还有待观察这些机器人的订购单中有多少来自普通人,Szczuka和Krämer(2017)询问了229名异性恋男性(其中53.3%的男性处于恋爱关系中),是否可以想象现在或未来五年内购买一个性爱机器人。令人惊讶的是,40.3%的人表示肯定。至少,这些机器人所代表的是一个复杂观念,这一观念将它们定义为传统的基于工具"目的性"的特征。尽管"有感觉的性爱机器人"的确会涉及物化实践,但也存在复杂的多重因素,如:拟人行为、投射、尊严、语言实践以及电子人格原则是否适用等。

---

① 对虚构的暂时搁置(suspension of disbelief):在幻想小说等虚构的世界里,你常常被要求相信一个在现实世界中你永远不会接受的前提。为了欣赏这些故事,观众会陷入一种被称为"对虚构的暂时搁置"的现象,暂时抛开自己的怀疑,接受这个前提,将其认定为一个真实的世界。——译者注
② 原文"coupled"一语双关,既有"连接"之意,又有"性交"之意。——译者注

结　论

本章聚焦于一些个体化技术的重要性，这些技术利用生物反馈去与情感生活和感情进行互动。我们讨论了健康、工作和性方面的案例。早期研究发现，自我护理（self-care）、感知、记录和分析身体与精神生活有着悠久的文化历史。在现代去中心化的、防患于未然的健康环境中，自我追踪还涉及企业对此数据的不同程度访问与使用。在Verily案例中，受访者（谈论他自己的观点而不是Verily的观点）认为允许广告公司（谷歌）访问用户健康和情感生活的数据没有道德问题。

在与工作相关的议题中，我首先确定了对工作场所中心理与情感方面问题的长期兴趣。为了解释个体化技术如何评测工作中的情绪，我对Spire产品进行了评估。在生理层面，这说明了身体行为与情感之间的关联。在社会和更广阔的层面上，它将自我护理与自我调节、成就、进步、目标、效率、优化和自我管理等新自由主义政治联系起来。然后，我评估了可穿戴设备在机构中的应用。这涉及福柯（1988）所定义的"权力技术"（technologies of power），即监视和确定人们行为的范围。当公司谈论选择和同意时，很难避免强迫的问题（包括含蓄的和明确的）。这也引发了有关工作场所的权利、法律和员工获得相关决定所依据的条款问题。相关责任问题也需要被考虑：雇主是否有责任告诉佩戴者他们是否拥有可以使他们免受伤害的生物信息？另外，雇主自身是否也应该为员工的不良健康状况负责？

最后一个案例讨论了个体化技术带来的性与快感。虽然性爱机器人的高销量还仍是一个预测，但更广泛的性技术行业正在迅速成长。鉴于开发人员热衷于与人的生活环境、设备和家庭网络打交道，这对隐私的影响是显而易见的。也许更有趣的是关于共情媒体的亲密性。虽然很少有人认为技术能实现人类间的亲密人际关系，但有一种论调认为会出现一种新兴的、尚未被定义的亲密类型。从技术上讲，这是基于对人类生理行为的感觉，对情感、记忆、学习和反馈的测量与反应。还有待观察的是，人们还能给"人类—技术"关系带来何种社会性、投射性、拟人性和想象性的特质？

注 释

1.2015年3月使用搜索词"可穿戴式呼吸"（wearables breathing）进行搜索。

2.欧洲数据保护法律文件认可这一点。参见第29条关于工作中数据处理的第2/2017号意见。

3.2016年《福布斯》将其记录为150亿美元：见www.forbes.com/sites/janetwburns/2016/07/15/adult-expo-founders-talk-15b-sex-toy-industry-after-20-years-inthe-fray/#775dce2e38a1。

4.其中包含只能使用非标准通信协议、端口和浏览器访问的网站，特别是为匿名在线行为提供便利的网站Tor。

5.我没有检查设备或软件，因此无法确认这是否正确。

6.参见https://itunes.apple.com/gb/app/edge-stamina-by-tracey-cox/id869274903？mt=8。

第十章
共情城市

  读者们大概都知道乌托邦是一个理想社会的愿景,对其公民而言乌托邦就是一个接近完美的社会。可能不太为人所知的是,乌托邦岛的首都是与河相邻的阿莫罗特(Amaurot),它是一个在每个方向上都有大约两英里①长的方形小镇。在坚硬厚实的高墙、塔楼和堡垒的保护下,阿莫罗特的边界有三面都是深沟,第四面是一条河。该镇的饮用水是通过土质管道输送的,而在管道无法到达的区域则用蓄水池来收集雨水。街道允许各种车辆通行,相邻的建筑物也是统一风格。这让每条街上的房子看起来就像是长长的一个整体。每座房子自身都有三层楼高,充分利用了玻璃,前门通向街道,后门则通向被精心照料的花园。房屋没有锁,每个人都可以自由进入任何房子,每座房子内通常有10至16个成年人以及照顾他们的2个奴隶。农业是乌托邦最重要的产业和工作来源,此外,木工、金属锻造和石工之类的工作也很重要。由于没有私有财产并且所有身体健全的人都需参加工作,因此公民每天只需工作六小时。医院是免费的,有福利保障。在政治上,民众通过选举来确立岛屿的区域代表和国家

---

① 1英里合1.6093公里。——译者注

代表；一旦被选为乌托邦的领袖，就需终身任职——在这位领袖没有奴役人民的情况下。民众在公共社区餐厅用餐，没有酒吧、小酒馆或纵欲场所（如妓院）等可以私下聚集的地方，这使得公民一直处于公共视野下，大家平日只能好好表现。

当然，这只是托马斯·莫尔在1516年首次出版的《乌托邦》著作中描绘出的愿景。即便在500多年后，我们仍旧喜欢想象未来的城市。书中介绍的许多议题依然存在：安全、工作、建筑、公共服务、卫生、市政管理、健康以及有关监视和公民隐私问题等。当下具有试验性的乌托邦可以包括"智慧城市""未来城市""知觉城市""感觉城市""意识城市"，以及本书讨论的"共情城市"。它们都是通过网络的连接、低成本传感器的广泛使用、环境感知、环境自适应、反馈机制和加强对公民的监测来实现的。新型城市开发商感兴趣的关键领域包括：用传感器监控和改善交通流量和停车系统；水与废弃物管理；物流、流动性居住和自动驾驶汽车；建筑物和公共空间的自适应照明；能源管理；无人机和货运物流；无警察巡逻区的监测控制；随身摄像机和警察局域网络；还有城市政府部门对可穿戴设备、智能手机、社交媒体和零售等相关数据的收集。

现代城市、市政和商业规划中的此类发展也展现出情感AI对感知城市居民的情绪、情感和态度的能力，其主要通过设备和传感器反馈以及一系列测量实验来实现。分析范围可以涵盖从情绪分析到大脑行为解读。智慧城市虽然不是虚构的，但它们是概念性的、意识形态的、技术统治主义的，而且往往对未来的导向过于刻板。智慧城市的推动力是智能化改善、管理和控制城市的生活、事物、过程与人。从理论上讲，通过网络互联进行控制是一个双向过程。它提供了一种对于公民基础设施、公共资源决策的影响、效率收益、公民和消费者情绪的自上而下式的解读。就自下而上的组成部分而言，智慧城市还包括使用通信技术来提高公民参与度，进行识别以及应对投诉。虽然这些方案更接近一个概念蓝图，尚不具有落地实施性，但也不应忽视类似西门子（Siemens）、微软（Microsoft）、飞利浦（Phillips）和思科（Cisco）等巨头公司开展的大规模研究、开发以及投资。此外，最重要的发展其实不是发生在西方国家,而是在非洲、印度等那些容易被西方的技术和数字政治书籍所忽略的地区。

在以上相关背景下,本章解释了网络城市的情感维度以及它们如何能真的做到与公民共情。为此,我与利益相关者展开了对话与访谈,其中包括西门子(正在开发智慧城市"解决方案")、飞利浦(智能照明公司)、KM4CITY(一家意大利的公私合作型企业)、Repustate(情感分析公司)、Smart Dubai(一个提高幸福水平的政治倡议)、State of Green(来自丹麦的公私合作型企业)和Mosaico Digitale(一家生产可用于公共空间的数字显示屏公司)。具体而言,本章探讨了这样一个命题:城市中的情感生活既有可能被制造,也有可能被测量,而这同时会带来社会层面正负两方面的后果。最后,我评估了生活在同时具有乌托邦和反乌托邦特征的城市意味着什么。

空间的情感性

城市是情感场所,包含着人类为特定目标创造的元素,并产生特定影响。与人、团体、组织、公司、有关当局、建筑物、基础交通设施、公园和其他元素的互动,都会在城市环境中产生情感反应。事实上,建筑物本身从来就不是中立的,它的目标是激发情感和情绪。建筑物可能会传递崇高感、幽默感、专注感、庄严感、关爱感、权力感或炫耀感。然而,开发商认识到,一个城市的存在不仅仅在于它的基础设施,还包括这个城市的心理地图,以及这份"特殊的地图"是如何被参与和被体验的。

这就需要帕蒂和巴尔(Palti and Bar)(2015)所说的"城市对其居民的动机、个性和情绪的认知",包括有意识的街道、建筑和市政空间,它们对"用户的情绪和处境"非常敏感。用于感知公民体验的要素包括线上情感评测、消费趋向、摄像头、公民流动性以及人们如何与城市物品互动等。城市的情感体验也通过研究机构可控范围内的技术和问卷形式进行追踪。不仅包括像脑电图(EEG)和面部编码这些来自市场调研技术端的应用,还包括"城市情感地形图"的绘制，用以提供各种各样的情感地图。这有助于了解市民对建筑物、城市设计、公园、道路和城市布局的体验。情感地图不仅仅是追踪移动轨迹，它关乎大脑对自己所处空间及空间中物体的理解与定位。可穿戴生物统计技术（如移动脑电图、皮肤电反应和心率捕捉）可以测量居民对建筑和城市环境的反应，并将这些数据与地理信息联系起来。其中一种方法是带人们参观一个城市，询问他们看到的、感觉到的和记住的东西，然后测量他们的大脑和身体对城市部分区域的兴奋率。城市地理学的心理学家可以从地形上将兴奋反应与城市元素联系起来，然后利用这些数据来规划未来设计（Ellard, 2016）。事实上，没有理由不将情感地图与公开的在线地图联系起来。

监控和效率的平衡

我们应该不遗余力地使用正确的词来界定这些概念的发展。可以说监测完全源于监控，而且其开发人员并不避讳使用这个词，尤其当它涉及所做之事——构建以数据为导向的环境，在这种环境中，有关当局可以管理、影响和控制公民。1992年，吉尔斯·德勒兹（Giles Deleuze）发表了《控制社会后记》，这是一篇讲述了从"纪律"向"控制社会"转向的经典文章。它描绘出一幅全新的社会制度情景，这种社会制度许诺公民以自由和希望，但也充满了限制自由的机制。就好像阿莫罗特的乌托邦成了推销反乌托邦的宣传册。确实，德勒兹在若干年前讨论了一个场景，在那里人们需要一张身份证以便游览城市的各个地方。这个想法后来产生了所谓的"普遍调制"（德勒兹，1992: 7）。如今，这种潜在的德勒兹主义（Deleuzianism）正在被诸如以下（与智慧城市相关的）举措所呈现：具备定位追踪功能的城市应用、为市政当局提供社交情绪仪表可视化的大数据技术、对城市空间人员流动的追踪、从建筑传感器获取反馈、依照居民收入信息提出的医疗方案……尽管人们对监控的看法一度显得过于严苛，但如今，它已被轻而易举地用于世界领先的智慧城市活动中。

"监控"这个词之所以准确，是因为智慧城市管理的目标是控制所有流动于空间中或大或小的对象、系统和人。而且，生物统计学也被越来越多地视为市政、城市规划和城市投资决策的依据。这一观念将城市视为一个由工程技术、网络和传感器构建而成的场所,但其却忽略了重要一点:无处不在的传感技术面临的真正问题不是技术本身,而是现象学、心理学、生物学和情感(也见Weiser, 1991)。

使用生物统计学来理解心理地图和研究公民对当地的体验本身并不是不道德的,使用数字平台来与政府进行更直接的沟通并记录负面(和正面)反馈也不是不道德的。原则上,它将公民、市政(事务)和决策者更紧密地联系在一起。然而KM4CITY(设立于意大利菲伦泽大学的公私合作型企业)的董事很好地说明了监测与效率之间的细微差别,该企业使用传感器和情感分析,以便市政当局和公共服务管理人员可以利用数据对佛罗伦萨(意大利)的资源作出更有效的决策。在(监测)情绪以及与公民共情方面,他解释说,他们从公民那里获取信息,是因为"了解公民的情绪非常重要"(采访,2016)。他们会对与公共服务和居民幸福感有关的公开社交媒体数据进行分析。例如,"我们的水管坏了,人们的情绪低落了"。我对他们的宣传文案中所谓的"正直行为"很感兴趣,于是问我的受访者什么时候会觉得这种行为不再只是监测,而变成了监控。他回答说:"事实上,从一开始就是监控,因为这两者都会用到这些数据。"在此基础上,市政部门会使用人们的数据进行基础设施管理。关于监控带来的影响和管控,他指出监控作为"正直行为"不仅解决了犯罪问题;还能起到鼓励行为改善的作用,比如市民选择搭乘公共汽车代替汽车出行以改善空气质量。我问他市民对公共场所监测增加的大趋势有何看法,他承认"有些人不开心",他们知道有些监控器使用了人脸识别功能。他解释说,监控器的开关并不是一直开着的,只有在必要的时候才会打开。对此的解决方案是,如果不需要这么高质量水平的数据,几个小时后系统对图像的解析力就会下降。但如果发生犯罪情况,官方有权在更长的时间内使用面部识别。

佛罗伦萨市民也被鼓励使用官方的城市应用程序。应用程序能将出现问题的地理位置信息(例如损坏路灯的定位信息)发送给相应的政府部门。这些官方应用程序还提供了大量关于谁、在哪里和正在说什么的信息。这意义重大，因为它使得一座城市有了作为广告平台的潜力。这是现代"受众作为商品"这一批评的戏剧化延伸（McStay, 2011; Fuchs, 2016），官方城市应用程序能推断出在线服务与内容的交互是如何被追踪、被商品化的，以及是如何被用作定向广告投放从而为网络广告、出版商和应用开发商创造利润的。考虑到"公民作为商品"和城市中的传感器与连接器，城市生活转而成为了数字广告蓝海，这种愿景有赖于精密的数据：公共传感器、设备数据、位置、情感、情绪、屏幕、增强现实组件，等等。事实上，从原则上讲，实时动态数据可以很容易地通过研究城市情感地图得到补充。来自公私合作型企业和广告网络的收入将会服务于城市发展。

这让人想起广告中使用的在线编程平台（在第八章中讨论的）。它们还利用来自不同来源的数据（如Web Cookies、应用程序数据、品牌拥有的数据和购买数据）来更有效地做广告。应用于城市，这意味着有这样一个公共广告平台，当人们在整个网络空间中移动时，它可以与公共空间中的人们实时互动。这不是一个随意的设想，因为KM4CITY的主管认为这可以成为官方的一个收入来源，尽管他也提到"用户有权决定要保留哪些数据"。我问是否是指用户有选择权，（然而）他的回答尚不明确（我的意大利语很差，受访者的英语也不够完美）。不过，他说："这是一种交易，你必须同意。如果我想从亚马逊买一本书，我就必须把我的用户行为告诉他们，这样他们才能推荐更好的书。"他认为："这并不是什么大问题，但会在不久的将来变得更具争议。"

算法治理：将情感纳入政府决策

另一个需要回答的问题是有关公民感受、情绪和情感的数据是否会影响政策。政策制定者是否只是简单地挑选符合其利益的反馈，而悄悄地忽略了困难的或是有争议的反馈呢？市民可以直接反馈在城市应用程序、社交媒体和电子邮件上，进而基础设施和服务的被动追踪功能会生成相应数据。然而，决策者是否只是选择能够证实他们已经实施或希望实施政策的部分数据？前面提到的KM4CITY董事告诉我，数据不是由城市的最高政治层级来使用的，而是由它下一层级的市政层级使用的。他解释道，严格来说，市政层级的工作人员相比于选出的政治官员更能对（具体的）佛罗伦萨事务负责任。因此他认为数据能够直接发挥作用。2016年11月，我还与西门子代表进行了交谈。在其他服务中，他们还为政策制定者和市政当局提供易于理解的城市实时数据仪表盘。这让我们看到了城市基础设施是如何运作的，以及有关当局是否正在按计划实现其目标。

的确，仪表盘本身就不容忽视。它们都需要经过测试，从而能够捕捉到用户所需要的脑力劳动。例如，德勤为客户定制的仪表盘包括客户自身在商业或市政部门服务的具体情况，以及他们的认知能力（如阅读和处理图表的能力、模型设计和数据展示的能力）。对仪表盘的用户体验测试是通过用户的不自觉反应（即不是主动报告的形式），如皮肤电反应、眼动追踪和人脸识别情绪反应来实现的（Deloitte, 2013）。

西门子的仪表盘不仅可以对输入数据进行模拟，而且还能对市政决策的影响进行模拟。尽管"城市即生态系统"是一个被过度使用的比喻，但考虑到决策引发的连锁反应，这可能会成为一句务实的话。例如，出于对政治和民众的考量，有针对性地去实施减少空气污染的举措时，如果政府只是简单禁止汽车的使用，就会影响到公共交通的供应和城市停车场的留存问题。西门子提供的这种解决方案是经由算法呈现出的一种基于传感器假定情境的结果，还有经由被动和主动形式收集来的公民反馈（后者是通过社交媒体发布和城市应用获得的）。

考虑到对决策影响进行模拟的能力，我问西门子的一位代表："你更相信谁能做出以公民为中心的决策：一屋子的政客，还是通过机器学习了解到公民和城市需要什么的人工智能？"他的回答是："老实说，机器。"这里的要点是，一位正在开发具有情境意识的决策代理产品的高层员工表明，一定是算法治理（algocracy）比政客更能满足公民需求（Aneesh, 2006）。然而，让这个观点止步于此是不负责任的。对话的背景并不是我的受访者严肃地建议放弃政治家的角色，而是基于对数据和自动化效率的信心，而且在许多情况下，算法会明显显示出比人类更好的判断力。对决策者将能以何种程度真正听取机器建议的问题上,西门子给出的答案有两部分:"这取决于决策者是谁,在什么水平上听取建议",以及"不同地区的情况有所不同"。

以算法来指导政治规则和决策的"算法治理"概念并不新鲜。它与控制论逻辑相连,即反馈、维持规范、动态平衡和自我调节系统的科学(Ashby,1956;Beniger,1986)。与控制论一样,算法也需要目标。在政治背景下,这涉及"期望的结果"和协定好的目标(O'Reilly,2013)。从表面上看,朝着对社会积极的结果迈进是一件好事。健康、安全、公平、教育、幸福都指向了公民福祉。但问题在于,算法治理的机制是在没有争辩和冲突的过程中实现了以上社会目标。这种治理方式会让政治的实施走向令人担忧的恶化趋势。一个不带丝毫情感的"伟大机器"不会轻易受到政党政治、选民诱导、证实偏见等因素的影响,还会对外部游说影响给予警告,这个想法当时听起来很有吸引力却无法真正实现。这是因为政治是无法超越的。即便移交给这样的伟大机器,这台机器要么已经被编程,要么已经学会了一套让它能做出决策的价值观——就像人类的官僚机构和政党一样。归根结底,没有什么能超越政治的范畴。此外,我们应对那些不接受公众监督的决策过程和系统持怀疑态度。

衡量幸福:智慧迪拜

到目前为止,我们已经触及了有关智慧城市的一些关键问题。这些问题包括反馈、情感、治理以及智慧城市所呈现的某种乌托邦式的包装。迪拜是阿拉伯联合酋长国(UAE)的一座城市,它非常重视智慧城市的观念。事实上,正如下文所述,迪拜也为其他人建造这样的智慧城市。迪拜主要特色之一是使用传感器、分析技术和共情媒体来理解情感和情绪,以提升市民幸福感。正如我们所知,情感可以通过人们所做的事和行为方式以及在线情绪、心理生理测量来追综。城市分析人员可以使用这些方法获知居民、访客、日常通勤者和游客对市政事务的看法。随着城市层面对情感识别技术使用的增加，迪拜和世界其他城市争相成为幸福城市——表面上是为了吸引人才和投资。加拿大情感分析公司Repustate的马丁·奥斯特洛夫斯基也认识到这一点，他看到了用情感和情绪识别技术来把握对城市情感的理解所能带来的利益。同样重要的是，尽管有大量关于情感与智慧城市的行业对话，但最切实的实践可能是在西方人想不到的地方进行的。他举了中东和亚洲的例子，Repustate在这些地区观察到"通过政府部门、数据挖掘部门参与和民众的反应来了解他们对具体某项法律的看法"。他还举了新加坡信息部与公共教育部合作的例子，他补充说，我们在北美和欧洲看不到那么多类似举措，我不知道为什么，但这在其他国家很常见。

迪拜是追踪和衡量幸福的典范。它不仅用情感追踪来切身感受城市，在撰写本书的同时，迪拜在汇集各种智慧城市计划方面也位于前列。迪拜的重要性还在于其投资公司迪拜控股（Dubai Holding）正在尼日利亚拉各斯（Lagos）、印度高池（Kochi）、欧洲马耳他（Malta）和韩国等地签署协议来推行智慧城市。对迪拜自身而言，它在城市情感追踪上的兴趣适用于更广阔层面上带有"智慧迪拜"品牌的倡导，其目的是将其公众服务数字化。这得到了阿联酋政治精英的支持，尤其是迪拜的统治者谢赫·穆罕默德·本·拉希德·阿勒马克图姆（Sheikh Mohammad Bin Rashid Al Maktoum），他同时也是阿联酋的副总统和总理。在推特上，当他说"国民幸福不只是一个愿望。需要计划、项目、程序、指数指导我们政府部门来实现它"的时候，他已指出了智慧迪拜的实质。[1]对迪拜来说，他们的幸福议程是"一种全球独有的、基于科学方法来衡量、影响人们的幸福，从而能有效推动城市转型"（Smart Dubai, 2016）。到2021年，阿联酋政府计划将阿联酋打造成"世界上最好的国家之一"，而"智慧迪拜"则是这一战略一系列重大改革的一部分。自2016年2月以来，阿联酋有了一位幸福国务部部长Ohood bint Khalfan Al Roumi，我在开展本书研究的过程中也与他短暂地见过面。

2016年，我参加了在迪拜举行的GITEX技术周（10月16日至20日），在那里，我有机会见到并采访了一系列倡导智慧城市的人士。在与智慧迪拜"幸福议程"（happiness agenda）的一位设计师交谈时，他告诉我，英国或者说西方总体上并未被迪拜视为竞争对手。这很奇怪，因为正是欧洲的城市引领着"幸福指数"。（2017年，挪威重新获得"世界最幸福国家"的称号，击败位居第二的丹麦，冰岛、瑞士和芬兰紧随其后。）与KM4CITY的早期受访者一样，这位智慧迪拜建筑师将智慧城市的倡议比作亚马逊（Amazon）平台，因为来自多来源的数据可以被用于政策、基础设施和投资方案的制定。处于非敏感地带的数据将以仪表盘和关键绩效指标的形式在智慧城市的所有组件中开放。这使得那些负责执行决策的人能够实时了解城市状态。他补充说，在城市中使用传感器并将这些信息集中起来，将改善客户的交通体验（如汽车或公共交通），从而提高幸福感。因此，通过传感器、社交媒体和城市应用程序向智慧迪拜提供直接和间接的反馈，他们声称能够通过更高效的服务来记录、回应并提高整体的幸福指数。

集中化：城市即平台和数据法则

　　智慧迪拜背后的原则是"集中监控+管理平台"，以此来了解这座城市发生的所有情况。Devistat为智慧迪拜提供了"仪表盘解决方案"，可对城市运作方式与人们的感受进行实时型或追溯型的模拟，还能预测或大或小的各种问题。我采访了Devistat的代表，以旅游为例，他们可以使用传感器来追踪道路繁忙或紧急时刻的停车困难问题，尽管问题可能还不存在，但他们能提前探测到风险并采取预发措施（从而提高基础设施层面的幸福指数）。这意味着过往数据以及实时数据都能被调用来全方位了解迪拜城市的相关情况。这不仅涉及公共政策和支出的所有领域（如教育、道路、卫生、治安、交通和边界地区），而且涉及迪拜基于投诉、反馈、开销、位置追踪、健康记录、情感分析等形式获取的公民态度与观点信息。

　　数据访问级别包括：对所有公民开放、共享（轻度限制）、保密、敏感和绝对机密。人们认为，当原本的"数据孤岛"向有关当局开放，服务可以更有效地运行，并且他们可以从开放数据中提取新的价值。当被问及是否对此感到不适时，我的受访者回答道："如果有用的话，为什么不用呢？如果（特别强调了下）你用了之后真的能得到更好的服务或更轻松的生活，那为什么不提供你的数据或信息呢？"他接着表示，他们正在开发另一个可以将企业与公众联系起来的项目，公民可以借助手机上的城市应用程序接收广告和折扣。智慧迪拜可以借助一系列社会技术来进行信息的监管和集中化。其中包括"大数据"，即旨在最大限度地提高数据的种类、数量和速度以实现模式识别，并能做出快速反应（Laney, 2001）。智慧迪拜自己也谈到了"富数据"（rich data）——或者有助于处理"为什么"问题的数据。另一个是平台逻辑：这里的城市在数字和物理上都是一个"围墙花园"，因为平台提供商可以控制其基础设施上配置的应用程序、内容和媒体（Gillespie, 2010）。在本例中，城市应用程序是让日常生活中的重要事件得以被执行的软件。加入了广告效益后，公民开始受到商品逻辑的影响。

对于智慧迪拜，"城市即平台"具有以下结构：（1）基础设施层（城市物联网、传感器和城市数据源）；（2）数据编排层（数据获取、存储和转换）；（3）服务实现层（安全数据治理、支付、定位、平台即服务）；（4）应用层（个人仪表盘、区域数据仪表盘、应用程序、统一控制中心和城市开放数据仪表盘）。智慧迪拜让人想起互联网协议栈，它从网络的基本原理开始到用户可以看到的应用程序结束（智慧迪拜, 2015）。

要使"城市即平台"发挥作用，就需要建立法律结构来促进这种开放的数据结构。以迪拜为例，通过《迪拜数据法》（*Dubai Data Law*, the Supreme Legislation Committee in the Emirates of Dubai, 2016）可以获得多种信息来源。该文件自2015年12月27日起生效，其中第四条第一款明确规定了这一目标，称该法律有助于"实现迪拜酋长国将迪拜转变为智慧城市的愿景"（它的前身是"第26号法律有关迪拜酋长国2015年数据传播和交换规范"）。该法律通过整合、协同、优化、透明、传播、交换、速度、竞争力、精简、支持决策进程、创造力、福利和社区等语言来实现（智慧城市）这一目标。

158

迪拜通过有效地声称拥有"与迪拜酋长国有关且可供数据提供者使用的任何数据"来实现这一目标（第三条第三款）。就像立法的情况一样，在其枯燥的语言中掩盖了具有社会意义的要点。在这种情况下，"数据提供者"可以指任何需要城市准入许可的个人、机构和公司，因为这些数据被视为迪拜的资产。这意味着"数据提供者"无法删除或处理数据，因为他们被要求将自己的数据类别设置为"开放"或"共享"。第四条第十一款也反映了这一点，它强调数据可以提供给"致力于支持酋长国发展和经济计划的非政府实体"，尽管第四条第十款规定，（这种数据提供）会与保密和隐私进行平衡。从表面上看，其问题在于虽然数据的单个元素可能无法识别一个人，但当把不同来源的数据相互关联时，识别范围就会显著增加。此外，有证据进一步表明智慧迪拜与亚马逊式的平台逻辑十分类似，关于隐私问题讨论中最引人注目的是，公民被视为客户，而在阅读完整的法律时根本没有提到"公民"一词，也没有提到与公民有关的权利。事实上，鉴于阿联酋的政治制度是一个宪政联邦（每个酋长国都有王朝统治），甚至没有提到人民是臣民。相反，在这个将成为世界各地智慧城市模板的国家，人们在其重要立法中被视为消费者。

除上述提到的数据外，数据提供者还必须交出有关其系统工作方式的所有信息，包括所有安全（和隐私）协议（第十条）。此外，唯一拥有权利的实体是知识产权所有者。这在第九条中有所表述，但迄今尚不清楚这在实践中可能意味着什么，尽管这可能为组织提供一些保护，但它对迪拜的居民和游客毫无帮助。虽然第十三条提到了隐私，但这一点应结合一个事实来理解：即居民和游客不享有任何与欧洲立法规定的隐私权类似的权利。值得注意的是，迪拜没有数据保护的监管机构。

然而，根据阿联酋《宪法》，阿联酋赋予公民普遍的自由权利（联邦国民议会，2010）。第二十六条规定，除非依照法律规定，否则不得逮捕、搜查、拘留或监禁任何人。《宪法》第三十一条还规定了"通过邮政、电报或其他通信手段交流的自由并且其中的隐私应依法得到保障"的一般权利。虽然这广泛涉及个人的一般隐私权（虽然没有提到这个词），但这项权利仅限于阿联酋公民。这在阿联酋人口中仅占很小的比例（约占总人口的8%至12%）。虽然这些宪法规定很重要，但它们并不适用于我们在欧洲和其他地方所说的"个人数据"。事实上，根据《迪拜数据法》第十五条，"迪拜数据被认为是迪拜政府资产的一部分"，一旦确认这一事实，任何控制或拥有（敏感或其他）个人数据的概念都会消失。

总之，城市作为平台是技术的、产业的、法律的和政治的，这其实无异于对公共和私人生活的强制透明化。就这一章的关注重点——设身处地理解公民、监控和使用情感数据而言，城市作为平台至关重要。因为消除数据孤岛间的分隔才是检测情感、公民情绪的核心支柱，也是能将迪拜打造成全球最幸福城市的关键所在。

社会工程

"社会工程"一词泛指大规模影响态度和行为，以在目标人群中产生所需的特征。它与政治文献中的定义相联系，认为社会工程是"设计和建立以人类为原料的结构和流程"（亚历山大和施密特，1996：1）。广义定义和狭义定义的共同特点是都反映了社会的宏伟愿景。社会工程应用于智慧迪拜中本身不是件坏事，但担忧是来自这种愿景所谓的包容一切与极权主义（totalitarianism，词干源于拉丁语单词totus，意为"包罗万象的"）极度相似。此外，这种社会工程倡导往往以乌托邦式的项目开始，但反过来又需要控制社会生活。在智慧迪拜，控制的本质是通过政治程序、立法、商业追踪技术的应用、共情媒体，以及我们将看到的应用神经科学来实现的。在与智慧迪拜的一位代表交谈时，他承认了对社会工程学的批评，但解释说他的意图是创造一个更幸福的社会。他承认引导居民分享自己的数据的确是一项社会工程，但他也对我的问题提出了挑战："如果社会更幸福，如果人才和投资流入迪拜，这么做又有什么危害呢？"

要实现幸福的社会工程，首先必须对幸福进行量化。这是要在宏观和中观两个层面上完成的。基于仪表盘的宏观评估不仅要对基础设施和公共服务评估,还需对投诉、公民反馈和支出进行评估。在迪拜的中观层面,"幸福议程提出了一系列计划,旨在发现、影响和满足个人的情感、生活基础、认知和更深层次的需求——它们是幸福的重要原料"(Smart Dubai, 2016)。除了对城市运作效率、消费模式和商业数据进行评估外,幸福指数也是一个衡量指标。它是一个实时的全市情绪捕捉引擎。这方面的数据获取来自实体展台、屏幕和相关网络工具,这些数据源询问了人们对公共服务或商业服务是感到满意、中立还是不满意。

更细致的分析是通过脑电图追踪和皮肤反应评估来衡量人们对给定命题的感受。智慧迪拜的代表解释说,脑电图头盔(由Emotiv提供)和手指监测器测量出的皮肤电反应可以用来检测情绪。但得避免对测谎的忧虑,他说这并不是人们想要达到的目的。目的是要真正了解人们对城市、政策和衡量幸福感的基础设施的感受。这件事的背景是(再次)几乎所有共情媒体的支持者都不同意自我报告,基于他们认为一个人所说的与他们实际所做的往往相互矛盾(McLure等人, 2004; Satel和Lilienfeld, 2013)。

边沁幸福经济学的转折

正如第二章所讨论的,对于边沁和他的先驱者来说,幸福是社会运行的核心。它基于共同利益的理念,回避自我实现,支持基于共同目标和共同利益的社会政策:幸福。边沁的任务是回答如何让幸福变得公开透明,这样决策者才能做出促进整体净幸福的决策。他的解决方案,即功效主义学说是智慧迪拜的内在基础。其目的很明确:使用现代针对幸福和情感的数据收集技术来消除妨碍这一目标实现的所有障碍,然后利用这些洞察为基于证据的决策提供有效信息。智慧迪拜从理查德·莱亚德(Richard Layard)2005年的《幸福》(*Happiness*)一书中得到启示,认为幸福并不复杂。幸福或不幸福都有一个范围:没有复杂的苦乐参半的幸福,只有简单的幸福到不幸福。此外,它是用纯粹

的物理和神经科学术语表达的。这意味着阅读高雅的希腊文学所带来的快乐和吃比萨所带来的快乐在本质上没有区别。²

一个叫作民主的小东西

正如边沁所描述、莱亚德所补充的那样，幸福经济学和政策制定在理论上是建立在公民拥有平等权利的基础之上。每个人都有平等获得幸福的权利，每个人的幸福也应该同等重要。通过功效原则获得的幸福是一种目的论的道德哲学，其实质上是指努力使世界尽可能地变得更美好，让更多人受益。在它的简单中同时存在着残酷和美。它不考虑处境困难的特定个体，而是寻求社会幸福最大化以及减少痛苦。这是以确保法律和政策中的功利主义为基础实现的：同时产生幸福和减少不幸。莱亚德（2005）的《幸福》（Happiness）是一本很重要的书，智慧迪拜联系人推荐给我，是因为它完全呼应了本书主题。莱亚德在书中指出，神经科学、社会学、经济学和哲学都应为支持幸福发挥作用，不过我们可以将共情媒体增加进去。共情媒体所具有的感知、追踪和分析一系列情感的能力，为"智慧迪拜"计划拓展了深度。

尽管莱亚德在他的书中多次提到美国独立宣言，他还提出了一个不同寻常的主张："生活不仅仅是富足和自由"（2005：7）。关于富足，这是相对没有争议的（许多人还不富裕，但对生活很满意），但读到自由时却不由得让人停顿了一下，尤其是考虑到被人们公认为《独立宣言》中最著名的一句话所言："我们认为这些真理是不言而喻的，人人生而平等，他们被造物主赋予某些不可剥夺的权利，这其中包括生命、自由和追求幸福的权利"。这并不能简单地适用于迪拜，它既是一个由阿勒马克图姆（Al Maktoum）家族统治的独裁社会，也是一个移民工人受到严重剥削的国家。正是这群来自东南亚的异国下层阶级建造了这座城市，白天穿着蓝色制服，晚上搭乘公共汽车离开城市。像人权观察（Human Rights Watch）这样的人权组织称，25万名外籍劳工中的许多人生活在不人道的环境中，而且容易受到虐待，因为他们得不到阿联酋劳动法提供的最低保障。莱亚德和边沁都明确认为：幸福不仅意味着消除痛苦，也意味着提升幸福。的确，莱亚德（2005：231）表示，重视消除痛苦从道德上是正确的，他把幸福与同情联系在一起。显然，迪拜并不认为建设城市的外国工人拥有同样的幸福权利。本章的目的不是列出在西方标准下无法容忍的各种做法（如严重虐待工人、婚外性关系犯罪和对同性恋的死刑），而是对宣扬幸福的政治利益提出了直接问题：一个人的幸福与其他人的幸福相同吗？不幸福的人呢？有不同观点的人呢？还有那些不想分享自己的隐私并用行动阻止这些的人呢？

尽管大多数自由主义者会认为自由、自主和健康是最重要的，但莱亚德认为，这些都是"工具产品"，是获得幸福的一种手段，而幸福才是真正目标。他提出：

> 这就是为什么我们有时愿意为了做成好事而去牺牲一些事。为了保证街道安全，我们把罪犯关起来（在公民的自治和罪犯者人身自由之间谋求平衡）。为了减少文盲，我们征税（在教育成就和经济自由之间谋求平衡）。（2005：113）

他没有说愿意用多少自由来换取最大限度的安全以及此后的幸福。人们开始看到莱亚德的作品是如何被智慧迪拜所接受的：通过把幸福置于自由之上，并主张安全带来幸福，这就为煽动某些行为提供了许可证（如果需要的话），而这些行为在那些将自由置于幸福之上的社会中不大可能发生。在莱亚德（2005：145）的其他著作中也可以看到这一点。他认为，公共政策被一种错误的理解所主导，即认为人们是自我决策的代理人。相反，他认为这需要与其他社会科学的知识相结合。他的观点是，仅以人类理性为基础的公民模式并不能创造一个良好社会，而可量化的幸福应该是政策的目标。如果能够实现，社会幸福固然是一件好事，但这也可能带来专制政府：因为其议程容易掺入目的和意图导向。

幸福政治：超越迪拜和边沁

通过与智慧迪拜的人交谈，我了解到他们为了增强国民幸福度对基础设施、公共服务和公民做了相当广泛的追踪，我还热衷于与其他对国民幸福度感兴趣的国家代表交谈。2016年，丹麦荣登全球最幸福国家年度报告榜首，被宣布成为地球上民众满意度最高的国家。这是根据平等、人均GDP、社会支持、预期寿命、对腐败的看法以及做出生活选择的自由度等因素确定的标准。[3]这似乎是一个很好的契机，于是我采访了来自丹麦State of Green的安妮·韦斯特加德·安徒生（Anne Vestergaard Andersen）（她的观点并不代表该组织的态度）。State of Green是一家公私合作企业，其公开的创立目的是吸引投资并致力将丹麦打造成一个象征着绿色经济的品牌加以推广。当被问及为什么丹麦是世界上最幸福的国家时，她说，"我不知道为什么，但有可能是因为丹麦的社会福利、良好的性别平等意识，有免费的教育、医疗和公路"，以及"我们缴纳的40%至60%的税为我们提供了一个安全大网"。她还说，丹麦人也很注重平衡工作和生活，并指出他们的工作时间是全欧洲最低的，"成为一个工作狂没有什么值得骄傲的，这一点也不酷，要想变得很酷，你需要做一个好妈妈，做运动，拥有自己的社交网络和旅行"。

我很感兴趣的是，幸福是否在实践中延展到了所有公民群体中，或者某些群体的幸福水平是否比其他群体更受重视。尽管她强调，并非一切都是完美的（我们应该记住，安徒生在某种程度上是丹麦的品牌经理），但她的回答值得注意：社会融合是首要任务；贫民区之所以被边缘化正是因为它不符合社会的长远利益；他们对城市发展采取整体方法；宜居性是政治上的重要议题，包括绿化、城市的户外活动、港口整洁、水质优良，以及城市里有良好的自行车等基础设施。

尽管在传感器和丹麦的环境数据化（如空气质量、垃圾与垃圾箱使用、树木等）方面有很多工作几近完成，但安徒生还无法谈及公民分析。不过，市民

163 可以通过社交媒体平台给城市留言,尽管她不知道政务工作人员会不会回复。谈到警务、安全和情报机构对公民数据的使用话题时,安徒生的同事参与了谈话,她说:"我们对有关当局和邻居有普遍信任","相信当局正在很好地利用我们的数据,而不是把它交给其他组织"。她还说,与迪拜通过警察和安全服务提升幸福感的做法形成鲜明对比的是,"如果在丹麦,被置于警察的监视之下会让我感到不安,但大体上还是信任的。我相信警察会做好他们的工作,但并不是因为有警察才让我感到安全"。安徒生对此表示赞同,她说:"这是最宜居、最安全的地方","人与人之间有着某种联系,我出门可以不锁门,大家彼此间有着高度信任。我们不觉得同胞会说谎或是欺骗,这是一个以信任为基础的体系——但并不幼稚"。

这在某种程度上暗示了乌托邦的存在,但安徒生澄清道,"像在其他国家一样,政客是令人讨厌的","我们有庞大的公共预算,总是有关于如何合理使用资金的辩论,但我们知道他们不会腐败"。最能说明问题的是对透明度和言论自由的强调,在学校里,从很小的时候起,"我们就被教育要对老师和理论家持批评态度,而在瑞典,例如,他们害怕冲突,但在丹麦却不是这样。在丹麦,我们可以自由地说话,我们感到非常自由"。我问那些不富裕或生活在不太富裕地区的人是否会同意她的观点,她的答案是"不会,但他们比其他国家的穷人过得更好,他们就知足了"。

点亮公共的心灯

正如第八章所介绍的,闲逛者书写了现代巴黎的乐章与编年史。在19世纪的欧洲,新兴的城市生活与创新密不可分——尤其是城市林荫大道上的煤气照明。它在能见度、打击犯罪和创造安全感方面发挥了许多实际作用,也深刻改变了城市空间与建筑情感。光不是简单的功能或二进制开关,而是对人类体验有着质的贡献。当灯光闪烁或太亮时,它会刺伤人眼令人痛苦,而如果使用合理，它对我们的情绪和实际利益会产生微妙影响。在医院里，光不仅能帮助病人康复，还能帮助夜班工作人员和护士的生物钟与白天生物钟保持一致。同样的，它能被调整和优化从而改变人的行为——比如让孩子玩耍后安静下来。就像家庭、学校、医院、零售、工作、餐馆或飞机等场所的环境一样，我们也可以说照明是城市情感的关键因素。我和飞利浦的一位高级代表在巴塞罗那智慧城市世界大会上探讨了这一点（采访，2016）。

对飞利浦而言，照明不仅仅是照明，它甚至可以唤起人们的情绪。城市照明的物理基础设施也可以用来测量污染和觉察噪声，例如孩子离开学校时的噪声，以及卡车经过时的低频噪声。我的受访者解释说，尽管智慧城市的许多方面都很实用主义（比如传感器增强型的交通管理、坑洞提醒、垃圾箱溢出前的垃圾处理），飞利浦认为照明公司在智慧城市基础设施中扮演着情感的角色。比如让人们感到更安全，改善他们与空间的互动（如地铁、公园和广场），让公民产生自豪感，提升他们的审美体验，还能协助公共空间的再生。我的受访者继续说，"飞利浦认为光照能让人感到幸福——一个光线充足的空间会产生令人愉悦的效果。你无法用垃圾收集或污水处理来达到这个目的。"他还补充道，"当有人走进一个光线充足的美好空间时，他们会感到振奋，但他们往往没有意识到这是由科技和灯光造成的。"

这让人想起海德格尔（2011［1962］）有关情绪和经验的现象学。他的观点是，情绪是一种在世界上存在的方式。它们代表了一种和谐，这是存在的特征，揭示出事物是什么以及是如何存在的。其实际意义在于，情绪还创造了新的社会载体和行为可能性。我再次问，这是否适用于发展水平较低的乡镇地区以及更为高档的安全地区。飞利浦的受访者说"是的"，并声称照明有助于城市的复兴，环境的改变带来了引人入胜的地点。她以纽卡斯尔（英国）和荷兰的一系列案例为例，在这些案例中，照明被用来更新和恢复建筑、地区与城市空间的活力。[4]例如，埃因霍温的卡萨琳娜普林广场（Catharinaplein square）最近刚刚翻修过，但未能吸引游客或顾客光顾当地商店。这有可能是缺乏气氛和照明不足造成的不安全感。每个LED都可以单独控制的新照明意味着可以按天气和季节调整情绪和氛围。其结果是人们返回市中心的行为发生了可量化的变化。飞利浦公司的这个例子（在他们的网站上还有很多）说明，我们应该谨慎地看待传感器、情感工程和对城市元素的增强控制。相反，我们应该关注的问题是发展在多大程度上能真正服务于公民的需要、愿望与福利。

亲社会的心理地图

2016年，我在巴塞罗那举行的智慧城市世界大会上采访了Mosaico Digitale的首席执行官萨尔瓦托·佩佩（Salvatore Pepe）。Mosaico Digitale的产品基于马赛克砖，能够在墙壁和地板上显示数字图像和图案。虽然这个产品很有趣，我会在下文进行概述，但更值得注意的是佩佩对围绕智慧城市展开文化探讨的态度。[5]总体来说，佩佩认为好的设计让城市富于情感性。他把巴塞罗那作为一个典型例子，一旦穿过这座城市，人们就不可避免地会陷入交通堵塞。但经过发展公共基础设施，当局在桥下开辟了一条没有红绿灯的街道（在Gran Via de les Corts Catalanes，当地人称之为Gran Via）。多层次基础设施的建设和车流的缓解，让新的公共建筑、地铁站、道路、自行车道、广场、儿童游乐场和绿地的建设成为可能。

正如上面关于飞利浦照明的讨论，基础设施在空间的情感属性上扮演着重要角色。对佩佩而言，"人们凭借自己的大脑改变了这一点，且这个问题也获得了政府关注，这就意味着在政治决策中你必须注入灵魂，而不仅仅是技术，技术已经存在，而我们需要更多人性和对城市与公民的爱"。他还补充说，"比如，我看到一个老人坐在长椅上看报纸，脚下还踩着一台健步机在锻炼。这才是一个智慧城市，有着能推动城市发展的政策方案是至关重要的"。因此，尽管智慧城市的话语通常是乌托邦式的或者是基于监视的反乌托邦式的，佩佩的态度倾向一种令人耳目一新的"公民至上"（citizens-first）方法——也许认识到一座城市的灵魂的途径不是在反馈循环中找到的，而是在它的混乱、惊奇、不可预测性、独特气质和它的一种能将其公民从国家中区分出来的秘密要素中找到的。事实上，这让人想起居伊·德波（Guy Debord, 1955）对心理地理学中亲社会的描述，他主张人们注意"有意识或无意识组织的地理环境会对个人情感行为产生精准定律和特定影响"。事实上，德波试图唤醒大众认识到"生活各个领域中强加给他们的条件和那些实际对他们造成改变的手段"。在现代背景下，德波可能已经看到了共情媒体作为一种批判方法和抵抗手段的潜力。

这里的重点是理解人们对城市空间的体验，以将其作为改善人们生活的一种手段。这与将传感器视为建设"城市即平台"的机会，以挖掘"公民即商品"，形成了鲜明对比。在情感、监控和城市问题上，佩佩说，问题不在于数据本身的存在，而在于决策者的意图。他说，如果政策制定者热爱公民，那么就没有问题。但如果他们想控制公民，那就是个问题。佩佩的"公民优先"理念是，城市不只是为公民而建（就像飞利浦和迪拜的例子），而是在一定程度上由公民创造。与技术决定论和市政决定论不同，他提出的是一个具有抵抗性同时具备美学的维度。关于前者，谈到意大利阿普里亚的海滨城市塔兰托时，他说：

> 意大利南部有一个著名的港口，由一家长期制造污染的企业管控着。那里的人们患上了癌症。我们在港口安装了一个传感器，它能感知污染，一旦污染达到一定程度，就会通过应用程序立即通知市民。五十年来，人们第一次知道这家大企业的污染是什么。

关于美学和公民生活，他说：

> 我们可以用科技和艺术来吸引人们，改变城市的流动。艺术可以改变人们的思想和观念，使人们生活得更好。科技不仅仅是为了控制和监控人们，不仅仅是服务警察。控制不利于自由，而科技也能带来自由。城市应该朝着自由、城市服务、交通管理、美好的方向发展，如以市民为中心的愿望，美丽，洁净，自由。有很多选择等着我们去做。

在智慧城市世界大会贸易会上，我请佩佩阐述技术的积极应用及其创造潜力，因为他向在场的其他与会者做了一份关于智慧城市的汇报，内容明显没有那么枯燥乏味，也没有那么严密。他说："关于艺术和大数据设计——你可以通过艺术来吸引人们，不是因为传感器，而是因为艺术和美感。"他接着说，"没有这个，人们就不会来米纳这样糟糕的地区喝咖啡。人们为了欣赏艺术而周游世界。到目前为止，艺术家和艺术品之间一直保持着一对一的关系，比如一位雕塑家在某个地方创作了一座雕像。"他开始概述和营销他自己的产品（用于拼接的电子瓷砖，瓷砖可以表现电子图像），他说，"数字艺术改变了这种物理位置关系……现在我们可以通过一款应用改变数千人的生活。这是一个新的机遇。"佩佩布局的一个应用是，市民可以通过Pinterest将图片上传到公共数字显示屏上，"如果讨厌艺术的人想破坏它，就把它刮掉，他们可以这么做"。除了上传和替换图片，市民还可以下载、分享和评论作品。艺术家（或者仅仅是热情的人）、游客和当地政府等感兴趣的团体也知道有多少人与作品互动。这使得佩佩把它称为"社会艺术"。他还提出，"有了增强现实技术，谁知道未来会发生什么呢？"他指出，增强现实技术能够让新颖的信息形式和人们对物理空间的深入理解成为可能。

结 论

将智慧城市简单地描述为用于社会监视和管控的集合本来是很容易的。的确，这样的描述没有错，但它们是不完整的。智慧城市无论是在字面意义上还是在实际表现中都具有积极的特性，如改善生态和增强城市体验。本章发展了"共情城市"的概念，重点讨论了公共与私人空间在情感感知维度上的发展。这是通过在宏观和中观层面上对感觉进行调解和量化来实现的。虽然这一章一直批评将城市作为平台，但它并没有拒绝心理地图，或者情感生活的数据化。相反，它关注着那些没有真正把公民放在首位或没有尊重人权的动机。绘制地图、改善物理空间、提高穷人和富人的福祉、用情感诠释城市特征、留下每次经历的生物特征标记、讲述故事、丰富并共同创造公民主导的数字情感艺术，这些都将成为可能。所有这些功能都为心理地图传感技术提供了积极的应用途径，"共情城市"将是一个为人们所看好的城市图景。

注释

1. 来自 https://twitter.com/HHShkMohd/status/697434334563852290。

2. 有趣的是，J.S.边沁（Bentham）的门生Mill（1962［1859］）也就这一问题进行了辩论，他认为人们具有比那些源于感官的能力更加高尚的能力。

3. 同样值得注意的是，榜单前列包括来自同一地区的国家，即瑞士、冰岛、挪威和芬兰。

4. 更多案例研究可以在www.lighting.philips.co.uk/cases/cases#page=1上找到。

5. 虽然佩佩是意大利人，但采访是用英语进行的。虽然他的英语很好，但有些表达会有些奇怪（佩佩已经阅读并同意使用采访记录）。

第十一章
情感机器的规则：探讨"去身份识别"与尊严

本书虽对共情媒体的相关政策持批判态度，但并不主张禁止采用新颖的人机交互模式，也不主张禁止利用对情感的洞察来传播媒体内容。相反，本书从新颖的用户体验、宝贵的学习机会、与技术交互的便捷性和健康等方面都看到了共情媒体对用户的潜在好处。然而，此处也应留存一个认识上的平衡，即人们应从根本上认识到情感生活本身的重要性，及其在人类体验中位居中心地位的重要性。还应记住的是，我们所能掌控的不再仅仅是网络浏览历史和在线搜索记录（尽管这些也很重要），还有身体本身。任何让人类的生理和情感变得"机器可读"的新行为主义的提议都值得谨慎对待，所以现在利益相关者的任务是找到合适方式，以尊重人类生命尊严的方式，让情感捕捉技术真正融入生活，而不是将人视为情感动物，用生物医学手段对之加以描绘和操控。为了获知如何才能达到这个目标，本章研究了情绪检测技术的伦理学，但我也特别关注了基于不引用个人数据的情绪检测技术进展。

我所说的个人数据中的"个人"偏重其法律意义，即一个人要么可以被识别出身份，要么可以通过某种方式被"区分"。这一点之所以重要，是因为即使个人数据和敏感数据（也是一种个人数据，但是被滥用的话会造成额外后果）能受到保护，但非个人数据通常仍无法受到保护——即使会涉及一些情感和隐私信息。换言之，问题主要在于如果一个组织被动地收集、处理和获取一些法律上并不属于某个人的情感数据，这种行为可以被接受吗？这个问题至关重要，因为本书讨论的共情媒体和情感AI的许多应用都是基于去身份识别的使用。为了回答这个问题，我将对"去身份识别"情感捕捉的行业、政府和公民视角进行一个更具体的描述，前两组观点来自采访，第三组来自我与ICM Unlimited在英国共同进行的一项调查，该调查旨在探明英国人在其所熟识技术和情境中对共情媒体的潜在态度。有了这些洞见，我开始考虑使用非个人情感数据的伦理因素，其中重点关注古典自由主义、实用主义、个人生理结构方面的问题，以及开发共情媒体的个体组织无法预见的因素。最后，我就监管层面如何实施有效管理提出了一些具体建议。

行业视角

许多技术、开发人员和终端用户组织从情感数据中发掘价值，其理论基础就是它可以在不识别"具体人"的情况下完成（即去身份识别）。虽然我主要考虑的是经济价值，但这一原理同样也适用于解决警务、监控、工作场所和城市管理中对于特定群体的情绪解读需求。这是一种范式的转变，从过去的普遍必然性向着个性化、认同化和用户中心化转变。去身份识别数据对组织而言是有用的（目前最重要的应用场景是在广告和营销领域），因为获取的信息不需要直接针对某一个"人"，但它确实需要针对一个像"人"一样的数据图表。这意味着，即使交流者没有将信息真正指向特定的"人"，也能让交流对象感觉到这是与他直接相关和有意义的。对于使用情感检测技术的组织来说，其任务是在无法识别某个个体或将某个个体从群体中区分出来的情况下，找到一个尽可能小的目标群体。在其相关用途中,分析师可以在相同的城市、零售或工作场所中对用户给定提示后尝试解读其反应和总体情绪。

企业加强筛选目标小群体技术的一个关键原因是——他们都希望避开监管,这一观点出现在我和约翰·泰森(John Taysom)的讨论中。约翰·泰森是英国和美国许多科技初创企业的创始人和天使投资人(采访,2015)。他认为可识别数据是"糟糕的",因为它要求数据管理人员以不同的方式对待它,并在它没有提供功能性好处时给予额外关注。与和我交谈过的其他行业人士一样,他们的逻辑认为商业价值可以在不损害个人利益的情况下得以利用。本章的问题是,就共情媒体而言,这样的做法是否正确:被动使用关于情绪的去身份识别性数据是否等同于隐私友好?在这个问题上,一位不愿透露姓名的脸书受访者表示,情感检测的道德问题是它是"为"人们做的还是"对"人们做的,同时也提出了"人们是否在掌控之中……我是否在掌控之中"的疑问(采访,2016)。具有讽刺意味的是,脸书经常被指责施行不明确的同意机制和不透明条款,以及在用户不知情的情况下捕捉和操纵用户情绪(详见第三章)。很多有影响力的从业者提出了颇有价值的意见,他们认为以用户为中心的操作方式是一个良好的工作基准,是一种正确的做法。

从哲学原理层面转向个人设备层面,可穿戴设备领域以及为手机开发情绪增强应用程序(如情绪自动追踪器)的受访者表示,确保用户可自控数据的唯一方法是通过设备层面处理。这一建议与在非个人设备上(或与"云"共享)分析生物特征数据以显示情绪的服务相互矛盾。这与邻近性问题密切相关,涉及物联网和可穿戴设备正常工作的两方面问题。一是由于存在延迟问题,最好将尽可能多的信息存放在设备附近,这是一个技术和功能问题。但它还有另一个问题:当数据在云中处理并远离个人设备时,用户应该对数据保留合理控制的行为持怀疑态度。这一态度的意义在于当情感分析在个人设备中进行时,通过设计而实现的情感技术隐私保护可能性就会提高,反之亦然。因此,当考虑使用情感捕捉来提升设备或内容交互时,最好是在本地进行处理,以避免情感数据流入售后市场(无论是广告、保险、数据经纪、人力资源、工作场所监测,还是警察和情报机构的使用)。

虽然所有受访者都同意当有关情感数据可能与个人信息相关联时需要用户的充分认可,但许多人对非个人数据的态度并不那么敏感。例如面部表情编码公司的嘉比·基德伍德(Gabi Zijderveld)建议:

> "人们是否愿意被识别"的选择权应该一直存在于人们自己手里。因此,如果我在使用应用程序或在商店里走动的过程中,总应该有一种方法让我摆脱面部记录的尴尬,(在隐私保护层面)应该始终有关闭摄像头的选项,而且这些面部数据应该始终保持匿名。(采访,2016;着重强调)

强调这一点的原因是,Affectiva的产品在使用过程中没有给予人们选择。例如,Affectiva与零售分析公司Cloverleaf合作的监控摄像头可以识别人脸情绪。面部本身不会被记录,但相关的人脸活动单元会被检测并记录。即使像市场研究公司Sensum这样依赖情感检测的公司,会有意参与有关共情媒体和情感捕捉技术道德规范的公开讨论(我们共同主办了一些活动),也在监管和控制非识别型情感数据这个问题上沉默了。当被问及是否需要法律控制时,Sensum的首席执行官加文·莫里森(Gawain Morrison)说:

> 是的,随着相关案件的出现……人们会越发自愿地认为有义务关注这个话题。如果我们直接介入,将有可能引发公共危机。我们需要一块踏脚石,测试并展开对情感媒体的研究,并将其公开,接受公众反馈。(采访,2016)

该项产业的假设是,公共空间中的情感捕捉是可以接受的,但需要以让市民了解这项技术为前提。虽然莫里森很好地解释了社会化主题,但在其他采访中该问题也频频出现。"公关反弹"也很重要,因为考虑到拒绝情感捕捉的将不仅是公民，还有广告商和客户。在2016年的一次采访中，欧洲民意与市场研究协会（ESOMAR）的金·斯莫特表示，要想在市场研究背景下进行大规模的情绪检测，不仅需要谨慎管理事先通知，还需要仔细管理用户期望和分享意愿。对于斯莫特来说，这是一种社会必然性，因为"情感识别是一个自然的结论"，"营销人员的追求目标是关于客户需求和情感的实时信息"，尽管如此，他补充道，情感感知技术的应用应该是"与人共存"而不是"用在人身上"。

其他行业代表强调，虽然他们也关心道德和伦理，但在创新产品并努力获取投资时，他们并没有考虑创新带来的全部后果。猎户座公司杰西·罗宾斯（Jesse Robbins）在2016年表示："这很复杂。当你决定制造一个设备时，你的头脑中并没有全球政策的含义。"在谈到2013年斯诺登（Snowden）泄密事件（该事件涉及情报机构利用电信公司的平台监视公民）时，罗宾斯表示，有关产品开发的伦理决策应该从开发有效服务、提升竞争力和研发技术出发。市场研究协会的简·弗罗斯特（Jane Frost）提出了一个相关观点，我们应该多留意"那些想做这件事只是因为他们有能力去做的技术极客"，并补充说，"仅仅因为他们有这样的能力——并不意味着他们应该去做这件事"（采访，2016）。她接着指出，"在匆忙做这件事的时候"，我们不仅应该问"我们应该做这件事吗？"也应该认清这件事真正的问题所在，而不是单纯以阴谋论视角来看待，因为"即便是普通人，做了他们不该做的事情"对社会也是有害的。

识　别

以上内容告诉我们，人们对使用情感捕捉技术有着浓厚兴趣，而行业也意识到了连接情感数据和个人隐私数据的隐忧，认为利用非个人的情感数据没什么大问题。为了澄清什么是个人数据，第二十九条工作组（欧盟各成员国数据保护机构的代表）指出，"当一个人在一个群体中可以与其他人区分开来，且被区别对待的时候,这个人就是可识别的"(2015: 5)。然而这其中也包括个人识别,即使一个人不像我们通常理解的那样被识别出来,但也可以说他得到了一定意义上的区分。这是因为一个人可能通过一个独特的代码、字符串、标记或标识符被挑出来进行特殊处理,这可以将一个特定个体与其所在群体区分开来。《一般数据保护条例》(GDPR)的第二十六条陈述了这一点:

> 因此,数据保护原则不应适用于匿名信息,即与已识别或可识别的自然人无关的信息,或与以数据主体不可识别或不再可识别的方式提供的个人数据无关的信息。因此,本条例不涉及处理此类匿名信息,包括用于统计或研究目的的信息。

这意味着,如果共情媒体实践不涉及以某种方式与"已识别或可识别的自然人"连接的信息,那么数据保护条例就不再适用,对敏感个人数据的监管也不适用,因为虽然关于身体和情绪的数据是敏感的,但不一定是个人的。矛盾之处是关于生物识别数据的条例是严格的,如第九条第一款所示。这表明生物识别数据不应用于唯一地识别一个人或有关健康、性生活和性取向的数据。如果需要这些信息,则需要一个更高层次、要求明确的用户同意书。例如通常的方法是需要勾选一个未选中的复选框。[1]

明确的同意形式适用于第九条第一款所列的数据,这些数据揭示了"种族或族裔出身、政治观点、宗教或哲学信仰,或工会成员身份,以及对基因数据、用于唯一识别自然人的生物特征数据、健康数据或自然人性生活或性取向数据的处理"。那么,一个人是否可识别取决于下列问题的答案:从数据中能否识别一个人;一些行为数据能否归因到一个人身上;这个人能否以某种方式被单独挑选出来,即使这种"单独挑选"不能明显地将信息与一个具体的人联系起来。如果不能,那么数据保护规则就不适用,组织可以在没有监管的情况下自由使用生物特征和情感捕捉技术。然而,随着GDPR法律条例的扎根、判例法的发展和情感检测的普及,人们可以想象出未来将会出现有趣的案件。去身份识别的情感捕捉是尚未在判例法中得到探索的法律领域，也没有应用到其他相关法律，例如（在工作场所的）健康和安全法以及处理欺诈和虐待行为的消费者保护法。

例如，在2016年的一次采访中，Nabarro律师事务所的阿什利·拉夫顿（Ashley Roughton）提出了一个值得注意的反对意见。他推断，如果只有一个人在某一特定时期等待公共汽车，那么用于在公共汽车站提供情感感知的户外广告牌数据就是用户独有的，因此属于数据保护条例的范畴。他还认为，"同意总是必要的，因为识别总是可能发生的"。这说明隐私专家承认匿名是一个令人担忧的问题［欧姆（Ohm），2009；凯耶（Kaye），2015；麦克斯泰，2017］。问题是，虽然少数数据点可能无法识别一个人，但当足够多的数据与原始数据（在我们的案例中，关于情感的数据）相结合时，人们总是可以被识别出来。[2]这被称为拼图或马赛克论证。

拉夫顿说，虽然英国等一些国家可能对欧洲数据保护条例有更自由的解释，但他们的律师事务所（Nabarro）需要确保商业活动不会与德国等国家更严格的数据保护执法相违背。一般来说，在这一领域工作的任何企业都需要得到全欧洲公民的同意。然而，欧盟委员会通信网络总局（DG Connect）一位匿名高级成员在与笔者的访谈中表达了不同意见，她说：

> 在假设条件下，就算只有一个人被面部扫描了（即通过面部捕捉网格点对人进行面部特征识别以作为表情与情感变化的依据），如果数据没有提供足够的信息来识别出这个特定的人，那么这个扫描技术就是合法的，无须征得同意。（采访，2016）

此外，她补充说，拥有海报网站的出版商自然会有兴趣收集数据，以了解他们的海报网站在用户群体中的表现，这并不算违反法律。我们还讨论了零售领域的可能性，我在这里解释了配备摄像头功能的店内屏幕可以追踪人们的性别、年龄、情绪和眼球运动。它们被用于追踪屏幕上不同元素的注意力,以了解品牌偏好、商店名称、商品和交互式显示的其他元素。她说,虽然这更接近于构成个人数据,但原则还是一样的,它们只是为了解用户反馈而使用。如果没有拍摄照片,而且这些信息不能用于搜索其他数据库(比如人们上传照片的社交媒体网站图片),那么这些信息在法律上就不是个人数据。为了确保不会有歧义,我们最后强调一下,那些具有面部扫描、面部特征提取分析和情感分析功能的户外广告如果满足以下两个条件则是合法的:

1.它们不会收集任何可识别个人身份的资料——这意味着不会产生任何有关暂时或永久识别个人身份的编码,亦不会拍摄/存储任何照片;

2.一个人面部表情的数据不可以用来搜索其他数据库,例如来自Instagram的帖子的数据,或者来自其他社交媒体/自助发布网站的图片数据。

在2016年的会议上,我们都认为,GDPR并没有设想面部编码技术被广告商和营销人员广泛使用。其结果是缺乏对私密而不一定个人的数据的监管。这也适用于其他情况:例如在英国,信息专员办公室(Information Commissioner's Office, 2012)指出,工作场所的数据保护代码是建立在可识别性的前提下。因此,尽管员工有合法的期望保持他们的个人生活隐私,并有权在工作环境中享有一些隐私,但数据保护只适用于当有关个人数据以某种方式识别出他们或将他们筛选出来的时候。如果数据被证明是聚合的,那么从法律上讲,这些数据是否受条例的约束是有争议的。有人可能会说,精神和身体健康数据有特殊的规定,但前提是能够将这些敏感信息与个人隐私数据关联起来。总的来说,英国相关条例一贯建议雇主获取匿名数据,这样做对于雇主来说是合法的,因为数据保护规则在该情况下并不适用。

缺乏适当立法

在为国际隐私保护组织的执行董事格斯·侯赛因（Gus Hosein）概述共情媒体的主要特征时，侯赛因（谈到他自己的观点，而不是该组织的观点）认为，"我们没有法律框架"来处理这一问题。在谈到伦理标准以及去身份情绪识别时，他说："它仍然在从我身上拿走一些东西……它仍然在与我互动……它在未经我允许的情况下进行互动。"这里的关键因素是"控制"和"人对结果和过程的发言权"（采访，2015）。在其他非政府组织中也有类似观点，电子前沿基金会的杰里米·吉卢拉（Jeremy Gillula）认为，"这些技术里应该有一个退出机制"，"人们应该对此有选择权"。关于广告本身，吉卢拉认为虽然这看起来令人毛骨悚然，但广告可能是在公共空间中广泛采用情感计算的第一驱动要素。然而，与其他非政府组织相比，他对使用非个人情感数据的担忧较少，他说："如果你不能追溯到具体的人身上，就很难证明存在重大伤害。"下一点是一个重要的问题：执法人员可能会说"每个人都能接受遍布各处的传感器，所以我们也要部署自己的传感器"。这在网上有一个先例，因为美国国家安全局（NSA）通过其XKeyscore监控计划，支持广告商追踪cookie，用以收集用户的姓名、出生日期、居住地点、职业、访问过的网站、搜索内容以及用户感兴趣的内容等相关信息（The Intercept, 2015）。

一位来自道德黑客社区的受访者对这样的说法表示怀疑，即相机收集的面部数据可以被处理和丢弃，从而使数据能去除掉私人信息。来自英国的著名道德黑客杰米·伍德鲁夫（Jamie Woodruff）说："从我的道德观来看，当扫描一张脸时，你不仅扫描了情绪，而且也扫描了用户面部特征。这些数据是如何存储的？"这意味着公共空间中增加的摄像头本质上是用来读取情绪的监控设备，也是用来获取个人资料的设备。伍德鲁夫以TrapWire为例，该系统在2012年因维基解密（Wikileaks）发布了大量泄露的电子邮件而声名鹊起。TrapWire的工作原理是从潜在的恐怖主义目标监控摄像头中收集数据，并通过分析这些相同数据的集合以显示恐怖袭击或其他犯罪活动计划。从本质上讲,这使人类监控摄像机操作员的角色自动化。对于伍德鲁夫来说,他发现户外互动广告中使用的摄像头(无论是否具有情感识别功能)与监控拓展网络之间有着明确关联。

关于在使用面部编码和语音监测技术的现场活动中存在的非私人数据与共情媒体相关问题(如在2015年温布尔登网球锦标赛中所使用),来自F-Secure(一家赞助数字权利运动的数据安全公司)的贝基·凯莉(Becky Kiely)认为:人们必须能够拒绝或退出。她补充说,"如果人们参加了一场需要花费100英镑的体育赛事,虽然赛事中存在着对用户面部进行编码的行为,但人们由于花了钱因此不太可能会离开。"(采访,2016)这与零售业的例子形成鲜明对比,即人们不太可能因为拒绝进入商店而受到重大处罚。在物联网环境下,放置在场所中的传感器可以通过位置和面部表情来追踪用户,她认为"初创企业急于开发产品,但对安全性没有足够重视","安全不是一个优先事项"。来自开放权利集团[Open Rights Group(ORG)]的吉姆·基洛克(Jim Killock)和哈维尔·鲁伊斯(Javier Ruiz)也提出了类似观点。开放权利集团目前没有就情绪检测问题开展相关活动。然而,他们将这些匿名声明与英国政府大量收集公民数字通信数据行为的捍卫者所提出的声明进行了比较。

在与可识别数据匹配时使用情感检测的问题上,基洛克提出了关于"合法服务"的有趣观点。他说,对于情感检测与服务和供应商的第一方关系可能会有一个争论。这是一个值得注意的观点,与侯赛因的上述观点一致,基洛克认为在第一方关系中情感检测是可以接受的(但不能与售后第三方追踪者进行重新销售和分享)。总之,非政府组织数据保护团体对非识别情感捕捉技术和第三方数据交易持谨慎态度,但他们并不完全反对情感检测。相反,他们还在不同程度上强调了这一观点:即便不是私人数据,也要坚持让用户知情并获取用户同意。在这一点上,我们可能会注意到工业界以及非政府组织强调了一种基于控制的共情媒体方法。虽然我以为非政府组织会对情绪检测这一"令人毛骨悚然"的概念做出更严肃的反应,但他们却广泛接受了这样的观点,即它增强了第一方关系,而且使个人能够掌控自己的数据。

卫星问题

强调隐私控制这点并不令人意外,因为这可能是构建隐私以及人们如何管理与他人、组织和机器的关系的主要方式{奥尔特曼(Altman),1975;盖威逊(Gavison),1984[1980];国际隐私保护组织,2013;麦克斯泰,2014,2017}。其基础是一种不干涉并积极控制个人生活的高度自由的对待隐私的方式。(米尔,1962[1859])。请注意,这不是基于安全、隐藏或隔离的负面隐私观,而是对权利、自我主权和基本尊重要求的积极主张。简而言之,它是一个人对于被视为一个主体而不是一个对象的精神诉求。例如,布鲁斯丁(Bloustein)(1984[1964])从尊严和精神价值观的角度来看待隐私,而不是对财产、声誉和身份的非个人话语。展开来说,尊严和承认主体性意味着承认他人的自主性,以及他们自我控制、自我导引与选择的能力与意愿。这是一个经典的自由主义论点,认为人们应该有一个不应被侵犯的最小个人自由区域。共情媒体中的个人自由是拥有让我们的情感生活不被监视的权利,即使正在收集的数据不是个人的或可识别的。这一自治权的论点有两个分支,下面依次讨论:第一个是使用有关情绪的数据来操纵选择,第二个是身体本身。

操纵选择

正如第八章所讨论的,当我们考虑行为科学(包括心理学、心理生物学、社会神经科学和认知科学)的作用时,收集情绪数据的价值就会具体化。在商业背景下,这是关涉架构选择和指导决策的(赛勒和桑斯坦,2008)。这里的问题很简单:人们不喜欢被愚弄或被当作木偶[威尔金森(Wilkinson),2013]。以赛亚·伯林(Isaiah Berlin)对此的最佳表述是,这是一种经典自由主义,即一个人"……希望成为某个人,而不是无名小卒;他想成为一个决策者,而不是被决策者;想成为一个自我导向的人,而不是受外界环境或他人影响的人,就好像我是一个物体,一个动物,或者一个不能扮演人类角色的奴隶—

样"（2006 [1958]：44）。在"不请自来"的共情媒体应用背景下，这是一种缺乏透明的操纵术表现。

需要说明的是，问题并不在于"推动"或"选择档案结构"本身的前提。人们可能会被要求学习并对偏好做出理性选择。它甚至不以操纵本身为前提，因为我们每天都要面对它。的确，有时我们会喜欢它（每个人都会有一个自己喜欢的广告），桑斯坦（2016）从语境以及我们对地点和人在其中所扮演角色的期望来构建操纵问题，他给出了反对使用行为科学的两个道德标准：

1.当操控者的目标是自私或贪赃枉法时。
2.当操纵行为成功地颠覆或绕过选择者的决策能力时。（同上：86）

在商业环境中，共情媒体经常会遇到这种情况，因为应用程序本身就是自利的，并且它们超出了该场景的预期（例如货架摄像机）。此外，当应用于零售和营销环境时，共情媒体的功能是影响一个选择者的决策能力。这是因为有关情绪状态的数据有足够的空间来使人们如何在不知情的情况下做出选择。我们可能注意到，在这一点上，识别和挑出并不是桑斯坦的标准。此外，个别公司不能依靠道德行为，因为争夺关注和客户竞争的诉求最终将意味着如果它们不使用更具侵略性的追踪技术，它们将处于不利竞争地位。鉴于此，有必要加强监管以确保用户尊严。因此，问题不在于"是否应该制定更多的规则"，而是"应该由谁来设置这些规则"。

身 体

关于治理的第二点比操纵问题更具实体性。虽然数据保护条例是以识别为基础的，但它们所依据的原则在性质上更为广泛。《欧洲人权公约》（*European Convention on Human Rights*, ECHR）第八条更广泛地强调尊重和尊严，而不是GDPR和2017年电子隐私条令早期草案中提出的基于身份的隐私账户。为了证明这一点，媒体律师事务所Olswang的合伙人丹尼尔·坦奇

（Daniel Tench）在2015年的一次采访中表示，隐私法有一定灵活性，而且也确实存在一个关于情感感应技术的先例。他强调，共情媒体在英国法律中没有先例，它正处于英国法律保护转变的当口，而且最近的判例法强调了《欧洲人权公约》第八条的"尊重"部分及其"尊重私人和家庭生活"的要求。这可以应用于情感层面，这就为基于侵犯和受到不公时提出诉讼提供了可能性。

另一个关键问题是，目前的问题不仅仅是身份可识别，而是令身体变成"机器可读"的意图。这引发了一系列不同于相对简单的身份识别问题的隐私考虑，包括控制谁能够看到和接触一个人的身体的权利。林斯基（Lynskey）从不同但又相关的角度提出建议，将《欧洲人权公约》第八条与数据保护法提供的保护进行比较。例如，她指出，数据保护法对侵入性的脱衣检查几乎只字不提，但要求尊重私人和家庭生活的《欧洲人权公约》第八条对此进行了大量解释。

再次强调，人的尊严才是决定性因素。这隐含在数据隐私问题中（尤其是通过信息自决），但对身体、尊重和不被当作对象的强调，呈现出与身份识别作为主要关注点的不同景象。的确，共情媒体跨越了两种利益（数据+身体），因为情绪与生理是不可分割的，但也包含其"数据化"。然而从数据追踪的角度来解释共情媒体是十分有限的。在以这种方式看待共情媒体时，我们应该注意不要贬低关于隐私和身体权利的传统问题，尤其是与女权主义运动有关的问题（艾伦，1988，2003；麦金农，1989；麦克斯泰，2017）。然而，随着触觉技术的引入，通过计算机视觉对情感生活的具象化和对亲密关系的侵入，我们能够将共情媒体从日常的数据隐私问题中提升出来。在实践中，这意味着除了情感分析之外，任何对共情媒体的伦理、法律和监管评估都必须询问身体是否受到了任何形式的侵犯——不管一个人是被识别出来还是被挑出来以进行区别对待。

市民的观点

在研究了行业、政策和非政府组织后，公民对非个人数据的情感捕捉会有何感受？2015年11月，我与ICM Unlimited在全英国范围内进行了一项具有人口代表性的在线调查。我询问了2067名不同年龄、性别、社会阶层和地区的成年人，以了解他们在当时的共情媒体日常使用时对其进行潜在情感监测的态度。这其中包括情感分析、户外广告、游戏、互动电影和手机语音捕捉等。英国公民对情绪检测的感受不一，而且大多是负面的（完整结果见附录2）。

我的总体研究发现和每一种情绪检查方法之间没有显著差异。对每种方法的反应得出的总体调研数据如下：

- 50.57%的英国公民对任何形式的情绪检测都"不接受"；
- 30.67%的人在无法识别个人身份的情况下对情绪检测表示"没问题"；
- 8.32%的人认为拥有与个人身份信息相关的情感数据"没问题"；
- 10.45%的人不知道自己的信息数据被利用了。

关于收集非身份识别信息的伦理问题，值得注意的是只有不到39%的受访英国公民接受有关他们的情绪数据收集。同样值得关注的是年龄因素，虽然性别、社会阶层和地区等相关要素与各自平均值相较没有明显差异，但年龄确实产生了显著偏差。年轻人（18—24岁）比任何其他年龄组都更有可能在使用数字媒体和相关服务时接受某种形式的情绪监测。举例来说，18—24岁的年轻人中不认可任何形式情绪检测的只占31.43%，而所有年龄组的总数字为50.57%。本章核心是探索不利用个人数据的情绪检测，年轻人群体最有可能接受非身份识别情绪检测，他们是在所有年龄组中占比最高的，65岁以上则是最不可能接受非识别情绪检测的群体。相关信息可参考表11.1。

令人毛骨悚然的因素

试图衡量人们对技术感受的问卷调查存在一系列的方法论问题，因为他们从未体验过，也没有人向他们进行解释。

表 11.1　英国公民接受去身份识别情绪检测的比例（2015 年 11 月）

每个年龄组的抽样总人数	年龄	百分比
248	18–24	56.57
331	25–34	49.35
393	35–44	40.71
351	45–54	40.33
310	55–64	28.54
434	65+	25.70

调查结果可以支撑进一步的定性和定量研究，同时也表明决策者和实业家需要进行反思。尽管将动机归结为原因是有问题的，但总体而言，公民对收集有关他们去身份识别的情绪数据表示"不接受"，有一点是明确的，即社会价值观与技术能力不相符。这就是泰内（Tene）和波龙特斯基（Polonetsky, 2014）所定义的"令人毛骨悚然的因素"，即虽然新技术和企业的行为被指控令人毛骨悚然，但他们并没有违反任何公认的隐私和数据保护法原则。

这标志着技术人员、营销行业和公民规范之间的差异。事实上，在英国公民中，对任何形式的情绪捕捉都感到自在的人不到39%，这使得61%以上的人可能与技术人员和营销人员产生分歧。然而，与技术专家和那些寻求将这些创新应用于营销环境的人之间的不平衡相比，或许更重要的是与法律的差异。本章揭示了社会价值观与以身份认定为公民保护界定标准的数据保护法之间的明显失衡。目前，法律上存在一个空白，虽说科技行业的拥护者和批评者正在争论如何把这个空白有效利用起来（一边持"损害自由"的观点，另一边则持"剥削"的观点），我们也可以由此推断法律与人们真正的想法之间存在着强烈冲突。

这里有改正的余地。我在此引出一个重要技术性问题的同时，需要先向非欧洲读者道歉，GDPR第六条第二款和第九条第四款为新的条件和限制敞开了大门：后者提出，"成员国可以在基因数据处理、生物识别数据或健康数据方面维持或引入进一步的条件,包括限制性条件"。虽然GDPR不能被削弱,但它可以在全国范围内得到加强。作为最低限度,我建议基于亲密关系而不仅仅是个人身份来进行隐私分类。这可以在《欧洲人权公约》和为欧洲法规(以及其他司法管辖区的法规)提供信息的判决中找到根源,但也应认识到,未经同意的情绪检测行为可能会对人的尊严造成不良影响。之所以需要这样做,是因为在使情感生活和身体"机器可读"时,考虑数据保护危害的相关条款会有差异。重申一下,这是因为当生物识别技术被用来识别人的时候,它们被认定为是在使用敏感数据,而当有关身体的信息在没有识别人的情况下被使用时,它们就完全没有法律保护了。这是一个重要的疏忽,特别是考虑到欧盟隐私法规定了世界上最高的隐私数据保护标准。

虽然隐私已成为身份识别的同义词,但它并不总是这样。事实上,两位律师塞缪尔·沃伦(Samuel Warren)和路易斯·布兰代斯(Louis Brandeis)(1984[1890])撰写了《隐私权》(*The Right to Privacy*),这是隐私学者们普遍接受的第一篇关于这个问题的文章。尽管存在概念上的缺陷,但它为法律和监管方面的补救措施、为共情媒体提供了丰富思路。作者认为,19世纪的美国普通法规定了一个人对"他的思想、情绪和情感应在多大程度上与他人交流"的自主权(同上:198)。虽然他们写的是关于写作、照片、绘画、日记、诗歌等形式表达的情感,以及作者对当其他人未经授权就试图发表的行为有多大的控制力,但他们的相关论点在这里也是适用的。为了重新挖掘沃伦和布兰代斯的观点,情绪、心情和情感交流的自主原则对于共情媒体(情感分析除外)是有用的。至此,这意味着:

- 一个人永远不应该被强迫表达情绪,或者在没有得到他们同意的情况下被收集相关情感数据。
- 即使一个人选择提供关于他们情感表达的数据,他们也应该保留限制该信息公开的权力。

- 该权利的存在不依赖于所采用的特定表达方法。
- 该权利的存在不取决于个体思想或情感的性质与价值。
- 需要得到主体真正的知情同意,因此在任何情况下,个人有权决定他或她的东西是否可以被公开。

使我们自己的情感不被公开读取的法律权利属于沃伦和布兰代斯所称的"不可侵犯人格"原则,这是"人格的一般权利"中的一部分(同上:195,215)。这是人们基于在这种保护下获得心灵安宁的渴望。如今,这适用于因对公共场所的情绪追踪感到不适而拒绝被记录数据的权利。再次强调,这是一个关于尊严的问题,即使没有发生物质上的伤害,也要保护人们免受情感困扰。

结 论

世界经济论坛创始人兼执行主席克劳斯·施瓦布(Klaus Schwab, 2016)将现代和新生技术环境描述为一个基于网络、机器学习和智能、亲密的人机关系以及与身体更密切的技术相互关系的环境。在细节方面,他认为我们应该重组我们的社会和政治体系以充分利用这些技术。他还指出,我们的监管结构尚无法应对这些新兴技术。在与商界领袖的交谈中,他敦促"让我们共同塑造一个能造福所有人的未来,把人放在首位,赋予他们权力,并不断提醒自己所有这些技术首先是人为创造并服务于人们的工具"(2016:114)。我想说的是,我们应认真领会这种美好的看法,并让科技行业去努力遵守它。正如施瓦布所说,这意味着维护公众利益才是首要目的,确保发展是可持续的,新技术应该改进自身而非剥削利用人类自身。

情感数据捕捉技术本身并没有什么问题,而那些确实能识别个人身份的实验在欧洲已经受到严格监管,它们的缺陷和问题在于没有实践真正基于去身份识别的技术。科技和营销行业在这方面看到了机会,但本章认为,国家监管机构需要重视身份识别情绪捕捉技术可取性的伦理问题。至少,他们应该认真对待这一章的发现,这些研究发现表明社会价值观、技术能力、行为科学的使用和指导与这些法律之间存在着巨大差异。

情绪捕捉技术还处于相对早期阶段,但正如其他章节所示,这些技术在使用范围和推广上都在不断发展。目前,我们有一个窗口期可以考虑现在不受限制的做法是否可取,以及我们应该如何应对这些做法。在考虑这个问题时,我们应该注意到它涉及操控、尊严和身体数据化的问题。我们还应关注任何试图利用私人数据的初创企业或老牌企业所没有预料到的结果。这有两方面的原因,一是他们的系统很有可能被黑客入侵并重新用于生物特征监测,就像web网络技术一样。二是如果允许在商业环境中使用传感器,那么警务和情报机构将会把其视为使用类似传感器的一种许可,即使不是直接使用商业行为者的传感器。在我采访大卫·欧蒙德(David Omand,GCHQ的前主管)时,他说,理论上,一种技术只要存在就会有人利用它——这在马可尼时代(无线电时代)、图灵时代(思维机器时代)以及今天都是如此。人们可以看出其中的逻辑:如果这项技术被用来提高销量,那么为什么不提高自身安全性呢?当然,问题是这样的世界是否是一个人们想要的理想世界。

注 释

1.关于明确同意与常规同意(就非敏感个人资料而言)之间的差异,立法还远未厘清,但我们可以概括地说,这既需要明确同意,也需要常规同意。例如,如前所述,可以通过勾选未选中的复选框来满足明确同意的要求。对常规个人资料的规定是模糊的,并存有争议。虽然GDPR拒绝使用预先勾选的方框和静止状态作为获得同意的手段,但GDPR的第三十二条表示,可以通过"另一种声明或行为,在这种情况下明确表明数据主体接受对其个人数据的拟议处理"来给予同意。有争议的是,如果通知和需要个人数据的语境被认为是明确的,那么就不需要一个选择框。

2.这一点并非无人批评,例如,Lafkey(2009)引用了美国卫生与公众服务部国家卫生信息技术协调员办公室的一项研究,认为重新识别并不像批评者所认为的那样简单。英国ICO采用"可能性测试"用以确定数据控制器B可能拥有或不拥有哪些数据。

第十二章

结论:
尊严、伦理、规范、政策与实践

本书介绍了媒体技术呈现"共情"特性的主要方式。也就是说,它们有能力通过分析文字、图像、言语、声音、面部表情、身体运动和生理机能来判断情绪、意图和注意力。尽管一些有争议的技术早在20世纪90年代之前就已存在,但共情媒体的主题与"情感计算"技术发展是密不可分的。这涉及感知并对人们的情绪做出相应反应的计算过程(皮卡德,1995,1997,2007)。这简短的最后一章旨在重述本书的核心主题,阐明伦理立场,思考未来研究问题,以及陈述在政策层面亟须开展的工作。

讨论主题

在开启本书研究时,我首先提出了两个命题:

1.人们的生活中充斥着越来越多的"感知技术",这些技术正在以前所未有的方式体察着人类生活。

2.共情媒体为人们提供了新的审美体验,这种体验不仅能够呈现情感的相关信息,而且还为人们提供了新的方式来"感受"审美创造。

在采访来自世界多个地区的产业、法律、政策、情报和非政府组织等利益相关者的过程中,相关观点汇成了本书的主要论据。首先讨论了命题2,共情媒体的审美维度是由内容、对象和用户交流构建而成,这一现象通常是从沉浸感、流动感和临场感等方面进行讨论。这一点在游戏和VR中尤为适用,但也适用于通过情绪追踪技术增强的其他媒介体验。除了娱乐,共情媒体在美学方面还为我们提供了可以身临其境式地感受地域、时代、文化、物品以及真实与虚拟世界的独特方式。虽然它包含了以视觉为导向、叙事驱动的内容,但它又并不完全等同于这种内容。例如,在虚拟现实和教育领域,还包括历史重建以及可视化、脑机交互等。一些曾经不太可能让人们能感受到审美创造的领域,包括心理健康、新闻、营销和治安等,如今却可通过感觉刺激、情感互动、注意力记录和意图测量等方式来实现。其他因素包括真实感、存在感、沉浸感、媒介环境中的隔绝感、包容性、互动的便利性、虚拟世界控制、运动、真实的图像、流动性以及与他人互动的能力。

与共情媒体共存

关于命题1还有很多内容需要讨论,因为它要求我们确认与"感知技术共存"是合理的。它也迫使我们必须仔细考虑这一概念的意义与内涵。首先,需要一些理论上的告诫。总体而言,我们日益生活在与人互动技术中的说法是合理的,这种互动主要通过生物识别数据、情感表征以及与情感生活互动的能力来实现。事实上,鉴于笑脸和表情符号的普遍应用,我们很容易忽略这种交流方式其实由来已久。然而,我们也必须对衡量和理解情感生活的术语给予批判性关注。尽管我们越来越多地生活在感知技术中,情感生活却被定义为符合科技、行业分类、排名系统、商业文化、监控和政治利益的生物医学术语。这些都是影响"福柯问题"的因素,即为什么情感是这样定义的,以及谁的利益得到了满足。展望未来,这些结构将对以下两方面产生影响:一是如何做出关于我们的决定,二是人们对于自身情感生活和情感状态的理解方式会如何发展。基于其他定义的情感和情感生活的共情媒体可能是什么样的,尤其是那些既肯定了建构主义批判,也与当下社会文化背景中的情感定义相符的共情媒体?

人们常常认为机器令人烦恼,而且往往相当愚蠢(这让我想到了亚马逊的Alexa),而人类对社会环境、信号、规范和行为表现的敏感性强于机器,因此人类的共情能力更强。在不恰当的时刻挑眉只是一种身体上的细小举动,但在沟通上可能非常重要。在动态的社会环境中,人们最擅长从这样的行为表现中不自觉地接收到意义。然而,机器也有自己的长项,除了微表情,它们还能感知、捕捉、处理和解释人们无法理解的公共细节。它们也能以人们无法做到的方式进行比较和记忆。考虑到这些性质,我们完全有理由相信人类生活中出现了越来越多具有情绪感知能力的技术。这是一种检测情绪、对行为进行分类、学会在新环境中识别这些情绪、适应并做出适当反馈的能力。鉴于共情和同情的概念有别,这些系统被称为共情系统。这种理解意味着人和机器都是通过观察将情感"理论化"。此外,机器与人类一样,可以利用对人、群体、情境、互动和其他背景线索的先验知识来对人做出判断和预测。

当我们认为共情失败时,这一点或许更能说明问题。毕竟,人们往往会误读、误解和不了解一个人行为背后的驱动因素。的确,就像机器一样,人们也会估算、借鉴经验,并利用过去的经验来判断其他人来自哪里,以及他们下一步将做什么。事实上,他们的决定常常会因此受到影响。我的论点并非假设机器和人是等同的,而是共情媒体和情感人工智能的能力是新颖的且具有社会意义的。随着这些技术变得更加强大并被嵌入设备和环境之中,我们需要直面与"可感知系统"共存所产生的影响。

尊严的规范

我们应该教育和质疑那些只顾寻求发展和使用新技术而不关心其影响的人。我们所需要的是负责任的创新,表现出对人、生活环境、未来和社会期望结果的有意义的承诺。这是可以实现的，因为共情媒体技术在休闲、娱乐和健康方面有很大的发展空间。正如库伯斯（Koops）在2015年所强调的，"负责任的创新"这个概念并不新鲜，而是来自科学和技术研究（STS）、价值敏感设计问题、设计中的隐私以及更广泛的应用伦理学领域。每个人都认识到，技术不是社会中立的，与技术有关的设计、推广和使用的性质具有社会后果。负责任的创新方法将积极的社会价值嵌入技术。这些价值观来自法律和伦理规范，但就共情媒体和情感计算而言，学术界在研究人们乐于参与这些技术的条件和背景方面可以发挥作用。

特别是在共情媒体处于发展初期的情况下，有广泛的参与者来推进道德导向的方法。这包括监管机构、数据保护机构、研究资助者、初创企业孵化器、行业和企业领导人、智慧城市供应商、市政管理者、非政府组织以及大学，可以通过指导与研究两种方式展开工作。例如，监管机构和数据保护机构可在早期进行互动交流，就创新者的立场提供建议和指导。研究资助者可以激励科学家和创新者将数据伦理有意义地融入所资助项目的设计过程里，大学可以坚持在技术课程中加入技术伦理考察。同样，孵化器和企业领袖（从地区创新者到世界经济论坛等大型机构）可能会就思考技术发展的潜在社会后果提出建议。这当然不是一个万能的解决方案，但是通过发起一场关于挖掘高度个人化和私密数据的影响的讨论，我们将有机会能够提升这些技术对个人和社会带来的有益价值。

事实上，在这一领域采用道德导向的方法有可能在市场上取得成功。正如在第十一章中所讨论的，根据我为这本书所进行的社会调查，许多公民并不反对情感跟踪与互动新模式的原则，但他们似乎有必要保持警惕。负责任的方法不是依赖于公民对不舒服和不需要的条件的习惯，而是能够促进创造力、乐趣、奖励和利益，并非常直接地说明为什么使用数据以及使用数据后会发生什么。当然，未经用户的有效同意，不应收集和使用这些数据。事实上，我与情感公司Sensum在2016年共同主办了一场题为"情感捕捉与信任工作坊"的活动，该活动在英国伦敦数字技术创新中心（Digital Catapult）举行。其活动特色是有一系列的利益相关者参加，其中包括情感公司（包括Raleyes、Sensum和CrowdEmotion等倾向匿名的公司）、英国信息专员办公室、英国广告行业自律监管机构（广告实践委员会）、跨国广告公司、安全公司、公民自由组织、心理学家、法律伦理学家和监控专家。其目的是找出这些参与者为初创企业和创新者设计的道德准则，并允许其在网上发布。该活动的完整报告可在网上查阅（麦克斯泰，2016b），在介绍了伦理道德和情感捕捉实践之后，我根据在处理情感数据方面是"该做"或"不该做"，将所有参与者分成了不同组。在自治、同意、控制、赋权、自由、透明和信任等自由原则上，大家对于道德伦理有着显著的趋同意见，与会人员共同商定了一套关于处理情感数据的准则（见表12.1）。

除了积极正向的"该做"清单，简短的"不该做"清单也非常重要。活动组回避了秘密跟踪与欺骗行为。在本书语境下，这对在公共场所（如广告和零售）进行情绪跟踪以及通过尚不确定是否正在收集情绪数据的设备具有意义。鉴于使用共情媒体的一个关键原因是它们可以绕开自我报告就能洞察到用户感受，那么当没有明确的知情同意机制时，代表们对被动跟踪和数据收集持谨慎态度。事实上，这个案例最能说明的问题是道德上的趋同程度。

表12.1　利益相关者创建的情感数据处理指南

该做	不该做
以人为本	遮蔽行为
数据权限可控	将情感作为分析的全部和最终目的
遵守外部和内部准则（法律和规范）	
便于用户自主	
给予有意义的选择	
确保使用的数据与目标相符	
用户利益高于商业利益	

研究不应忽视隐私清除和主持人偏见的范围，也不应忽视这一案例是基于

道德规范的框架，这无疑会影响准则的设计。然而，首席执行官和商业领袖们构思、创建并同意这些发布在Digital Catapult网站上的守则，这一举动是有价值的。¹在研讨会上，代表们建议进一步讨论来自特定"垂直领域"人员的想法（如企业、政府和公民），"在澄清所产生的规范在实践中可能意味着什么方面做更多的工作"，以及"对特定形式的情感技术和共情媒体实践有更清晰的认识和应用"。

未来的研究问题

到目前为止，本结论章节已反映了本书早期研究过程中所设立的命题效用，"负责任的创新"立场，以及感兴趣的利益相关者之间进一步的社会对话。现在我转向学术中的问题，这些问题的答案将带领读者进一步了解情绪追踪、共情媒体和人们被数据化的新方式等新兴领域。虽然本书提供了定量研究信息，阐明了英国人民对他们对所熟悉的情感捕捉技术发展潜力的感受，但这里还迫切需要对人们针对这些技术快速增长的感受进行定性评估，重点应该放在社交媒体服务、应用程序、家庭人工智能代理、智能电视、游戏、零售空间、户外广告、可穿戴设备、VR/AR装置、汽车和玩具上。

随着这些技术的成熟和普及，评估人们将如何使用这些技术和如何潜在地将其运用于自己的情感生活将是非常重要的。这是有问题的，因为情感技术所提供的情感生活表达并不能反映情感生活的本质，相反，它只反映了这是科学的一部分，以及什么是情感本质的知识。与技术研发最匹配的科学是生物医学数据化技术以及人工智能系统，其前提是基于对关系、背景、环境和社会生活的混乱世界进行符号化抽象。鉴于大多数研究情感的技术方法都统一在了"埃克曼世界观"之下，实际上正在发生的是情感生活的"去地域化"，也就是说，关于感情和情感生活的流动性、连续性、情境性和背景性的模糊性，正被一种关于情感本质的基于度量的确定性外衣所取代。对情感生活的诱人生物医学描述也被颇具吸引力的界面所放大，这些界面清楚地描述了一个人的感受以及他们的感受程度。

这就抛出了科学主义问题，换句话说就是将情感简化为可测量的东西的问题。归根到底，我们是否要将一个看似可以量化且真实的情感生活描述内在化，这种描述看起来是可量化的、真实的，但它被采用的基础是基于权宜之举而非准确无误？有了这个前提，则很难避免福柯（1988）的严肃性观点，即我们应该研究关于生命（和情感）的知识产生、中介化、内化和行动的相关术语。对于可穿戴设备的普通用户而言，情绪检测的准确性可能不是特别重要。而且，尽管客户可能不同意，但这些信息在广告、营销和零售行业可能不被认为那么重要。然而，如果这些信息被用来识别一个人，它们肯定就会变得重要起来，正如我们所见，这可能涉及他们的心理健康、保险、工作效率以及其他形式的自动化心理分析。

立即行动

科林里奇（Collingridge）困境是指在一项技术得到广泛发展和应用之前，无法轻易预测该技术的影响（科林里奇，1980）。这是一个典型的问题，即监管机构应在何时干预一项新生技术。如果做得太早，有希望的发展可能会被摧毁，但如果做得太迟，技术可能会牢固地嵌入社会生活中，这会给社会带来痛苦或无法纠正的错误。在线行为广告中使用第三方cookie和不合逻辑的知情同意机制就是一个相关案例。毫无疑问，组织机构将推动情感生活的生物特征信息与识别数据联系起来，但还有一个更紧迫的问题，即需要解决"去身份识别"的问题，如果无法识别或单独挑出某人进行区分，则无需法律同意来获取有关情绪的数据。对于诸如零售业中的"精选师"以及在公共和准公共空间（如购物中心）使用计算机视觉技术的广告商而言，这是一个可能会被利用的漏洞。不同行业的数据保护机构和行业自律监管机构（如广告、消费者保护、零售和营销)需要解决以下问题：这种对情感生活的被动监控是否最有利于公民和行业声誉？

如果答案是否定的，则应修订业务守则，并制定有意义的制裁措施。立法者也应该密切关注并考虑监管新兴的共情媒体行业。这样做的原因是伦理、情感捕捉和机器可读的身体的问题并不取决于身份识别，而是取决于人类的尊严、选择以及我们想要生活在何种环境的公民决策。虽然我们还不能确定情感人工智能和共情媒体的最终影响，但显而易见的是，商品逻辑正在向道德底线逼近。我们应该警惕这一点，因为从根本上说，人类存在的持续商品化是一种破坏个人与公共生活之间关系的腐败形式。

注　释

1.可查阅https://pdtn.org/emotional-ai-dos-donts/。

附录 1

受访机构及人员表

机构	类别	受访人数
1. 11KBW	法律	1
2. Adform	广告 / 营销	1
3. Affectiva	市场调研	4
4. AXA Insurance	保险	1
5. Azure	市场调研	2
6. B-alert	脑科技研究	1
7. B-reel	广告 / 营销	1
8. Beyond Verbal	声音科技	1
9. Bioresentile	物联网	1
10. Bondara	两性科技研究	1
11. Comm of Advertising Practice	监管机构	2
12. Confirmit	市场调研	1
13. Crimson Hexagon	情感分析	1
14. CrowdEmotion	市场调研	1
15. D2Emotion	科技	1
16. DataXu	广告 / 营销	2
17. David Omand	英国政府通信总部前员工	1
18. Digital Catapult	英国政府机构	2
19. Dubai Health	健康 / 科技	1
20. Electronic Frontier Foundation	非政府组织	1
21. Emblematic Group	VR	1
22. Emoteyourday	移动设备技术	1
23. eMotion	可穿戴技术	1
24. Emotiv	脑科技研究	1

续表

机构	类别	受访人数
25. ESOMAR	市场调研	1
26. eXelate	群众/市场调研	1
27. Exterion	广告	1
28. European Commission	法律/政策/监管	3
29. Facebook	科技	1
30. F-Secure	在线安全保护	1
31. Gartner	市场分析	1
32. Ghostery	网页科技	2
33. Havas	广告/营销	1
34. HW Communications	科技	1
35. i2mediaresearch	零售技术	1
36. IAB Europe	广告/营销	1
37. IAPP	隐私从业者协会	1
38. IBM Watson	科技	2
39. ICO	监管机构	3
40. Innovate UK	科技/创新出资人	1
41. Jamie Woodruff	伦理黑客	1
42. Jennifer Chenoweth	艺术家	1
43. John Taysom	投资人	1
44. Kate Moyle	性治疗师	1
45. Kantar	观众/市场调研	1
46. Kinetic	广告/营销	1
47. KM4 City	智慧城市开发者	2
48. Marketing Research Society	群众/市场研究协会	1
49. M&C Saatchi	广告/营销	1
50. MediaRebel	法律/面部识别技术	2
51. Motorola Solutions	网络安全和数据保护	2
52. MyVessyl	物联网	1
53. Nabarro	法律	2
54. Nevermind	游戏/科技	1
55. nViso	科技	1

续表

机构	类别	受访人数
56. Ocean Outdoor	广告/营销	1
57. Ogilvy & Mather	广告/营销	3
58. Orion Labs	物联网	1
59. Philips	智慧城市/物联网	1
60. Planet Labs	太空和科技	1
61. Player Research	游戏科技	1
62. Privacy International	非政府组织	3
63. Quell	健康科技	1
64. Realeyes	受众调研	2
65. Repustate	情感分析	1
66. Portal	媒体	1
67. Olswang	法律	1
68. Sensum	受众/市场调研	1
69. Sharpbrains	脑科技研究	1
70. Siemens	科技	2
71. Smart Dubai	政府科技	1
72. Somatic	可穿戴技术	1
73. Spire	可穿戴技术	1
74. State of Green	丹麦政府	1
75. Steve Mann	技术人员和学者	1
76. Strap	科技和广告	2
77. Thales	网络安全和数据保护	1
78. This Place	科技和营销	1
79. Teleplan	网络安全和数据保护	1
80. Valve	游戏	1
81. Volker Hirsch	投资人	1
82. WayRay	车载显示器技术	1
83. Verily (Alphabet/Google)	科技、生物科学和健康	1
84. VTT Technical Research	科技	1

合计：108

附录 2

英国关于现有和新生媒体技术中的情感检测的全国调查结果表

问题 1 (社交媒体)

表格 1.1　总体结果（英国样本不包括北爱尔兰）

类别	人数 (n=2067)	百分比
描述 1 (Not OK)	1050	50.79
描述 2 (OK/no PI)	650	31.45
描述 3 (OK/PI)	151	7.31
描述 4 (DK)	216	10.45

表格 1.2　性别

类别	男性 (n=1013)	女性 (n=1054)
描述 1 (Not OK)	512 (50.56%)	538 (51.02%)
描述 2 (OK/no PI)	319 (31.51%)	331 (31.38%)
描述 3 (OK/PI)	81 (8.01%)	70 (6.64%)
描述 4 (DK)	100 (9.92%)	116 (10.96%)

表格 1.3 年龄

类别	18—24 (n=248)	25—34 (n=331)	35—44 (n=393)	45—54 (n=351)	55—64 (n=310)	65+ (n=434)
描述 1 (Not OK)	74 (29.88%)	131 (39.48%)	198 (50.53%)	175 (49.87%)	204 (65.73%)	268 (61.71%)
描述 2 (OK/no PI)	110 (44.23%)	119 (36.05%)	111 (28.19%)	111 (31.48%)	73 (23.69%)	126 (29.10%)
描述 3 (OK/PI)	29 (11.54%)	38 (11.41%)	45 (11.45%)	23 (6.67%)	8 (2.44%)	9 (2.01%)
描述 4 (DK)	36 (14.36%)	43 (13.06%)	39 (9.83%)	42 (11.98%)	25 (8.14%)	31 (7.18%)

表格 1.4 社会阶层

类别	AB (n=558)	C1 (n=599)	C2 (n=434)	DE (n=476)
描述 1 (Not OK)	301 (54.00%)	300 (50.00%)	210 (48.29%)	239 (50.31%)
描述 2 (OK/no PI)	180 (32.30%)	191 (31.90%)	135 (31.21%)	143 (30.09%)
描述 3 (OK/PI)	41 (7.32%)	48 (8.00%)	26 (6.03%)	36 (7.59%)
描述 4 (DK)	36 (6.38%)	61 (10.10%)	63 (14.46%)	57 (12.00%)

表格 1.5 地区（英国，不包括北爱尔兰）

类别	东南地区 (n=525)	中部地区 (n=546)	英格兰北部 (n=519)	威尔士/西南地区 (n=298)	苏格兰 (n=179)
描述 1 (Not OK)	275 (52.40%)	271 (49.60%)	256 (49.40%)	150 (50.35%)	98 (54.51%)
描述 2 (OK/no PI)	156 (29.74%)	166 (30.37%)	178 (34.24%)	105 (35.31%)	45 (25.27%)
描述 3 (OK/PI)	49 (9.36%)	48 (8.85%)	26 (4.96%)	17 (5.80%)	11 (5.92%)
描述 4 (DK)	45 (8%)	61 (11%)	59 (11%)	25 (9%)	26 (14%)

问题 2 (户外广告)

表格 2.1 总体结果（英国样本不包括北爱尔兰）

类别	人数 (n=2068)	百分比
描述 1 (Not OK)	1028	49.72
描述 2 (OK/no PI)	687	33.22
描述 3 (OK/PI)	163	7.78
描述 4 (DK)	190	9.19

表格 2.2 性别

类别	男性 (n=1013)	女性 (n=1054)
描述 1 (Not OK)	484 (47.79%)	544 (51.57%)
描述 2 (OK/no PI)	342 (33.75%)	345 (32.71%)
描述 3 (OK/PI)	92 (9.05%)	71 (6.73%)
描述 4 (DK)	95 (9.41%)	95 (8.98%)

表格 2.3 年龄

类别	18—24 (n=248)	25—34 (n=331)	35—44 (n=393)	45—54 (n=351)	55—64 (n=310)	65+ (n=434)
描述 1 (Not OK)	85 (34.22%)	137 (41.54%)	191 (48.51%)	163 (46.47%)	187 (60.21%)	265 (61.06%)
描述 2 (OK/no PI)	107 (43.25%)	113 (34.12%)	118 (30.11%)	124 (35.43%)	95 (30.68%)	129 (29.64%)
描述 3 (OK/PI)	32 (13.06%)	41 (12.40%)	43 (10.88%)	28 (7.97%)	11 (3.53%)	8 (1.73%)
描述 4 (DK)	23 (9.46%)	39 (11.94%)	41 (10.50%)	36 (10.13%)	17 (5.59%)	33 (7.57%)

表格 2.4　社会阶层

类别	AB (n=558)	C1 (n=599)	C2 (n=434)	DE (n=476)
描述 1 (Not OK)	290 (52.01%)	314 (52.34%)	192 (44.23%)	232 (48.75%)
描述 2 (OK/no PI)	189 (33.85%)	193 (32.20%)	153 (35.24%)	152 (31.93%)
描述 3 (OK/PI)	43 (7.63%)	51 (8.47%)	34 (7.92%)	35 (7.34%)
描述 4 (DK)	36 (6.50%)	42 (7.00%)	55 (12.62%)	57 (11.99%)

表格 2.5　地区（英国，不包括北爱尔兰）

类别	东南地区 (n=525)	中部地区 (n=546)	英格兰北部 (n=519)	威尔士/西南地区 (n=298)	苏格兰 (n=179)
描述 1 (Not OK)	267 (50.81%)	255 (46.60%)	248 (47.77%)	168 (56.35%)	90 (50.37%)
描述 2 (OK/no PI)	161 (30.71%)	187 (34.30%)	186 (35.86%)	98 (32.75%)	55 (30.41%)
描述 3 (OK/PI)	50 (9.51%)	46 (8.47%)	36 (6.89%)	17 (5.69%)	14 (7.68%)
描述 4 (DK)	47 (8.97%)	58 (10.54%)	49 (9.48%)	16 (5.21%)	21 (11.53%)

问题 3 (游戏)

表格 3.1　总体结果（英国样本不包括北爱尔兰）

类别	人数 (n=2067)	百分比
描述 1 (Not OK)	978	47.30
描述 2 (OK/no PI)	631	30.51
描述 3 (OK/PI)	192	9.27
描述 4 (DK)	267	12.92

表格 3.2 性别

类别	男性 (n=1013)	女性 (n=1054)
描述 1 (Not OK)	447 (44.15%)	531 (50.33%)
描述 2 (OK/no PI)	337 (33.24%)	294 (27.89%)
描述 3 (OK/PI)	103 (10.18%)	89 (8.40%)
描述 4 (DK)	126 (12.44%)	141 (13.37%)

表格 3.3 年龄

类别	18—24 (n=248)	25—34 (n=331)	35—44 (n=393)	45—54 (n=351)	55—64 (n=310)	65+ (n=434)
描述 1 (Not OK)	76 (30.47%)	110 (33.31%)	167 (42.59%)	155 (44.13%)	177 (57.13%)	292 (67.40%)
描述 2 (OK/no PI)	104 (41.96%)	120 (36.19%)	123 (31.26%)	118 (33.64%)	75 (24.22%)	91 (20.91%)
描述 3 (OK/PI)	42 (16.84%)	56 (16.97%)	54 (13.87%)	24 (6.97%)	8 (2.66%)	6 (1.50%)
描述 4 (DK)	27 (10.73%)	45 (13.53%)	48 (12.28%)	54 (15.26%)	50 (15.98%)	44 (10.91%)

表格 3.4 社会阶层

类别	AB (n=558)	C1 (n=599)	C2 (n=434)	DE (n=476)
描述 1 (Not OK)	290 (51.94%)	274 (45.68%)	196 (45.20%)	218 (45.82%)
描述 2 (OK/no PI)	170 (30.52%)	192 (32.07%)	139 (32.02%)	129 (27.16%)
描述 3 (OK/PI)	47 (8.35%)	64 (10.73%)	32 (7.27%)	49 (10.32%)
描述 4 (DK)	51 (9.18%)	69 (11.53%)	67 (15.51%)	79 (16.68%)

表格 3.5 地区（英国，不包括北爱尔兰）

类别	东南地区 (n=525)	中部地区 (n=546)	英格兰北部 (n=519)	威尔士/西南地区 (n=298)	苏格兰 (n=179)
描述 1 (Not OK)	246 (46.92%)	253 (46.46%)	233 (44.92%)	157 (52.55%)	88 (49.14%)
描述 2 (OK/no PI)	157 (29.88%)	160 (29.32%)	168 (32.37%)	96 (32.16%)	50 (27.88%)
描述 3 (OK/PI)	51 (9.75%)	57 (10.41%)	49 (9.43%)	19 (6.32%)	16 (8.85%)
描述 4 (DK)	71 (13.45%)	75 (13.83%)	69 (13.28%)	27 (8.96%)	25 (14.14%)

问题 4 (智能设备的娱乐性)

表格 4.1 总体结果（英国样本不包括北爱尔兰）

类别	人数 (n=2067)	百分比
描述 1 (Not OK)	1067	51.63
描述 2 (OK/no PI)	623	30.12
描述 3 (OK/PI)	180	8.73
描述 4 (DK)	197	9.52

表格 4.2 性别

类别	男性 (n=1013)	女性 (n=1054)
描述 1 (Not OK)	486 (48.02%)	581 (55.10%)
描述 2 (OK/no PI)	322 (31.84%)	300 (28.48%)
描述 3 (OK/PI)	109 (10.76%)	71 (6.78%)
描述 4 (DK)	195 (9.39%)	102 (9.64%)

表格 4.3 年龄

类别	18—24 (n=248)	25—34 (n=331)	35—44 (n=393)	45—54 (n=351)	55—64 (n=310)	65+ (n=434)
描述 1 (Not OK)	82 (33.11%)	133 (40.19%)	188 (47.89%)	165 (47.03%)	196 (63.13%)	303 (69.84%)
描述 2 (OK/no PI)	110 (44.43%)	114 (34.51%)	114 (28.98%)	117 (33.36%)	76 (24.63%)	91 (20/93%)
描述 3 (OK/PI)	30 (12.14%)	51 (15.49%)	49 (12.36%)	32 (9.15%)	13 (4.06%)	6 (1.34%)
描述 4 (DK)	26 (10.33%)	32 (9.81%)	42 (10.77%)	37 (10.45%)	25 (8.17%)	34 (7.89%)

表格 4.4 社会阶层

类别	AB (n=558)	C1 (n=599)	C2 (n=434)	DE (n=476)
描述 1 (Not OK)	304 (54.53%)	303 (50.57%)	220 (50.63%)	240 (50.48%)
描述 2 (OK/no PI)	162 (29.11%)	190 (31.70%)	137 (31.60%)	133 (27.97%)
描述 3 (OK/PI)	52 (9.28%)	54 (9.02%)	28 (6.43%)	47 (9.82%)
描述 4 (DK)	39 (7.08%)	52 (8.71%)	49 (11.34%)	56 (11.74%)

表格 4.5 地区（英国，不包括北爱尔兰）

类别	东南地区 (n=525)	中部地区 (n=546)	英格兰北部 (n=519)	威尔士/西南地区 (n=298)	苏格兰 (n=179)
描述 1 (Not OK)	259 (49.27%)	273 (49.98%)	266 (51.28%)	167 (55.88%)	103 (57.49%)
描述 2 (OK/no PI)	168 (31.98%)	154 (28.25%)	165 (31.82%)	88 (29.55%)	47 (26.43%)
描述 3 (OK/PI)	50 (9.43%)	62 (11.29%)	38 (7.39%)	22 (7.33%)	9 (5.11%)
描述 4 (DK)	49 (9.31%)	57 (10.48%)	49 (9.51%)	22 (7.24%)	20 (10.98%)

问题5(声音)

表格5.1 总体结果（英国样本不包括北爱尔兰）

类别	人数 (n=2067)	百分比
描述1 (Not OK)	1104	53.42
描述2 (OK/no PI)	579	28.03
描述3 (OK/PI)	174	8.40
描述4 (DK)	210	10.15

表格5.2 性别

类别	男性 (n=1013)	女性 (n=1054)
描述1 (Not OK)	507 (50.03%)	597 (56.67%)
描述2 (OK/no PI)	321 (31.70%)	258 (24.51%)
描述3 (OK/PI)	102 (10.09%)	71 (6.78%)
描述4 (DK)	83 (8.18%)	127 (12.04%)

表格5.3 年龄

类别	18—24 (n=248)	25—34 (n=331)	35—44 (n=393)	45—54 (n=351)	55—64 (n=310)	65+ (n=434)
描述1 (Not OK)	73 (29.46%)	129 (38.89%)	209 (53.25%)	186 (52.85%)	197 (63.71%)	310 (71.46%)
描述2 (OK/no PI)	103 (41.47%)	121 (36.66%)	103 (26.34%)	97 (27.64%)	70 (22.61%)	85 (19.49%)
描述3 (OK/PI)	37 (14.94%)	43 (12.95%)	40 (10.12%)	33 (9.35%)	13 (4.20%)	8 (1.87%)
描述4 (DK)	35 (14.13%)	38 (11.49%)	40 (10.28%)	36 (10.16%)	29 (9.48%)	31 (7.18%)

表格 5.4　社会阶层

类别	AB (n=558)	C1 (n=599)	C2 (n=434)	DE (n=476)
描述 1 (Not OK)	317 (56.73%)	314 (52.44%)	225 (51.76%)	249 (52.29%)
描述 2 (OK/no PI)	150 (26.85%)	177 (29.60%)	133 (30.61%)	119 (25.09%)
描述 3 (OK/PI)	49 (8.81%)	53 (8.90%)	29 (6.57%)	43 (8.97%)
描述 4 (DK)	42 (7.61%)	54 (9.06%)	48 (11.06%)	65 (13.65%)

表格 5.5　地区（英国，不包括北爱尔兰）

类别	东南地区 (n=525)	中部地区 (n=546)	英格兰北部 (n=519)	威尔士 / 西南地区 (n=298)	苏格兰 (n=179)
描述 1 (Not OK)	278 (52.86%)	276 (50.64%)	277 (53.32%)	163 (54.75%)	111 (61.59%)
描述 2 (OK/no PI)	152 (28.92%)	150 (27.57%)	153 (29.59%)	87 (29.22%)	37 (20.38%)
描述 3 (OK/PI)	52 (9.82%)	53 (9.71%)	33 (6.45%)	20 (6.83%)	15 (8.52%)
描述 4 (DK)	44 (8.40%)	66 (12.07%)	55 (10.64%)	27 (9.21%)	17 (9.51%)

参考文献

Aarseth, E. (1997) *Cybertext: Perspectives on Ergodic Literature*. Baltimore, MD: Johns Hopkins University Press.

Ahmed, S. (2010) *The Promise of Happiness*. Durham, NC: Duke University Press.

Ahmed, S. (2014) *The Cultural Politics of Emotion*, 2nd edn. Edinburgh: Edinburgh University Press.

Ailon, G. (2008) Mirror, mirror on the wall: Culture's consequences in a value test of its own design, *Academy of Management Review*, 33 (4): 885–904.

Akerlof, G. and Shiller, R. (2015) *Phishing for Phools*. Princeton, NJ: Princeton University Press.

Aletras, N., Tsarapatsanis, D., Preoţiuc-Pietro, D. and Lampos, V. (2016) Predicting judicial decisions of the European Court of Human Rights: A natural language processing perspective, *PeerJ Computer Science*, 2: e93. https://doi.org/10.7717/peerj-cs.93 (accessed 27/10/17).

Alexander, J. and Schmidt, J.K.H.W. (1996) 'Social engineering: Genecology of a concept', in A. Podgórecki, J. Alexander and R. Shields (eds), *Social Engineering*. Ottowa: Carleton University Press. pp. 1–20.

Allen, A.L. (1988) *Uneasy Access: Privacy for Women in Free Society*. Tutowa, NJ: Rowman & Littlefield.

Allen, A.L. (2003) *Why Privacy Isn't Everything: Feminist Reflections on Personal Accountability*. Lanham, MD: Rowman & Littlefield.

Altman, I. (1975) *The Environment and Social Behavior: Privacy, Personal Space, Territory, Crowding*. Monterey, CA: Brooks/Cole.

Ameriks, J., Wranik, T. and Salovey, P. (2009) *Emotional Intelligence and Investor Behaviour*. Charlottesville, VA: The Research Foundation of CFA Institute.

Anderson, G.L. (2016) Is RealDoll Close to Delivering Its Promised AI Sex Robots? *Vice*, www.vice.com/en_us/article/dpkypk/real-doll-artificial-intelligence-sex (accessed 27/10/17).

Andrejevic, M. (2013) *Infoglut: How Too Much Information is Changing the Way We Think and Know*. New York: Routledge.

Aneesh, A. (2006) *Virtual Migration: The Programming of Globalization*. Durham, NC: Duke University Press.

Arendt, H. (1962 [1951]) *Origins of Totalitarianism*. New York: Meridian.

208 Ariel, B., Sutherland, A., Henstock, D., Young, J., Drover, P., Syles, J., Megicks, S. and Henderson, R. (2017) Contagious accountability: A global multisite randomized controlled trial on the effect of police body-worn cameras on citizens' complaints against the police, *Criminal Justice and Behavior*, 44 (2): 293–316.

Aristotle (2008 [350 BC]) *Physics*. London: Penguin.

Arroyo-Palacios, J. and Romano, D.M. (2008) 'Towards a standardization in the use of physiological signals for affective recognition systems', in *Proceedings of Measuring Behavior 2008*. Maastricht: Noldus. www.noldus.com/mb2008/program/Proceedings_Measuring_Behavior_2008_web.pdf (accessed 27/10/17).

Ashby, W.R. (1956) *An Introduction to Cybernetics*. London: Chapman and Hall.

Bachelard, G. (1994 [1958]) *The Poetics of Space*. Boston, MA: Beacon.

Baldwin, R.C. (1940) The meeting of extremes in recent esthetics, *Journal of Philosophy*, 37 (13): 348–58.

Baron-Cohen, S. and Tead, T.H.E. (2003) *Mind Reading: The Interactive Guide to Emotion*. London: Jessica Kingsley.

Barrett, L.F. (2006) Solving the emotion paradox: Categorization and the experience of emotion, *Personality and Social Psychology Review*, 10: 20–46.

Barrett, L.F. (2006a) Are emotions natural kinds? *Perspectives on Psychological Science*, 1: 28–58.

Barrett, L.F. (2014) What Faces Can't Tell Us, *New York Times*, www.nytimes.com/2014/03/02/opinion/sunday/what-faces-cant-tell-us.html?_r=0 (accessed 27/10/17).

Baudelaire, C. (1964 [1863]) *The Painter of Modern Life*. New York: Da Capo Press.

BBC News (2009) HP Camera 'Can't See' Black Faces, http://news.bbc.co.uk/1/hi/technology/8429634.stm (accessed 04/10/17).

Beer, D. (2016) *Metric Power*. Basingstoke: Palgrave Macmillan.

Behavox (2017) Behavox Partners with Cloud9 to Provide Comprehensive Monitoring for Voice Trading in the Capital Markets, https://behavox.com/release_mar.html (accessed 05/10/17).

Bell, C. (1824) *Essays on the Anatomy and Philosophy of Expression*. London: Murray.

Beniger, J.R. (1986) *The Control Revolution: Technological and Economic Origins of the Information Society*. Cambridge, MA: Harvard University Press.

Benjamin, W. (2002 [1982]) *The Paris Arcades*. Cambridge, MA: Harvard University Press.

Bentham, J. (2000 [1781]) *An Introduction to the Principles of Morals and Legislation*. Kitchener, Ontario: Batoche Books.

Berardi, F. (2009) *The Soul At Work: From Alienation to Autonomy*. Los Angeles, CA: Semiotext(e).

Bergson, H. (1999 [1913]) *An Introduction to Metaphysics*. Indianapolis, IN: Hackett.

Berlin, I. (2006 [1958]) 'Two concepts of liberty', in D. Miller (ed.), *The Liberty Reader*. Edinburgh: Edinburgh University Press. pp. 33–57.

Bernhaupt, R., Boldt, A. and Mirlacher, T. (2007) Using emotion in games: Emotional flowers, *Proceedings of the International Conference on Advances in Computer Entertainment Technology*, Salzburg, Austria, 13–15 June, pp. 41–48. https://dl.acm.org/citation.cfm?id=1255056 (accessed 31/10/17).

Beyond Verbal (2014) Moodies – The World's First Emotions Analytics App For iOS Press Release, www.beyondverbal.com/beyond-verbal-launches-patented-technology-that-decodes-human-emotions-through-raw-voice-article-3 (accessed 27/10/17).

Beyond Verbal (2014a) *What We Do*, www.beyondverbal.com/start-here/what-we-do/ (accessed 27/10/17).

Bijker, W.E., Hughes, T.P. and Pinch, T. (eds) (1993) *The Social Construction of Technological Systems: New Directions in the Sociology and History of Technology.* Cambridge, MA: MIT.

Biocca, F. and Levy, M.R. (1995) 'Communication Applications of Virtual Reality', in F. Biocca and M.R. Levy (eds), *Communication in the Age of Virtual Reality.* Hillsdale, NJ: Lawrence Erlbaum. p. 128.

Birchall, G. (2016) ROBO ROMPS Sex Robots with Terrifyingly Realistic Genitalia to Hit the Market NEXT YEAR and Cost £12,000, www.thesun.co.uk/tech/2083660/sex-robots-with-terrifyingly-realistic-genitalia-to-hit-the-market-next-year-and-cost-12000 (accessed 04/10/17).

Bloom, P. (2017) *Against Empathy: The Case for Rational Compassion.* London: Ecco.

Bloomberg (2017) Wall Street Embraces Emotional Trading Surveillance, www.bloomberg.com/news/videos/2016-09-01/wall-street-embraces-emotional-trading-surveillance (accessed 05/10/17).

Bloomberg Businessweek (2016) Startups Wielding Sensors and Algorithms Promise a New Era of Surveillance, www.bloomberg.com/news/articles/2016-09-01/wall-street-s-next-frontier-is-hacking-into-emotions-of-traders (accessed 05/10/17).

Bloustein, E.J. (1984 [1964]) 'Privacy as an aspect of human dignity: An answer to Dean Prosser', in F.D. Schoeman (ed.), *Philosophical Dimensions of Privacy: An Anthology.* Cambridge: Cambridge University Press. pp. 156–202.

Borders (2017) AVATAR – Automated Virtual Agent for Truth Assessments in Real-Time, http://borders.arizona.edu/cms/projects/avatar-automated-virtual-agent-truth-assessments-real-time (accessed 04/10/17).

Bradley, M.M. and Lang, P.J. (1994) Measuring emotion: The self-assessment manikin and the semantic differential, *Journal of Behavior Therapy and Experimental Psychiatry*, 25 (1): 49–59.

Brown, T. (2010 [1820]) *Thomas Brown: Selected Philosophical Writings.* Exeter: Imprint Academic.

Camerer, C., Issacharoff, S., Loewenstein, G., Donoghue, T. and Rabin, M. (2003) Regulation for Conservatives: Behavioral economics and the case for 'asymmetric paternalism', *University of Pennsylvania Law Review*. 151: 1211–54.

Canetti, E. (1981 [1960]) *Crowds and Power.* New York: Continuum.

Castells, M. (2001 [1996]) *The Rise of the Network Society.* Oxford: Blackwell.

Castells, M. (2009) *Communication Power.* Oxford: Oxford University Press.

Cawsey, A. (1998) *The Essence of Artificial Intelligence.* Harlow: Prentice Hall.

Chen, A. (2015) The Agency, *New York Times Magazine*, www.nytimes.com/2015/06/07/magazine/the-agency.html (accessed 27/10/17).

Christianson, S-A. (1992) *The Handbook of Emotion and Memory: Research and Theory.* New York: Psychology Press.

Clarke, A.E., Mamo, L., Fosket, J.R., Fishman, J.R and Shim, J.K. (2010) *Biomedicalization: Technoscience, Health and Illness in the U.S.* Durham, NC: Duke University Press.

Clarke, A.E., Shim, J.K., Mamo, L., Fosket, J.R. and Fishman, J.R (2003) Biomedicalization: Technoscientific transformations of health, illness, and U.S. biomedicine, *American Sociological Review*, 68 (2): 161–94.

Clynes, M. (1977) *Sentics: The Touch of the Emotions*. New York: Anchor Press/Doubleday.

Collingridge, D. (1980) *The Social Control of Technology*. New York: St Martin's Press.

Contagious (2016) eBay/High Intensity Interval Shopping, www.contagious.com/blogs/news-and-views/ebay-high-intensity-interval-shopping (accessed 05/10/17).

Crary, J. (2013) *24/7: Late Capitalism and the Ends of Sleep*. London: Verso.

Crawford, K. (2016) Can an algorithm be agonistic? Ten scenes from life in calculated publics, *Science, Technology & Human Values*, 41 (1): 77–92.

Crawford, K., Lingel, J. and Karppi, T. (2015) Our metrics, ourselves: A hundred years of self-tracking from the weight scale to the wrist wearable device, *European Journal of Cultural Studies*, 18: 479–96.

Crawford, R. (1980) Healthism and the medicalization of everyday life, *International Journal of Health Services*, 10 (3): 365–88.

Crimson Hexagon (2014) Crimson Hexagon Forsight Platform Plots UK Politicians 2013 Tweets on Energy Prices, Syrian Crisis, and the NHS, www.crimsonhexagon.com/business-intelligence/social-analytics/media-research/social-media-reveals-what-members-of-parliament-think (accessed 27/10/17).

Cumberland, R. (2005 [1672]) *A Treatise of the Laws of Nature*. Indianapolis, IN: Liberty Fund.

Damasio, A. (2003) *Looking for Spinoza: Joy, Sorrow, and the Feeling Brain*. Orlando, FL: Harcourt.

Damasio, A. (2011) *Self Comes to Mind: Constructing the Conscious Brain*. London: Vintage.

Darling, K. (2014) 'Who's Johnny?' Anthropomorphic Framing in Human–Robot Interaction, Integration, and Policy, www.werobot2015.org/wp-content/uploads/2015/04/Darling_Whos_Johnny_WeRobot_2015.pdf (accessed 27/10/17).

Dartnall, T. (ed.) (2013) *Artificial Intelligence and Creativity*. Dordrecht: Springer.

Darwin, C. (2009 [1872]) *The Expression of the Emotions in Man and Animals*. London: Harper.

Davies, W. (2015) *The Happiness Industry: How the Government & Big Business Sold Us Wellbeing*. London: Verso.

Davies, W. (2016) How are we now? Real-time mood-monitoring as valuation, *Journal of Cultural Economy*, 10 (1): 34–48.

De la Peña, N., Weil, P., Llobera, J., Giannopoulos, E., Pomes, A., Spanlang, B. and Slater, M. (2010) Immersive journalism: Immersive virtual reality for the first-person experience of news, *Presence*, 19: 291–301.

De Montaigne, M. (1999 [1603]) Montaigne's Essays MICHEL EYQUEM DE MONTAIGNE (1533–1592), trans. J. Florio, *Renascence Editions*, https://scholarsbank.uoregon.edu/xmlui/bitstream/handle/1794/766/montaigne.pdf (accessed 27/10/17).

Dean, J. (2005) Communicative capitalism: Circulation and the foreclosure of politics, *Cultural Politics*, 1 (1): 51–74.

Debord, G. (1955) *Introduction to a Critique of Urban Geography*, http://library.nothingness.org/articles/SI/en/display/2 (accessed 27/10/17).

Deleuze, G. (1992) Postscript on the societies of control, *October*, 59 (4): 3–7.

Deleuze, G. and Guattari, F. (2000 [1972]) *Anti-Oedipus: Capitalism and Schizophrenia*. London: Athlone.

Deloitte (2013) Dashboard of the Future Vision, www2.deloitte.com/content/dam/Deloitte/de/Documents/finance-transformation/Dashboard%20of%20the%20future.pdf (accessed 04/10/17).

Derrida, J. (1996) *Archive Fever: A Freudian Impression*. Chicago, IL: University of Chicago Press.

Dewey, J. (1925) *Experience and Nature*. Chicago, IL: Open Court.

Dimberg, U. (1997) 'Psychophysiological reactions to facial expressions', in U. Segerståhle and P. Molnar (eds), *Nonverbal Communication: Where Nature Meets Culture*. Mahwah, NJ: Lawrence Erlbaum. pp. 47–60.

Diverge (2017) Ogilvy Launches Center for Behavioral Science, www.ogilvy.com/media-center2017/press-releases/january-26-2017-ogilvy-launches-center-for-behavioral-science/ (accessed 05/10/17).

Dixon, T. (2012) 'Emotion': The history of a keyword in crisis, *Emotion Review*, http://emr.sagepub.com/content/4/4/338.full.pdf (accessed 27/10/17).

Dreyfuss, E. (2017) Silicon Valley Would Rather Cure Death Than Make Life Worth Living, *Wired*, www.wired.com/2017/03/silicon-valley-rather-cure-death-make-life-worth-living (accessed 04/10/17).

Du Plessis, E. (2011) *The Branded Mind*. London: Kogan Page.

Duchenne de Boulogne, G.B. (1990 [1862]) *The Mechanism of Human Facial Expression*. Cambridge: Cambridge University Press.

Duggan, M. (2015) The Demographics of Social Media Users, *Pew Research Center*, www.pewinternet.org/2015/08/19/the-demographics-of-social-media-users (accessed 27/10/17).

Durkheim, É. (1997 [1893]) *Division of Labour in Society*. New York: Free Press.

Easterbrook, J.A. (1959) The effect of emotion on cue utilization and the organization of behaviour, *Psychological Review*, 66 (3): 183–201.

Edge (2011) Biometrics – the Future of Videogames? www.edge-online.com/features/biometrics-future-videogames/ (accessed 27/10/17).

Edgeworth, F.Y. (1881) *Mathematical Psychics*. London: Kegan Paul.

Ekman, P. (1977) 'Biological and Cultural Contributions to Body and Facial Movement', in J. Blacking (ed.), *The Anthropology of the Body*. London: Academic Press. www.paulekman.com/wp-content/uploads/2013/07/Biological-And-Cultural-Contributions-To-Body-And-Facial-Mov.pdf (accessed 27/10/17).

Ekman, P. (1989) 'The argument and evidence about universals in facial expressions of emotions', in H. Wagner and A. Manstead (eds), *Handbook of Social Psychophysiology*. Chichester: Wiley. pp. 143–64.

Ekman, P. and Friesen, W.V. (1971) Constants across cultures in the face and emotion, *Journal of Personality and Social Psychology*, 17 (2): 124–29.

Ekman, P. and Friesen, W.V. (1978) *Facial Action Coding System: A Technique for the Measurement of Facial Movement*. Palo Alto, CA: Consulting Psychologists Press.

Ekman, P., Friesen, W. and Hager, J. (2002) *Facial Action Coding System*. Salt Lake City, UT: A Human Face.

Elias, N. (1987) On human beings and their emotions: A process-sociological essay, *Theory, Culture & Society*, 4 (2): 339–61.

Ellard, C. (2016) *Places of the Heart: The Psychogeography of Everyday Life*. New York: Bellevue Literary Press.

Emerson, R.W. (1984 [1844]) *The Collected Works of Ralph Waldo Emerson: Essays, Second Series vol. 3*. Cambridge, MA: Harvard University Press.

eyeQ (2017) *About eyeQ*, www.eyeqinsights.com/about/ (accessed 05/10/17).

Federal National Council (2010) United Arab Emirates Constitution, www.iedja.org/wp-content/uploads/pdf/litterature_juridique/EMIRATS%20ARABES%20UNIS/revision_constitutionnelle_2011.pdf (accessed 05/10/17).

Ferrara, A. and Bessi, E. (2016) Social Bots Distort the 2016 US Presidential Election Online Discussion, *First Monday*, 21(11), http://firstmonday.org/ojs/index.php/fm/article/view/7090/5653 (accessed 27/10/17).

Finger, S. (2001) *Origins of Neuroscience: A History of Explorations into Brain Function*. New York: Oxford University Press.

Foucault, M. (1988) 'Technologies of the self', in L.H. Martin, H. Gutman and P.H. Hutton (eds), *Technologies of the Self: A Seminar with Michel Foucault*. Amherst, MA: University of Massachusetts.

Foucault, M. (1998 [1976]) *The History of Sexuality Vol. 1: The Will to Knowledge*. London: Penguin.

Freitas-Magalhães, A. (2017) *Facial Action Coding System 2.0: Manual of Scientific Codification of the Human Face*. Porto: FEELab Science Books.

Fridlund, A.J. (1991) The sociality of solitary smiles: Effects of an implicit audience, *Journal of Personality and Social Psychology*, 60: 229–40.

Fridlund, A.J. (1995) *Human Facial Expression: An Evolutionary View*. San Diego, CA: Academic.

Fuchs, C. (2013) *Social Media: A Critical Introduction*. London: Sage.

Fuchs, C. (2016) *Reading Marx in the Information Age: A Media and Communication Studies Perspective on Capital Volume 1*. New York: Routledge.

Gale, H. (1896) 'On the psychology of advertising', in H. Gale (ed.), *Psychological Studies*. Minneapolis, MN: H.S. Gale. pp. 39–69.

Gametrack (2016) GameTrack: Digest Quarter 1 2016, www.isfe.eu/sites/isfe.eu/files/attachments/gametrack_european_summary_data_2016_q1.pdf (accessed 27/10/17).

Gartner (2016) Gartner Predicts a Virtual World of Exponential Change, www.gartner.com/smarterwithgartner/gartner-predicts-a-virtual-world-of-exponential-change/?cm_mmc=social-_-rm-_-gart-_-swg (accessed 04/10/17).

Gavison, R. (1984 [1980]) 'Privacy and the limits of the law', in F.D. Schoeman (ed.), *Philosophical Dimensions of Privacy: An Anthology*. Cambridge: Cambridge University Press. pp. 346–402.

Gazzola, V., Aziz-Zadeh, L. and Keysers, C. (2006) Empathy and the somatotopic auditory mirror system in humans, *Current Biology*, 16 (18): 1824–29.

Geertz, C. (1973) 'Thick description: Toward an interpretive theory of culture', in *The Interpretation of Cultures: Selected Essays*. New York: Basic Books.

Gillespie, T. (2010) The politics of 'platforms', *New Media & Society*, 12 (3): 347–67.

Gillespie, T. (2013) 'The relevance of algorithms', in T. Gillespie, P. Boczkowski and K. Foot (eds), *Media Technologies*. Cambridge, MA: MIT Press. pp. 167–193.

Goffman, E. (1990 [1959]) *The Presentation of the Self in Everyday Life*. London: Penguin.

Goldman, A.I. (2008) *Simulating Minds: The Philosophy, Psychology, and Neuroscience of Mindreading*. New York: Oxford University Press.

Google Patents (2014) System and Method for Monitoring Respiration, www.google.co.uk/patents/US20140228657?dq=spire+health+wearable&hl=en&sa=X&ei=F7D0VNeIIpPtauecgugG&ved=0CDwQ6AEwBA (accessed 17/10/17).

Grandey, A.A., Diefendorff, J.M. and Rupp, D.E. (2013) 'Bring emotional labor into focus', in A.A. Grandey, J.M. Diefendorff and D.E. Rupp (eds), *Emotional Labor in the 21st Century: Diverse Perspectives on Emotion Regulation at Work*. New York: Routledge.

Greenfeld, L. (2013) *Mind, Modernity, Madness: The Impact of Culture on Human Experience*. Cambridge, MA: Harvard University Press.

Gunes, H. and Pantic, M. (2010) Automatic, dimensional and continuous emotion recognition, *International Journal of Synthetic Emotions*, 1 (1): 68–99.

Gupta, O. and McDuff, D. (2016) Real-time Physiological Measurement and Visualization Using a Synchronized Multi-camera System, http://alumni.media.mit.edu/~djmcduff/assets/publications/Gupta_2016_Realtime.pdf (accessed 27/10/17).

Guznov, S., Lyons, J., Nelson, A. and Woolley, M. (2016) 'The effects of automation error types on operators' trust and reliance', in S. Lackey and R. Schumaker (eds), *Virtual, Augmented and Mixed Reality*. Dordrecht: Springer. pp. 116–24.

Habermas, J. (1991 [1962]) *The Structural Transformation of the Public Sphere: An Inquiry into a Category of Bourgeois Society*. Cambridge, MA: MIT Press.

Hao, F., Zhang, H and Fu, X. (2005) 'Modulation of attention by faces expressing emotion: Evidence from visual marking', in J. Tao, T. Tan. and R.W Picard (eds), *Affective Computing and Intelligent Interaction*, First International Conference, October 2005 Proceedings. Berlin: Springer. pp. 127–34.

Hardee, G.M. (2016) 'Immersive journalism in VR: Four theoretical domains for researching a narrative design framework', in S. Lackey and R. Schumaker (eds), *Virtual, Augmented and Mixed Reality*. Dordrecht: Springer. pp. 679–90.

Hardt, M. and Negri, A. (2000) *Empire*. Cambridge, MA: Harvard University Press.

Harré, R. (1986) *The Social Construction of Emotions*. London: Basil Blackwell.

Heidegger, M. (1991 [1939]) *Nietzsche, Vol. IV: Nihilism*, J. Stambaugh, D.F. Krell and F.A. Capuzzi (trans.). San Francisco, CA: Harper & Row.

Heidegger, M. (1993 [1954]) 'The question concerning technology', in D.F. Krell (ed.), *Basic Writings*. New York: HarperCollins.

Heidegger, M. (2011 [1962]) *Being and Time*. New York: Harper & Row.

Herder, J.G. (2002 [1774]) 'This too a philosophy of history for the formation of humanity [an early introduction]', in M.N Forster (ed.), *Philosophical Writings*. Cambridge: Cambridge University Press.

Hinton, G. (2016) Deep Learning, http://deeplearning.net/tag/geoffrey-hinton/ (accessed 27/10/17).

Hjortsjo, C. (1969) *Man's Face and Mimic Language*. Lund, Sweden: Studentlitteratur.

HM Government (2014) Personalised Health and Care 2020 Using Data and Technology to Transform Outcomes for Patients and Citizens: A Framework for Action, www.gov.uk/government/uploads/system/uploads/attachment_data/file/384650/NIB_Report.pdf (accessed 27/10/17).

HMIC (2012) Protecting the Public: Police Coordination in the New Landscape, www.gov.uk/government/uploads/system/uploads/attachment_data/file/263518/28923-R_-_Protecting_the_Public.pdf (accessed 04/10/2017).

Hochschild, A. (1983) *The Managed Heart: Commercialization of Human Feeling*. Berkeley, CA: University of California Press.

Hofstede, G.H. (1980) *Culture's Consequences: International Differences in Work-related Values*. Beverly Hills, CA: Sage.

Howes, D. and Classen, C. (2013) *Ways of Sensing: Understanding the Senses in Society*. New York: Routledge.

Humanyze (2017) Customer Spotlight, www.humanyze.com/case-studies (accessed 05/10/17).

Hume, D. (1896 [1739]) *A Treatise of Human Nature*. London: Oxford University Press.

Husserl, E. (1980) *Phenomenology and the Foundations of the Sciences*. The Hague: Martinus Nijhoff.

Husserl, E. (1991 [1966]) *On the Phenomenology of the Consciousness of Internal Time (1893–1917)*. Dordrecht: Kluwer.

Husserl, E. (2002 [1952]) *Ideas Pertaining to a Pure Phenomenology and to a Phenomenological Philosophy: Second Book*. Dordrecht: Kluwer.

Information Commissioner's Office (2012) Anonymisation: Managing Data Protection Risk Code of Practice, http://ico.org.uk/~/media/documents/library/Data_Protection/Practical_application/anonymisation-codev2.pdf (accessed 23/10/17).

Isreal21c (2014) Israeli Research Shows it's the Voice not the Eyes that is the Window to the Soul, www.israel21c.org/people/israeli-research-shows-its-the-voice-not-the-eyes-that-is-the-window-to-the-soul/ (accessed 27/10/17).

James, W. (1884) What is an emotion?, *Mind*, 9 (43): 188–205.

Jamieson, K.H. and Cappella, J.N. (2008) *Echo Chamber: Rush Limbaugh and the Conservative Media Establishment*. Oxford: Oxford University Press.

Jansz, J. (2005) The emotional appeal of violent video games for adolescent males, *Communication Theory*, 15(3): 219–241.

Jasper, J. (1998) The emotions of protest: Affective and reactive emotions in and around social movements, *Sociological Forum*, 13 (3): 397–424.

Jevons, W.S. (1965 [1871]) *The Theory of Political Economy*. New York: Augustus M. Kelley.

Juslin, P.N. and Scherer, K.R. (2005) 'Vocal expression of affect', in J. Harrigan, R. Rosenthal and K. Scherer (eds), *The New Handbook of Methods in Nonverbal Behavior Research*. Oxford: Oxford University Press. pp. 65–135.

Justia Patents (2006) System for Indicating Emotional Attitudes through Intonation Analysis and Methods Thereof, http://patents.justia.com/patent/8078470 (accessed 27/10/17).

Justia Patents (2012) System and Method for Determining a Personal SHG Profile by Voice Analysis, http://patents.justia.com/patent/8768708 (accessed 28/10/17).

Kahneman, D. (2011) *Thinking, Fast and Slow*. London: Penguin.

Kahneman, D. and Tversky, A. (1979) Prospect theory: An analysis of decision under risk, *Econometrica*, 47 (2): 263–91.

Kahneman, D. and Tversky, A. (2000) *Choices, Values, and Frames*. New York: Cambridge University Press.

Kant, I. (1983 [1795]) 'To perpetual peace: A philosophical sketch', in *Perpetual Peace and Other Essays* (T. Humphreys trans.). Indianapolis, IN: Hackett. pp. 107–143.

Kant, I. (1990 [1781]) *The Critique of Pure Reason*. London: Macmillan.

Kaye, D. (2015) *Report of the Special Rapporteur on the promotion and protection of the right to freedom of opinion and expression*, www.ohchr.org/EN/HRBodies/HRC/RegularSessions/Session29/Documents/A.HRC.29.32_AEV.doc (accessed 28/10/17).

Kennedy, R.S., Drexler, J. and Kennedy, R.C. (2010) Research in visually induced motion sickness, *Applied Ergonomics*, 41: 494–503.

Keshavarz, B., Hecht, H. and Lawson, B.D. (2014) 'Visually induced motion sickness: Characteristics, causes, and countermeasures', in K.S. Hale and K.M. Stanney (eds), *Handbook of Virtual Environments: Design, Implementation, and Applications*. Boca Raton, FL: CRC Press. pp. 648–97.

Kleinsmith, A., Fushimi, T. and Takenaka, H. (2003) Towards bidirectional affective human-machine interaction, *Journal of Three Dimensional Images*, 17: 61–66.

Klineberg, O. (1940) *Social Psychology*. New York: Holt.

Knight, W. (2016) Amazon Working on Making Alexa Recognize Your Emotions, MIT Technology Review, www.technologyreview.com/s/601654/amazon-working-on-making-alexa-recognize-your-emotions/ (accessed 27/10/17).

Kollanyi, B., Howard, P.N. and Woolley, S.C. (2016) Bots and Automation over Twitter during the U.S. Election, *Data Memo*, www.politicalbots.org (accessed 28/10/17).

Koops, B-J (2015) 'The concepts, approaches and applications of responsible innovation', in B.J. Koops, I. Oosterlaken, H. Romijn, T. Swierstra and J. van den Hoven (eds), *Responsible Innovation 2: Concepts, Applications, and Approaches*. Dordrecht: Springer. pp. 1–15.

Kozinets, R.V. (2015) *Netnography: Redefined*. London: Sage.

Kramer, A.D.I., Guillory, J.E. and Hancock, J.T. (2014) Experimental evidence of massive-scale emotional contagion through social networks, *Proceedings of the National Academy of Sciences*, 111 (29): 8788–90.

Kurasawa, F. (2009) A message in a bottle bearing witness as a mode of transnational practice, *Theory, Culture & Society*, 26(1): 92–111.

Lackey, S. and Shumaker, R. (eds) (2016) *Virtual, Augmented and Mixed Reality: 8th International Conference, VAMR 2016*. Dordrecht: Springer.

Lafkey, D. (2009) 'The Safe Harbor Method of De-identification: An Empirical Test', ONC Presentation, 8 October, www.ehcca.com/presentations/HIPAAWest4/lafky_2.pdf (accessed 18/04/14).

Laney, D. (2001) 3D Data Management: Controlling Data Volume, Velocity and Variety, http://blogs.gartner.com/doug-laney/files/2012/01/ad949-3D-Data-Management-Controlling-Data-Volume-Velocity-and-Variety.pdf (accessed 15/04/15).

Layard, R. (2005) *Happiness*. London: Penguin.

Lazarus, R.S. (1991) *Emotion and Adaption*. New York: Oxford University Press.

Lazzarato, M. (2014) *Signs and Machines: Capitalism and the Promotion of Subjectivity*. Los Angeles, CA: Semiotext(e).

Le Bon, G. (1896) *The Crowd: A Study of the Popular Mind*. New York: Macmillan.

LeDoux, J. (1999) *The Emotional Brain: The Mysterious Underpinnings of Emotional Life*. New York: Phoenix.

Levine, S. and Scotch, N.A. (1970) *Social Stress*. Chicago, IL: Aldine.

Lewis, S., Dontcheva, M. and Gerber, E. (2012) *Affective Computational Priming and Creativity*, https://egerber.mech.northwestern.edu/wp-content/uploads/2012/11/Gerber_AffectiveComputationalPriming.pdf, accessed 10/12/16.

Leys, R. (2011) The turn to affect: A critique, *Critical Inquiry*, 37 (3): 434–72.

Leys, R. (2012) 'Both of Us Disgusted in My Insula': Mirror Neuron Theory and Emotional Empathy, *Nonsite.org*, http://nonsite.org/article/%E2%80%9Cboth-of-us-disgusted-in-my-insula%E2%80%9D-mirror-neuron-theory-and-emotional-empathy (accessed 27/10/17).

Leys, R. and Goldman, M. (2010) Navigating the genealogies of trauma, guilt, and affect: An interview with Ruth Leys, *University of Toronto Quarterly*, 79 (2): 656–79.

Li, X., Hong, X., Moilanen, A., Huang, X., Pfister, T., Zhao, G. and Pietikäinen, M. (2015) Reading Hidden Emotions: Spontaneous Micro-expression Spotting and Recognition, https://arxiv.org/abs/1511.00423 (accessed 31/10/17).

Li, Y-H., Hu, Y-T., Shen, J., Preda, M., Drexler, A., Sosoiu, C., Stanculescu, F.F., Liu, P. and Ye, J. (2016) 'Ultrafast facial tracker using generic cameras with applications in intelligent lifestyle', in S. Lackey and R. Schumaker (eds), *Virtual, Augmented and Mixed Reality*. Dordrecht: Springer. pp. 234–54.

Lindstrom, M. (2005) *Brand Sense: Sensory Secrets Behind the Stuff We Buy*. London: Kogan Page.

Lindstrom, M. (2009) *Buy-ology: How Everything We Believe about Why We Buy Is Wrong*. London: Kogan Page.

Lindstrom, M. (2011) *Brandwashed: Tricks Companies Use To Manipulate Our Minds and Persuade Us To Buy*. London: Kogan Page.

Lipps, T. (1979 [1903]) 'Empathy, inner imitation and sense-feelings', in M. Rader (ed.), *A Modern Book of Esthetics*. New York: Holt, Rinehart and Winston. pp. 374–82.

Liptrot, A. and Labagnara, P. (2016) A Debrief through a Virtual Reality Window: Using VR to Illuminate the Consumer Like Never Before, *ESOMAR*, www.esomar.org/web/research_papers/Netnography-Analysis-Of-Web-Behaviour_2823_A-Debrief-Through-a-Virtual-Reality-Window.php (accessed 28/10/17).

List, C. and Petit, P. (2011) *Group Agency: The Possibility, Design, and Status of Corporate Agents*. Oxford: Oxford University Press.

Lombardo, E., Guion, C. and Keller, J. (2016) 'Study of a virtual conference in a mirror world with avatars and HMD', in S. Lackey and R. Schumaker (eds), *Virtual, Augmented and Mixed Reality*. Dordrecht: Springer. pp. 330–38.

Lowenstein, G. and Lerner, J.S. (2003) 'The role of affect in decision making', in R. Davidson, K. Scherer and H. Goldsmith (eds), *Handbook of Affective Science*. New York: Oxford University Press. pp. 619–42.

Lupton, D. (2016) *The Quantified Self*. Cambridge: Polity.

Lynskey, O. (2015) *The Foundations of EU Data Protection Law*. Oxford: Oxford University Press.

MacKinnon, C. (1989) *Toward a Feminist Theory of the State*. Cambridge, MA: Harvard University Press.

Margetts, H., John, P., Hale, S. and Yasseri, T. (2016) *Political Turbulence: How Social Media Shape Collective Action*. Princeton, NJ: Princeton University Press.

Marwick, A. (2010) Status Update: Celebrity, Publicity and Self-Branding in Web 2.0., www.tiara.org/blog/wp-content/uploads/2010/09/marwick_dissertation_statusupdate.pdf (accessed 29/10/17).

Matsumoto, D., Yoo, S.H. and Fontaine, J. (2008) Mapping expressive differences around the world: The relationship between emotional display rules and individualism versus collectivism, *Journal of Cross-Cultural Psychology*, 39 (1): 55–74.

Mayer-Schönberger, V. and Cukier, K. (2013) *Big Data: A Revolution That Will Transform How We Live, Work and Think*. London: John Murray.

Mayo, E. (1933) *The Human Problems of an Industrial Civilisation*. New York: Macmillan.

McCarthy, E.D. (1994) 'The social construction of emotions: New direction from culture theory', in W. Wentworth and J. Ryan (eds), *Social Perspective on Emotion*, vol. 2. Greenwich, CT: JAI. pp. 267–79.

McDuff, D. (2014) *Crowdsourcing Affective Responses for Predicting Media Effectiveness*, PhD thesis, http://affect.media.mit.edu/pdfs/14.McDuff-Thesis.pdf (accessed 30/10/17).

McDuff, D. and el Kaliouby, R. (2016) Applications of automated facial coding in media measurement, *Transactions on Affective Computing*, 1–13.

McDuff, D., Girard, J.M. and el Kaliouby, R. (2016) Large-scale observational evidence of cross-cultural differences in facial behavior, *Journal of Nonverbal Behavior* (pre-release): 1–14.

McLure, S.M., Li, J., Tomlin, D., Cypert, K.S. and Montague, L.M. (2004) Neural correlates of behavioral preference for culturally familiar drinks, *Neuron*, 44 (2): 379–87.

McMahan R.P., Lai, C. and Swaroop, K.P. (2016) 'Interaction fidelity: The uncanny valley of virtual reality interactions', in S. Lackey and R. Schumaker (eds), *Virtual, Augmented and Mixed Reality*. Dordrecht: Springer. pp. 59–70.

McStay, A. (2011) *The Mood of Information: A Critique of Online Behavioural Advertising*. New York: Continuum.

McStay, A. (2013) *Creativity and Advertising: Affect, Events and Process*. London: Routledge.

McStay, A. (2014) *Privacy and Philosophy: New Media and Affective Protocol*. New York: Peter Lang.

McStay, A. (2016) Empathic media and advertising: Industry, policy, legal and citizen perspectives (the case for intimacy), *Big Data & Society*, (pre-publication): 1–11.

McStay, A. (2016a) *Digital Advertising*, 2nd edn. Basingstoke: Palgrave Macmillan.

McStay, A. (2016b) The Do's and Don't of Emotion Capture: An Overview of Discussion and Suggestions, https://drive.google.com/file/d/0BzU2NrGCFp7qSldQTmluY2hPZEU/view (accessed 05/10/17).

McStay, A. (2017) *Privacy and the Media*. London: Sage.

McStay, A. (2017a) Empathic Media: The Rise of Emotion AI, www.researchgate.net/publication/317616480_EMPATHIC_MEDIA_THE_RISE_OF_EMOTION_AI (accessed 31/10/17).

mediaX (2015) Knowledge Worker Productivity, http://mediax.stanford.edu/themes/kwp (accessed 31/10/17).

mediaX (2015a) The Utility of Calming Technologies in Integrative Productivity, http://mediax.stanford.edu/page/utility-of-calming-technologies (accessed 31/10/17).

Mental Health Foundation (2017) Surviving or Thriving? The State of the UK's Mental Health, www.mentalhealth.org.uk/publications/surviving-or-thriving-state-uks-mental-health (accessed 04/10/17).

Mental Health Foundation (2017a) Mental Health Statistics: The Most Common Mental Health Problems, www.mentalhealth.org.uk/statistics/mental-health-statistics-most-common-mental-health-problems (accessed 04/10/17).

Merleau-Ponty, M. (2002 [1945]) *Phenomenology of Perception*. London: Routledge.

Micu, A.C. and Plummer, J.T. (2010) Measurable emotions: How television ads really work, *Journal of Advertising Research*, 50 (2): 137–53.

Mill, J.S. (1962 [1859]) *'Utilitarianism' and 'On Liberty' and 'Essay on Bentham'*. London: Fontana.

Millett, D. (2001) Hans Berger: From psychic energy to the EEG, *Perspectives in Biology and Medicine*, 44 (4): 522–42.

Minsky, M. (2006) *The Emotion Machine: Commonsense Thinking, Artificial Intelligence and the Future of the Human Mind*. New York: Simon and Schuster.

Mobile Ecosystem Forum (2016) *Mobile Messaging Report 2016*, www.mobileecosystem forum.com/wp-content/uploads/2016/06/Messaging_Report.pdf (accessed 22/03/17).

Morozov, E. (2014) *To Save Everything Click Here*. London: Penguin.

Munyan, B.G., Neer, S.M., Beidel, D.C. and Jentsch, F. (2016) 'Olfactory stimuli increase presence during simulated exposure', in S. Lackey and R. Schumaker (eds), *Virtual, Augmented and Mixed Reality*. Dordrecht: Springer. pp. 164–72.

Nacke, L.E., Kalyn, M., Lough, C. and Mandryk, R.L. (2011) 'Biofeedback game design: using direct and indirect physiological control to enhance game interaction', in *Proceedings of the 2011 Annual Conference on Human Factors in Computing Systems (CHI 2011)*, Vancouver, BC, Canada. pp. 103–12.

Nagel, T. (1970) *The Possibility of Altruism*. New York: Oxford.

Neff, G. and Nafus, D. (2016) *Self-tracking*. Cambridge, MA: MIT.

Nelson, T. (2003 [1974]) 'Computer lib: You can and must understand computers now', in N. Montfort and N. Wardrip-Fruin (eds), *The New Media Reader*. Cambridge, MA: MIT.

Nietzsche, F. (2009 [1882]) *The Gay Science*. Cambridge: Cambridge University Press.

Noelle-Neumann, E. (1974) The spiral of silence: A theory of public opinion, *Journal of Communication*, 24 (2): 43–51.

Nogueira, P.A., Rodrigues, R., Oliveira, E. and Nacke, L.E. (2013) 'Guided emotional state regulation: Understanding and shaping players' affective experiences in digital games', in *Proceedings of the Ninth AAAI Conference on Artificial Intelligence and Interactive Digital Entertainment*. pp. 51–7.

Oatley, K. (1999) Meetings of minds: Dialogue, sympathy, and identification in reading fiction, *Poetics*, 26: 439–54.

Oberman, L. and Ramachandran, V.S. (2009) 'Reflections on the mirror neuron system: Their evolutionary functions beyond motor representation', in J.A. Pineda (ed.), *Mirror Neuron Systems: The Role of Mirroring Processes in Social Cognition*. Totowa, NJ: Humana. pp. 39–62.

Ogilvy (2017) Ogilvy Launches Center for Behavioral Science, www.ogilvy.com/media-center2017/press-releases/january-26-2017-ogilvy-launches-center-for-behavioral-science/ (accessed 05/10/17).

Ohm, P. (2009) Broken promises of privacy: Responding to the surprising failure of anonymization, *UCLA Law Review*, (57): 1701–77. http://uclalawreview.org/pdf/57-6-3.pdf (accessed 31/10/17).

Oliver, M.B., Dillard, J.P., Bae, K. and Tamul, D.J. (2012) The effects of narrative news format on empathy for stigmatized groups, *Journalism and Mass Communication Quarterly*, 89 (2): 205–24.

O'Reilly, T. (2013) 'Open data and algorithmic regulation', in B. Goldstein and L. Dyson (eds), *Beyond Transparency: Open Data and the Future of Civic Innovation*. San Francisco, CA: Code for America Press. pp. 289–300.

Oyserman, D., Coon, H.M. and Kemmelmeier, M. (2002) Rethinking individualism and collectivism: Evaluation of theoretical assumptions and meta-analyses, *Psychological Bulletin*, 128 (1): 3–72.

Page, G. (2011) 'Increasing our brainpower – using neuroscience effectively', in E. du Plessis (ed.), *The Branded Mind.* London: Kogan Page.

Palti, I. and Bar, M. (2015) A manifesto for conscious cities: Should streets be sensitive to our mental needs? *The Guardian*, https://www.theguardian.com/cities/2015/aug/28/manifesto-conscious-cities-streets-sensitive-mental-needs, accessed 05/06/17.

Panksepp, J. (2007) Neurologizing the psychology of affects: How appraisal-based constructivism and basic emotion theory can coexist, *Perspectives in Psychological Science*, 2 (3): 281–96.

Pantti, M. (2010) The value of emotion: An examination of television journalists' notions on emotionality, *European Journal of Communication*, 25 (2): 168–81.

Papacharissi, Z. (2009) 'The virtual sphere 2.0: The internet, the public sphere, and beyond', in A. Chadwick and P.N. Howard (eds), *Routledge Handbook of Internet Politics*. New York: Routledge. pp. 230–45.

Paré, A. (1649) *The Workes*. London: Richard Coates, https://archive.org/stream/workesofthatfamo00par/workesofthatfamo00par_djvu.txt (accessed 31/10/17).

Perron, B. and Schröter, F. (eds) (2015) 'Video games, cognition, affect and emotion', in B. Perron and F. Schröter (eds), *Video Games and the Mind: Essays on Cognition, Affect and Emotion*. Jefferson, NC: McFarland & Company. pp. 1–14.

PewReseachCenter (2014) Social Media and the 'Spiral of Silence', www.pewinternet.org/2014/08/26/social-media-and-the-spiral-of-silence/ (accessed 31/10/17).

Pfaffenberger, B. (1995) *The USENET Book: Finding, Using, and Surviving Newsgroups on the Internet*. Reading, MA: Addison-Wesley.

Pfister, H.R. and Böhm, G. (2008) The multiplicity of emotions: A framework of emotional functions in decision making, *Judgment and Decision Making*, 3 (1): 5–17.

Phelps, E.A., Ling, S. and Carrasco, M. (2006) Emotion facilitates perception and potentiates the perceptual benefits of attention, *Psychological Science*, 17 (4): 292–99.

Phillips, W. (2015) *This Is Why We Can't Have Nice Things: Mapping the Relationship Between Online Trolling and Mainstream Culture*. Cambridge, MA: MIT.

Picard, R.W. (1995) *Affective Computing*. MIT Media Laboratory Perceptual Computing Section Technical Report No. 321, www.pervasive.jku.at/Teaching/_2009SS/SeminarausPervasiveComputing/Begleitmaterial/Related%20Work%20(Readings)/1995_Affective%20computing_Picard.pdf (accessed 31/10/17).

Picard, R.W. (1997) *Affective Computing*. Cambridge, MA: MIT.

Picard, R.W. (2007) Toward Machines with Emotional Intelligence, http://affect.media.mit.edu/pdfs/07.picard-EI-chapter.pdf (accessed 31/10/17).

Plato (1993 [360 BC]) *Sophist*. Indianapolis, IN: Hackett.

Popper, B. (2016) This is how Facebook will animate you in VR, *The Verge*, www.theverge.com/2016/10/6/13176906/oculus-connect-3-facebook-social-vr-avatars (accessed 05/10/17).

Privacy International (2013) Who, What, Why, www.privacyinternational.org/ (accessed 31/10/17).

Quattrociocchi, W., Scala, A. and Sunstein, C. (2016) Echo Chambers on Facebook, *SSRN*, https://papers.ssrn.com/sol3/papers.cfm?abstract_id=2795110 (accessed 31/10/17).

Rabiner, L.R. and Juang, B.H. (1993) *Fundamentals of Speech Recognition*. Upper Saddle River, NJ: Prentice Hall.

Rabinow, P. and Rose, N. (2006) Biopower today, *Biosocieties*, 1 (2): 195–217.

Rajan, K.S. (2006) *Biocapital: The Constitution of Postgenomic Life*. Durham, NC: Duke University Press.

RetailDetail (2017) Amazon Enters Top Ten of the World's Largest Retailers, www.retaildetail.eu/en/news/algemeen/amazon-enters-top-ten-worlds-largest-retailers (accessed 04/10/17).

Richards, B. (2007) *Emotional Governance: Politics, Media and Terror*. Basingstoke: Palgrave Macmillan.

Richardson, K. (2016) Sex robot matters: Slavery, the prostituted, and the rights of machines, *IEEE Technology and Society Magazine*, 35 (2): 46–53.

Riedl, M., Thue, D. and Bulitko, V. (2011) 'Game AI as Storytelling', in M. Gonzalo and M.O. Gómez-Martín (eds), *Artificial Intelligence for Computer Games*. Heidelberg: Springer. pp. 125–50.

Rose, N. (1999) *Governing the Soul*, 2nd edn. London: Free Association Books.

Rose, N. (2006) *The Politics of Life Itself: Biomedicine, Power, and Subjectivity in the Twenty-first Century*. Princeton, NJ: Princeton University Press.

Rotzoll, K.B., Haefner, J.E. and Hall, S.R. (1996) *Advertising in Contemporary Society*. Urbana, IL: University of Illinois Press.

RUSI (2015) A Democratic License to Operate, https://rusi.org/sites/default/files/20150714_whr_2-15_a_democratic_licence_to_operate.pdf (accessed 04/10/17).

Russell, J.A. (1980) A circumplex model of affect, *Journal of Personality and Social Psychology*, 39(6): 1161–1178.

Russell, J.A. (1994) Is there universal recognition of emotion from facial expression? A review of the cross-cultural studies, *Psychological Bulletin*, 115 (1): 102–41.

Russell, J.A. and Carroll J.M. (1999) On the bipolarity of positive and negative affect, *Psychology Bulletin*, 125 (1): 3–30.

Russell, S. and Norvig, P. (2010) *Artificial Intelligence: A Modern Approach*. Englewood Cliffs, NJ: Prentice Hall.

Salcedo, J.N., Lackey, S.J. and Maraj, C. (2016) 'Impact of instructional strategies on workload, stress, and flow in simulation-based training for behavior cue analysis', in S. Lackey and R. Schumaker (eds), *Virtual, Augmented and Mixed Reality*. Dordrecht: Springer. pp. 184–95.

Satava, R.M. (1995) Virtual reality and telepresence for military medicine, *Computers in Biology and Medicine*, 25 (2): 229–36.

Satel, S. and and Lilienfeld, S.O. (2013) *Brainwashed: The Seductive Appeal of Mindless Neuroscience*. New York: Basic Books.

Scheler, M. (2009 [1913]) *The Nature of Sympathy*. Piscataway, NJ: Transaction.

Scherer, K.R. and Ekman, P. (1982) *Handbook of Methods in Nonverbal Behavior Research* (Studies in Emotion and Social Interaction). Cambridge: Cambridge University Press.

Scherer, K.R., Shorr, A. and Johnstone, T. (eds) (2001) *Appraisal Processes in Emotion: Theory, Methods, Research*. Cary, NC: Oxford University Press.

Scheve, C. von and Ismer, S. (2013) Towards a theory of collective emotions, *Emotion Review*, 5 (4): 406–13.

Schopenauer, A. (1970 [1851]) *Essays and Aphorisms*. New York: Penguin.
Schreuder, E., Erp, J.van, Toet, A. and Kallen V.L. (2016) Emotional responses to multisensory environmental stimuli: A conceptual framework and literature review, *SAGE Open*, 1–19.
Schwab, K. (2016) *The Fourth Industrial Revolution*. London: Penguin.
Searle, J.R. (1998) *The Mystery of Consciousness*. London: Granta.
Selye, H. (1938) Adaptation energy, *Nature*, 141 (3577): 926.
Selye, H. (1978) *The Stress of Life*. New York: McGraw-Hill.
Shannon, C. and Weaver, W. (1949) *The Mathematical Theory of Communication*. Champaign, IL: University of Illinois Press.
Sharkey, N., Wynsberghe, A. van, Robbins, S. and Hancock, E. (2017) *Our Sexual Future with Robots: A Foundation for Responsible Robotics Consultation Report*, http://responsiblerobotics.org/wp-content/uploads/2017/07/FRR-Consultation-Report-Our-Sexual-Future-with-robots_Final.pdf (accessed 31/10/17).
Simon, H.A. and Newell, A. (1958) Heuristic Problem Solving: The Next Advance in Operations Research, www.u-picardie.fr/~furst/docs/Newell_Simon_Heuristic_Problem_Solving_1958.pdf (accessed 31/10/17).
Skrovan, S. (2017) Why most shoppers still choose brick-and-mortar stores over e-commerce, *RetailDive*, www.retaildive.com/news/why-most-shoppers-still-choose-brick-and-mortar-stores-over-e-commerce/436068/ (accessed 04/10/17).
Slaby, J. (2014) 'Emotions and the extended mind', in C. von Scheve and M. Salmela (eds), *Collective Emotions*. Oxford: Oxford University Press. pp. 32–46.
Smart Dubai (2015) Smart District Guidelines, http://smartdubai.ae/districtguidelines/Smart_Dubai_District_Guidelines_Public_Brief.pdf (accessed 05/10/17).
Smart Dubai (2016) His Highness Sheikh Mohammed Bin Rashid Al Maktoum Adopts Smart Dubai Happiness Agenda Fuelling the City's Transformation with a Globally Unique Focus on Happiness, http://www.smartdubai.ae/story060202.php (accessed 05/10/17).
Smith, A. (1993 [1776]) *An Inquiry into the Nature and Causes of the Wealth of Nations: Inquiry into the Nature and Causes of the Wealth of Nations* [Abridged]. Indianapolis, IN: Hackett.
Smith, A. (2011 [1759]) *The Theory of Moral Sentiments*. Kapaau: Gutenberg.
Smith, T.W. (2015) *The Book of Human Emotions*. London: Profile.
Sorenson, E.R. (1976) *The Edge of the Forest: Land, Childhood and Change in a New Guinea Protoagricultural Society*. Washington, DC: Smithsonian Institution Press.
Spinoza, B. (1996 [1677]) *Ethics*. London: Penguin.
Spire (2017) What Can Spire Track?, http://support.spire.io/customer/en/portal/articles/2335404-what-can-spire-track- (accessed 05/10/17).
Stearns, P.N. (1994) *American Cool: Constructing a Twentieth-century Emotional Style*. New York: NYU Press.
Stern, B. (2004) The importance of being ernest: Commemorating Dichter's contribution to advertising research, *Journal of Advertising Research*, 44 (2): 165–69.
Stiegler, B. (1998) *Technics and Time, 1: The Fault of Epimetheus*. Stanford, CA: Stanford University Press.
Stiegler, B. (2010) *For a New Critique of Political Economy*. Cambridge: Polity.
Sunstein, C.R. (2016) *The Ethics of Influence: Government in the Age of Behavioral Science*. New York: Cambridge University Press.

Suwa, M., Sugie, N. and Fujimora, K. (1978) A preliminary note on pattern recognition of human emotional expression, *Proceedings of the International Joint Conference on Pattern Recognition*. pp. 408–10.

Szczuka, J. and Krämer, N. (2017) Not only the lonely: How men explicitly and implicitly evaluate the attractiveness of sex robots in comparison to the attractiveness of women, and personal characteristics influencing this evaluation, *Multimodal Technologies and Interaction*, 1 (3): 1–18.

Tajfel, H. (1970) Experiments in Intergroup Discrimination, www.box.net/shared/static/ieahzod96e.PDF (accessed 04/10/17).

Tarde, G. (1993 [1890]) *Les lois de l'imitation*. Paris: Kimé.

Tene, O. and Polonetsky, J. (2014) A theory of creepy: Technology, privacy, and shifting social norms, *Yale Journal of Law and Technology*, 16 (1): 59–102.

Thaler, R.H. and Sunstein, C.R. (2003) Libertarian paternalism, *American Economic Review*, 93: 175–79.

Thaler, R.H. and Sunstein, C.R. (2008) *Nudge: Improving Decisions about Health, Wealth and Happiness*. London: Penguin.

The Economist (2016) Against Happiness, www.economist.com/news/business-and-finance/21707502-companies-try-turn-happiness-management-tool-are-overstepping-mark (accessed 30/10/17).

The Intercept (2015) XKEYSCORE: NSA's Google for the World's Private Communications, https://firstlook.org/theintercept/2015/07/01/nsas-google-worlds-private-communications (accessed 05/10/17).

The Supreme Legislation Committee in the Emirate of Dubai (2016) *Law No. (26) of 2015 Regulating Data Dissemination and Exchange in the Emirate of Dubai* (accessed 05/10/17).

Thoits, P.A. (1989) The sociology of emotions, *Annual Review of Sociology*, 15: 317–42.

Titcomb, J. (2017) Mark Zuckerberg Confirms Facebook is Working On Mind-reading Technology, *The Telegraph*, www.telegraph.co.uk/technology/2017/04/19/mark-zuckerberg-confirms-facebook-working-mind-reading-technology (accessed 04/10/17).

Tobii (2017) Tobii Releases Eye Tracking VR Development Kit for HTC Vive, www.tobii.com/group/news-media/press-releases/2017/5/tobii-releases-eye-tracking-vr-development-kit-for-htc-vive/ (accessed 05/10/17).

Tobii (2017a) This Is Eye Tracking, www.tobii.com/group/about/this-is-eye-tracking/ (accessed 05/10/17).

Tomkins, S.S. (1962) *Affect, Imagery, Consciousness, Vol. 1: The Positive Affects*. New York: Springer.

Tomkins, S.S. (1963) *Affect, Imagery, Consciousness, Vol. 2: The Negative Affects*. New York: Springer.

Toscano, A. (2007) Vital strategies: Maurizio Lazzarato and the metaphysics of contemporary capitalism, *Theory, Culture & Society*, 24 (6): 71–91.

Trivers, B. (2011) *Deceit and Self-deception: Fooling Yourself the Better to Fool Others*. New York: Penguin.

True Companion (2017) FAQ (Frequently Asked Questions), www.truecompanion.com/shop/faq (accessed 05/10/17).

Turing, A.M. (1950) Computing machinery and intelligence, *Mind*, 49: 433–60.

Turkle, S. (2005) *The Second Self: Computers and the Human Spirit*. Cambridge, MA: MIT.

Turkle, S. (2007) Authenticity in the age of digital companions, *Interaction Studies: Social Behaviour and Communication in Biological and Artificial Systems*, 8 (3): 501–17.

Turkle, S. (2010) 'In good company? On the threshold of robotic companions', in Y. Wilks (ed.), *Close Engagements with Artificial Companions: Key Social, Psychological, Ethical and Design Issues*. Amsterdam: John Benjamins. pp. 3–10.

Turow J. (2017) *The Aisles Have Eyes: How Retailers Track Your Shopping, Strip Your Privacy, and Define Your Power*. New Haven, CT: Yale University Press.

Unruly (2017) Case Study: How Private Marketplaces Based On Emotions Lead to Movie Success, https://unruly.co/blog/article/2017/02/16/case-study-private-marketplaces-emotions-movie-success (accessed 05/10/17).

Uribe, R. and Gunter, B. (2007) Are 'sensational' news stories more likely to trigger viewers' emotions than non-sensational news stories? A content analysis of British TV news, *European Journal of Communication*, 22: 207–28.

Urry, J. (2000) The Global Media and Cosmopolitanism, www.lancaster.ac.uk/sociology/research/publications/papers/urry-global-media.pdf (accessed 31/10/17).

US Patent and Trademark Office (2015) Technique for Emotion Detection and Content Delivery, http://pdfaiw.uspto.gov/.aiw?docid=20150242679&PageNum=12&IDKey=47BC4614A23D&HomeUrl=http://appft.uspto.gov/netacgi/nph-Parser?Sect1=PTO1 (accessed 31/10/17).

Van der Löwe, I. and Parkinson, B. (2014) Relational emotions and social networks in C. von Scheve and M. Salmela (eds), *Collective Emotions*. Oxford: Oxford University Press. pp. 125–40.

Vischer, R. (1993 [1873]) 'On the optical sense of form: A contribution to aesthetics', in H.F. Mallgrave and E. Ikonomou (eds), *Empathy, Form, and Space: Problems in German Aesthetics, 1873–1*893. Santa Monica, CA: Getty Center for the History of Art. pp. 89–123.

Warren, S. and Brandeis, L. (1984 [1890]) 'The right to privacy [the implicit made explicit]', in F.D. Schoeman (ed.), *Philosophical Dimensions of Privacy: An Anthology*. Cambridge: Cambridge University Press. pp. 75–103.

Weiser, M. (1991) The computer for the 21st century, *Scientific American*, 265 (3): 66–75. www.ubiq.com/hypertext/weiser/SciAmDraft3.html (accessed 20/09/14).

Weizenbaum, J. (1966) A computer program for the study of natural language communication between man and machine, *Communications of the Association of Computing Machinery*, 9 (1): 36–45.

Weizenbaum, J. (1976) *Computer Power and Human Reason*. New York: W.H. Freeman and Company.

Wilkinson, T.M. (2013) Nudging and manipulation, *Political Science*, 61 (2): 341–55.

Williams, S. (2000) *Emotion and Social Theory: Corporeal Reflections on the (Ir) Rational*. London: Sage.

Williams, S. (2001) *Emotion and Social Theory*. London: Sage.

Witmer, B.G. and Singer, M.J. (1998) Measuring presence in virtual environments: A presence questionnaire, *Presence*, 7 (3): 225–40.

Wundt, W. (1902) *Principles of Physiological Psychology*. London: Wilhelm Englemmann.

Yao, M. (2017) Fighting Algorithmic Bias and Homogenous Thinking in A.I., *Forbes*, www.forbes.com/sites/mariyayao/2017/05/01/dangers-algorithmic-bias-homogenous-thinking-ai/#4df997fa70b3 (accessed 04/10/17).

Yearsley, L. (2017) We Need to Talk About the Power of AI to Manipulate Humans, *MIT Technology Review*, www.technologyreview.com/s/608036/we-need-to-talk-about-the-power-of-ai-to-manipulate-humans/ (accessed 04/10/17).

Zelenski, J.M. and Larsen, R.J. (2000) The distribution of basic emotions in everyday life: A state and trait perspective from experience sampling data, *Journal of Research in Personality*, 34 (2): 178–97.

Zhao, S. (2006) Humanoid social robots as a medium of communication, *New Media & Society*, 8 (3): 401.

Zillmann, D. (1991) 'Empathy: Affect from bearing witness to the emotions of others', in J. Bryant and D. Zillmann (eds), *Responding to the Screen: Reception and Reaction Processes*. Hillsdale, NJ: Lawrence Erlbaum. pp. 135–68.

Zimmerman, M.E. (1990) *Heidegger's Confrontation with Modernity: Technology, Politics, Art*. Bloomington, IN: Indiana University Press.